应用型本科　经济管理类专业“十三五”规划教材

全程电子商务综合实训教程

主　编　吴　坤　王　平

西安电子科技大学出版社

内 容 简 介

本书以互联网环境下实际商用的全程电子商务平台为原型，基于完全真实的电子商务商业情境，以模拟企业内部管理为基础，将电子商务实训范畴从企业内部向外扩展到上游供应商、下游客户和分销商，在企业与供应商、客户进行电子商务业务协同的基础上，实现商务活动的全程电子化。

本书针对性强、应用性突出，图文并茂，配备丰富的网络资源和 PPT 课件(需要者可登录出版社网站 www.xduph.com 下载)，方便学生清晰地了解并完成各项实践学习任务。本书既可作为高等院校电子商务及相关专业的实践教科书，也可作为企业管理等岗位在职人员的电子商务专业培训教材。

图书在版编目(CIP)数据

全程电子商务综合实训教程/吴坤，王平主编. —西安：西安电子科技大学出版社，2018.5
(2021.1 重印)
ISBN 978-7-5606-4914-6

Ⅰ. ①全… Ⅱ. ①吴… ②王… Ⅲ. ①电子商务—教材 Ⅳ. ①F713.36

中国版本图书馆 CIP 数据核字(2018)第 076605 号

策划编辑 高 樱
责任编辑 闵光远 阎 彬
出版发行 西安电子科技大学出版社(西安市太白南路 2 号)
电　　话 (029)88242885 88201467　　邮　　编 710071
网　　址 www.xduph.com　　电子邮箱 wmcuit@cuit.edu.cn
经　　销 新华书店
印刷单位 西安日报社印务中心
版　　次 2018 年 5 月第 1 版　　2021 年 1 月第 2 次印刷
开　　本 787 毫米×1092 毫米 1/16　印 张 11
字　　数 266 千字
印　　数 2001～2800 册
定　　价 26.00 元
ISBN 978-7-5606-4914-6 / F
XDUP 5216001-2

应用型本科 管理类专业规划教材

编审专家委员名单

主　任：施　平(南京审计大学 审计与会计学院 院长/教授)

副主任：李　荟（常州工学院 经济与管理学院 院长/教授）

王晓光(上海立信会计金融学院 工商管理学院 院长/教授)

张国平(常熟理工学院 经济与管理学院 院长/教授)

左振华(江西科技学院 管理学院 院长/教授)

成　员：(按姓氏拼音排列)

陈爱林（九江学院 经济与管理学院工商管理系 副教授/系主任）

池丽华（上海商学院 管理学院 副院长／副教授）

费湘军（苏州大学应用技术学院 经贸系 主任/副教授）

顾　艳（三江学院 商学院 副院长/副教授）

何　玉（南京财经大学 会计学院 副院长/教授）

胡乃静（上海立信会计金融学院 信息管理学院 院长/教授）

贾建军（上海立信会计金融学院 会计学院 副院长/副教授）

陆玉梅（江苏理工学院 商学院 副院长/教授）

马慧敏（徐州工程学院 管理学院 副院长/教授）

牛文琪（南京工程学院 经济与管理学院 副院长/副教授）

邵　军（上海立信会计金融学院 会计学院 院长/教授）

陶应虎（金陵科技学院 商学院 副院长/教授）

万绪才（南京财经大学 工商管理学院 副院长/教授）

万义平（南昌工程学院 经贸学院 院长/教授）

许忠荣（宿迁学院 商学院　副院长/副教授）

张林刚（上海应用技术学院 经济与管理学院 副院长/副教授）

张小兵（淮阴工学院 经济管理学院 院长/教授）

庄玉良（南京审计大学 工商管理学院 院长/教授）

前　言

在传统电子商务活动中，买方通常只关注其前端的商品搜索、洽谈、下单、支付与物流跟踪，卖方则聚焦在商铺设计、商品管理、网络营销、订单管理及库存管理等方面。这种模式把电子商务作为一个独立的部分，与企业的整体经营进行了隔离，它在电子商务发展的一定阶段内是可行的，但随着电子商务经营在企业经营活动中所占比重逐渐增大，这种隔离所带来的经营脱节和信息不畅的弊端则越来越明显，电子商务与企业整体经营进行融合已成为必然趋势。

全程电子商务是以电子商务、企业资源计划(ERP)为核心，以供应链搜索和协同为纽带的数字化经营模式。它以企业内部管理为基础，以供应链业务协同为核心，通过互联网技术将企业管理的范围延伸至广义的供应链管理，并融合电子商务服务，为企业提供新一代的、全面的信息化解决方案。目前，国内越来越多的企业正在朝这个模式转型，把供应链、线下门店、网上商城融为一体，既提升了内部的管理效率，也为消费者带来了购物的便利。

本书在体例设计上进行了创新，以“实训目的—实训任务—实训流程和步骤—实训时应注意的问题”的形式组织内容，在教学方法上突出了内容的可操作性，力求通过实训教学帮助学生掌握全程电子商务的综合应用，突出“做中学、学中做”的教学理念。全书共 6 章，在对全程电子商务基本概念、实训平台构架和综合实训模块及功能解析的基础上，通过网上商城 B2B 综合实训、网上商城 B2C 综合实训、全程电子商务业务管理综合实训、全程电子商务供应链协同和数据管理综合实训等内容，完成企业电子商务交易前、交易中和交易后的全程业务训练。通过实训增强学生对电子商务带动企业整条商务链的敏捷性的认识，明晰企业内部及企业之间数据与业务的共享和协同流程，掌握企业门户、网络营销、企业管理、移动商务、供应链协同等的集成应用。

本书突破了传统电子商务实验强调以交易模式为主的实验内容，结合高校电子商务专业教学、实训、实战、创业的需要而设计，针对性强、应用性突出。结合电子商务专业规范，基于“项目导向、任务驱动、学做合一”的编写思路，以应用型本科院校教学需求为导向，在真实的电子商务商业平台上展开实训，指导学生基于企业电子商务前端活动、企业后台管理以及整体经营策略对企业开展全程电子商务综合训练，培养企业电子商务运营的整体意识与电子商务实际操作能力；同时，缩小理论知识与企业需求的差距，增强学生的职业适应性和专业适应性，为学生进行电子商务自主创业和今后从事电子商务相关工作打下坚实的基础。

本书由徐州工程学院电子商务专业教学团队编写，吴坤和王平担任主编，其中，吴坤负责总体纲要的编写和全书统稿，王平负责 PPT 课件制作及教材网络资源素材整理。

具体内容的编写分工如下：第 1 章、第 2 章、第 5 章由吴坤编写；第 3 章、第 4 章由王平编写；第 6 章由吴坤、王平共同编写。本书在编写过程中，得到了南京审计大学庄玉良教授的帮助与指导，金算盘软件公司全程电子商务实训平台提供了技术支持，张原浩和胡怡诺同学对本书实训平台的图片做了编辑和整理，在此谨致以最衷心的感谢。同时，也要特别感谢西安电子科技大学出版社编辑高樱女士，正是由于她的职业精神和专业素养，才使本书得以顺利地出版。

尽管我们力求完美，但由于编者水平有限，书中难免会有疏漏和不当之处，恳请读者批评指正。

编　者

2018 年 1 月

目　录

第 1 章　全程电子商务综合实训基础

1.1 几 个 概 念

1.1.1　电子商务

电子商务是以信息网络技术为手段，以商品交换为目的的商务活动；也可理解为在互联网(Internet)、企业内部网(Intranet)和增值网(VAN，Value Added Network)上以电子交易方式，买卖双方不谋面地进行各种商贸活动，实现消费者的网上购物，商户之间的网上交易、在线电子支付以及开展各种商务活动、交易活动、金融活动和相关的综合服务活动的一种新型的商业运营模式，是传统商业活动中各环节的电子化、网络化、信息化。

1.1.2　全程电子商务

在传统电子商务活动中，买方通常关注于前端的商品搜索、洽谈、下单、支付与物流跟踪，卖方则聚焦在商铺设计、商品管理、网络营销、订单管理及库存管理等方面。这种模式把电子商务作为一个独立的部分，与企业的整体经营进行了隔离，它在电子商务发展的一定阶段内是可行的，但随着电子商务在商务活动中所占比重逐渐增大，这种隔离所带来的经营脱节和信息不畅的弊端则越来越明显，电子商务与企业整体经营进行融合已成为必然趋势。

全程电子商务是以电子商务、企业资源计划(ERP)为核心，以供应链搜索和协同为纽带的数字化经营模式。它以企业内部管理为基础，以供应链业务协同为核心，通过互联网技术将企业管理范围延伸至广义的供应链管理，并融合电子商务服务，为企业提供新一代的、全面的信息化解决方案。其理念与国际上一些领先的企业信息化服务提供商的产品理念是一致的，如已被 SAP 收购的 Hybirs 提出的全渠道经营理念，即以企业内部管理为基础，通过各种渠道开展业务经营，包括 B2B、B2C、移动业务、连锁经营等，全方位与客户接触，这是企业顺应新的信息技术手段所采取的提升经营模式的变革。目前，国内越来越多的企业正在朝这个模式转型，比较典型的例子如国美电器，把供应链、线下门店、网上商城融为一体，既提升了内部的管理效率，也为消费者带来了购物的便利。

1.1.3　全程电子商务综合实训

全程电子商务综合实训是结合高校电子商务专业教学、实训、实战、创业的需要而设计的。通过综合实训，使学生在全程电子商务平台的使用过程中，将自身在理论学习当中所学习到的知识进行实际的操作和演练，加强对电子商务和企业管理流程的感性认识，更加深入地认识企业的管理流程以及电子商务的基础操作，增强行业了解，为今后电子商务专业实践理清思路；通过实训教学和实战演练相结合，在学生初步掌握平台的建设、运营、管理等技能的基础上，对现代电子商务企业的经营、管理的基础有充分的了解；再通过由学生创设组织平台的实战演练，让学生实际进行全程电子商务平台的组织运营和操作，使学生了解企业的经营架构，提高学生合作和沟通能力、分析问题和解决问题的能力，培养学生独立进行电子商务商业策划和运营，积累更加实际的行业经验，为学生的创新和创业奠定良好基础。

1.2 实训目标

1.2.1 掌握实践技能

通过企业内部管理流程的综合训练，了解企业电子商务运行和管理的步骤与要求，明确企业当中每个岗位的职责和权限；通过学生自己建立企业网站，与其他企业进行沟通和交易，建立属于自己的供应链，熟练操作 B2B 交易；通过建立企业网店，与零售客户进行交流，制定企业的 B2C 经营方案；将企业的多个销售渠道打通，建立上下游链条，在企业内部进行数据链管理；通过在企业当中实际引入产品的销售、学生组织自主创业项目、组织学生进驻企业进行实践等方式，将所获得的专业技能更好地运用在实训当中，更好地融入企业环境。

1.2.2 提高素质能力

了解企业电子商务前端活动，认识企业的后台管理以及整体的经营策略对企业开展电子商务运营的影响，熟悉全程电子商务各个模块的功能和架构；巩固和加强所学的电子商务理论知识，建立企业电子商务运营的整体意识，训练观察、分析和解决问题的能力，培养电子商务实际操作技能；了解企业电子商务运营管理中各流程的新动态，丰富自身的知识架构；通过实战演练，使学生在完全真实的商业环境当中打造良好的团队意识，增强与他人沟通、协作的能力和团队凝聚力。

1.2.3 培养创新创业能力

缩小理论知识与企业需求的差距，增强学生的职业适应性和专业适应性；综合运用所学理论知识和实践技能，为学生进行电子商务自主创业和今后从事电子商务相关工作打下坚实的基础；将学生的商业设想和营销创意真实地运用到实战当中，及时地发现问题，总结经验，积累良好的实践经验。

1.3 实训平台的构架

本书以金算盘全程电子商务实训平台为技术支持，以金算盘实际商用的全程电子商务平台为原型，结合电子商务教学、实验、实训的需要，以模拟企业内部管理为基础，以供应链业务协同为核心，通过互联网技术将企业的管理范围延伸至广义的供应链管理，并融合电子商务服务。实训的核心内容是演练以 eERP 为核心，将企业的管理范畴从企业内部向外扩展到上游供应商、下游客户和分销商，实现全球化供应链管理；在企业与供应商、客户进行业务协同的基础上，实现商务活动的全程电子化；通过整合全球资源，降低企业的经营成本和经营风险，利用供应链的规模优势，为客户创造最大的价值。平台主要由网上商城(B2B 和 B2C)、供应链管理、供应链协同、即时通讯及实验管理系统构成，如图 1-1 所示。

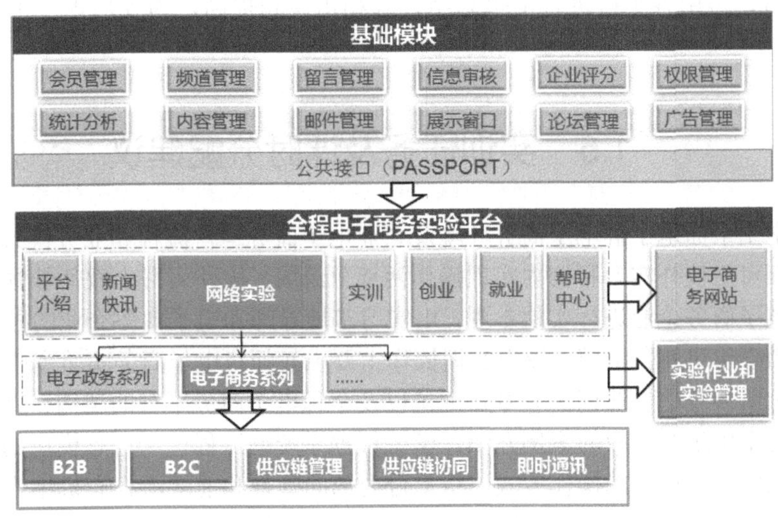

图 1-1　实训平台构成

实训平台由前台网站、网站内容维护系统、实训系统和实训运营系统构成。前台网站及网站内容维护系统共同实现了网站的内容维护及显示，方便师生及学生之间的信息交流；通过账号成功登录实训系统后，可以开展各项电子商务实训；实训运营系统则负责对账号、企业、信息、商机等进行管理，以便使各项实训活动顺利开展。

1.4　实训平台的使用方式

1.4.1　综合实训

刚开始实训时，建议由每个学生代表一个企业，同时负责企业中各个岗位的职责，在教师的指导下，完成全部实训流程。这样学生可以全面了解企业运营中各个环节、各个岗位的分工及职责，并对企业运营的全貌形成初步认识。

1.4.2　分组演练

在对平台有初步认识和理解的基础上，可以分组演练，每组代表一个企业，不同企业之间可以形成供应链上的上下游企业，每个企业内部按岗位分配不同的角色。比如总经理、采购经理、销售经理、库管经理、财务经理、网上批发主管(B2B)、网上零售主管(B2C)、移动业务主管(移动销售及移动管理)、连锁业务经理、店员等，每个岗位分配不同的权限，确定相应的职责。通过这样的演练，可以培养学生分工协作的团队意识，并对其具体负责的岗位有更深的体会和认识。

1.4.3 实战

有条件的学校，可以组织学生基于平台开展实战演练，即对学生进行分组，搭建网店开展真实的网上销售和运营，通过网络运营、地面推广等方式，宣传网店，扩大销量。实战结束后，再由各小组进行汇报总结，互相借鉴和提高，为今后走上工作岗位打下坚实基础。

1.5 实训任务及课时分配建议

为使学生全面地了解电子商务环境及企业电子商务运营流程和业务模式，全程电子商务综合实训可由校外实习和校内实训操作两部分组成。校外实习由教师带领学生到校外实习基地或电子商务企业进行实地参观，由实习基地导师和电子商务企业的技术管理人员和本校教师为学生讲解、指导。校内实训操作主要由教师将电子商务实验室中全程电子商务教学平台上所涉及的专业词汇和专业理论以及全程电子商务平台的架构、流程进行讲解和演示，并为学生进行相应的案例介绍。学生根据系统的流程一一进行模块的学习和演练，掌握系统当中每个模块的操作方式，将平台内部的管理和前端流程有机结合起来。教师通过对学生的分组，引导、组织学生进行有对抗性的实战演练，评定学生在平台的实战演练当中的各项成绩和表现。结合带领学生到电子商务企业实践学习，实现校内实训与现代电子商务环境更进一步的接轨，将在全程电子商务平台中所学技能和知识更好地运用到企业电子商务实践当中。实操部分建议为 40 学时，各实训项目具体课时分配见表 1-1。

表 1-1　各实训项目课时分配

实 训 任 务	建议课时/小时
网上商城 B2B 综合实训	8
网上商城 B2C 综合实训	10
全程电子商务业务管理综合实训	16
全程电子商务供应链协同和数据管理综合实训	6

第 2 章　全程电子商务综合实训模块及功能

2.1　网站宝：网上商城(B2B)

网上商城(B2B)是“阿里巴巴”模式的大平台，其中能够容纳多个单独企业网站，属于企业电子商务活动的前端。本实训教程中的 B2B 实训是在金算盘全程电商实训平台网站宝模块下完成的，各模块功能如下。

2.1.1　企业门户

企业门户能够实现从“域名”到“空间”再到“网站”的一站式建站服务。学生通过该模块搭建属于自己的个性化网站，进行网站设计与内容管理服务，并可根据自己的需要选择独特的网站主题和栏目风格，打造别具一格、与众不同的个性化形象。同时企业门户为学生提供各种网络化的营销推广服务，为企业内部管理、网上贸易、供应链协同等提供统一的应用入口。它既是企业通过网络进行形象宣传和产品推广的窗口，又是企业管理者、职员、客户、物流服务商等协同工作的接入点。

2.1.2　网络推广

网络推广提供各种网络化的营销推广服务，包括圈子营销、网络营销等手段。通过圈子营销，企业可以建立优质商圈，对特定的商务合作伙伴发起邮件、短信、站内信、即时消息等多种精准营销；网络营销则提供广告位展示、搜索排名、企业推荐、信息推荐、视频展示、信息订阅等功能，同时还提供电话营销、论坛营销、博客营销、第三方搜索排名等推广服务。

2.1.3　网上贸易

网上贸易提供集在线洽谈、在线交易、在线支付于一体的一站式电子商务服务。平台主要包括折扣管理、购物卡与礼品券管理、促销管理、商品展示管理、商品上下架管理、采购清单管理、在线订单、会员管理等内容。

2.1.4　后台管理

后台管理包括以下具体内容：

(1) 可视化建站，主要包含网站模板、网站高级设计、网站内容管理、企业信用管理、

SEO 优化、客服设置及图库等功能，具体功能明细见表 2-1。

表 2-1　可视化建站功能明细

主要功能	功能模块	说　明
网站模板	快速建站	快速建站，快速选择模板风格；并能够便捷地增加新闻、增加商品资料、修改企业概况等
	模板选择	内置多套不同风格的模板供选择
	一键安装模板	能够方便快捷地实现一键安装、一键更换
网站高级设计	导航菜单	对网站导航名称、导航显示顺序、隐藏导航项进行管理，可拖动直接排序
	栏目形象图片	可上传自定义图片，用于更改网站模板默认的栏目形象，并可设置动画效果
	第三方流量统计	除了平台本身提供的流量监控系统，同时支持第三方流量统计
网站内容管理	企业介绍	用于管理企业介绍内容，包括企业名称、联系方式、企业介绍、企业资质证书等信息
	招聘信息	用于发布和管理企业的招聘信息
	企业新闻	支持发布企业、行业新闻等文章内容，支持文章分类管理等功能
	分销渠道	支持发布企业认证的分销渠道，支持分销渠道的名称、经营项目、分销渠道介绍、形象图片等内容的上传和管理
企业信用管理	资质认证	支持企业申请资质认证
	企业荣誉	可对企业的荣誉及证书进行上传和管理，如企业的行业资质证书、专利证书、行业协会荣誉证书、经营许可证、注册商标、ISO 系列证书等内容
	交易评价	帮助企业更好地了解消费者最直接的意见和建议，同时作为交易的信用凭证之一
	诚信档案	可查询企业的诚信档案，包括审核通过的企业身份认证、证书荣誉及评价情况等内容
SEO 优化	产品管理	设有静态优化，有利于搜索引擎收录网站页面
客服设置	在线客服设置	可设置在线客服，支持客服分组，支持自动接待和顾客询问等多种接待模式
图库	图库管理	管理员可自定义图片分类，进行图片批量上传，批量删除，移动图片到其他分类，快速复制图片地址等操作
	标签管理	通过标签管理可对为商品添加的图片进行分类管理、查询

(2) 分销商管理，主要包含分销商档案、分销商分类、分销商等级等功能模块，具体功能明细见表 2-2。

表 2-2　分销商管理功能明细

主要功能	功能模块	说　明
分销商	分销商档案	维护和管理分销商档案，支持批量转移分销商。支持按视图、分类、状态、地区、来源、组织机构等条件来查询，还提供自定义视图和高级搜索等功能
	分销商分类	维护和管理分销商分类，支持多级分类和导入、导出功能。提供按未停用和已停用的视图查询，还提供自定义视图功能
	分销商等级	维护和管理分销商等级，支持设置多等级，提供导入和是否停用功能

(3) 订单管理，主要包含购物车、收货地址和客户订单等功能模块，具体功能明细见表 2-3。

表 2-3　订单管理功能明细

主要功能	功能模块	说　明
网上交易	购物车	可添加、删除所选商品，同一个供应商的商品生成一张采购单，多个供应商的商品生成多张采购单
	收货地址	收货地址的维护
	客户订单	用于商品销售订单管理。支持按等待发货、等待买家收货、等待评价、等待确认收款、退款中等状态查询订单，还提供按下单时间、买家名称、订单号、交易号、商品名称、订单状态、评价状态等条件组合高级搜索等功能

(4) 商品管理，主要包含管理商品、产品分类、发布商品、商品定价等功能，具体功能明细见表 2-4。

表 2-4　商品管理功能明细

主要功能	功能模块	说　明
商品供求	管理商品	用于企业对网上批发商品的管理。支持对商品的新增、删除、导出导入、批量下架等基本功能和导入平台商品、快速指定分类等个性功能。提供按视图、上架状态、审批状态、分类查询、类型等条件查询，自定义视图和高级搜索等功能
	产品分类	支持显示在 B2B 网上商城的网上批发分类
	发布商品	将网上批发商品发布到 B2B 门户网站展示，支持发布一般实体商品和特殊商品
	商品定价	支持按不同的数量、不同的规格颜色、不同的客户等级对商品进行定价
	商品推荐	将网上批发商品推荐到网站首页进行显示
	管理求购	商品求购信息的管理，支持新增、删除、批量更新发布时间等基本功能
	发布求购	将商品求购信息发布到 B2B 门户网站，支持发布求购实体商品及其他求购类型信息

2.2　网店宝：网上商城(B2C)

网上商城(B2C)是每个企业单独的零售网站，没有统一的大平台，消费者购买商品时需要进行会员单独注册和登录。本实训教程中的B2C实训是在金算盘全程电商实训平台网店宝模块下完成的，该模块功能如下。

2.2.1　商城门户

B2C实训基于全程电子商务模式开展，它是为企业提供一个面向终端消费者的网上直销网站或商城，并能够与后台的eERP系统完全融合，形成从销售到管理的完整解决方案。其具体功能明细见表2-5。

表2-5　商城门户功能明细

功能模块	功 能 说 明
在线客服	用于在商城添加在线客服人员。支持QQ、旺旺，后期如有必要可以添加SKYPE或其他通讯工具
投票调查	支持对网上访客的投票调查
广告	支持多种类型广告位、广告尺寸和表现形式(文字广告、图片广告)，支持在页面的任意位置添加广告，支持浮动广告
积分获取查询	支持会员积分获取和对会员积分查询
友情链接	支持添加文字和图片两种类型友情链接
轮播广告	以幻灯片的形式轮流播放，可设置轮播图片数量、轮播动画效果等
代码广告	添加自定义的HTML或JavaScript脚本代码，实现特殊广告效果
文章列表	添加文章列表到页面中，以及设置文章的来源、文章显示数量等内容
文章分类	添加文章分类到页面中，设置它们的显示级数
文章选项卡	添加文章分类到页面中，前台将以选项卡模式展示
下载列表	添加下载列表到页面中，以及设置下载的来源、下载显示数量等内容
下载分类	添加下载分类到页面中，设置它们的显示级数
商品	支持批量上传功能，添加自定义商品列表，设置多样化显示类型
商品分类	添加商品分类到页面中，设置它们的显示级数
商品搜索	添加商品搜索到页面中，设置搜索必要条件
热门关键字	可设置商品搜索热门关键字
商品虚拟分类	添加商品虚拟分类到页面中，设置它们的显示级数
商品抢购	选择商品进行针对性抢购活动，例如限量限时抢购

续表

功能模块	功 能 说 明
商品评论	添加商品搜索到页面中，设置评论的作者、事件、评论排列等内容
浏览过的商品	添加商品的浏览记录到页面中，设置它们的数量、标题、字体、图片等参数，实现多样化的显示类型
快速购物	支持直接购买、添加购物车后合并订单等多种形式
网站专栏	支持自定义的商城专题及快速发布

2.2.2 在线交易

在线交易支持预存款支付、在线网关支付、线下支付等类型的支付方式，灵活的支付接口使消费者轻松通过网络银行实现安全支付，快速达成交易，享受网购的便捷服务。

2.2.3 商城装修

商城装修主要包含网店模板、模板可视化标记、网站专栏、源代码设计等功能模块，具体功能明细见表 2-6。

表 2-6　商城装修功能明细

功能模块	功 能 说 明
网店模板	支持模板安装/上传、模板备份
模板可视化编辑	支持对页面的随意拖动，板块摆放、布局等功能
网站专栏	支持创建站点栏目单独页
源代码设计	支持对页面的文本、图片、样式表、脚本等内容进行维护管理

2.2.4 网站运营

网站运营主要包含文章、广告、商品类型、商品促销功能模块，具体功能明细见表 2-7。

表 2-7　网站运营功能明细

功能模块	功 能 说 明
文章	包括文章、文章分类、文章推荐
广告	包括文字、图片、Flash 等广告类型，支持轮播等效果
商品类型	包括管理品牌、商品规格、扩展属性、详细参数及购物必填项等内容，还可设置可选计量单位范围及默认计量单位，设置商品类型和品牌相互关联
商品促销	支持价格策略：依据不同客户制定销售价格，可灵活设置产品折扣； 支持折扣策略：支持自选商品套餐和固定商品套餐、促销卡、限时抢购、团购等功能

2.2.5　会员中心

会员中心主要包含会员登录注册、会员资料、订单管理等功能模块，具体功能明细见表 2-8。

表 2-8　会员中心功能明细

功能模块	功 能 说 明
会员登录注册	支持会员快速登录及注册
会员资料	会员可以快速维护自己的资料，包括收货地址、密码管理等内容
订单管理	可以查询订单状态、历史订单
收藏管理	可以管理维护收藏商品
评论管理	可以查看会员评论
礼品券管理	可以查询购物卡、代金卡余额及状态
积分管理	可以查询自己的积分状况

2.2.6　后端功能

后端功能主要包含网站设计(见表 2-9)、订单管理(见表 2-10)、商品管理(见表 2-11)、留言管理(见表 2-12)、运营管理(见表 2-13)等模块。

表 2-9　网站设计功能明细

主要功能	功 能 说 明
快速建站	可进入网站可视化编辑页面；提供网站模板选择，快速维护网站页面内容等功能
高级设计	设计网站风格，提供网站模板选择使用
	设计导航菜单，维护网站导航栏目的名称和链接地址
	设计首页形象图片，维护网站首页企业介绍栏目中的图片
	设计栏目形象图片，维护网站各栏目形象图片位置上的形象图片
	第三方流量统计，在网站底部添加第三方流量统计 JS 代码

表 2-10　订单管理明细

主要功能	功能模块	功 能 说 明
网上交易	购物车功能	可添加、删除所选商品，同一个供应商的商品生成一张采购单，多个供应商的商品可生成多张采购单
	收货地址的维护	支持多收货地址，可设置一个地址为默认地址
	商品销售订单管理	支持按等待发货、等待买家收货、等待评价、等待确认收款、退款中等状态查询订单，提供按下单时间、买家名称、订单号、交易号、商品名称、订单状态、评价状态等条件进行组合高级搜索等功能

表 2-11　商品管理功能明细

主要功能	功能模块	功 能 说 明
商品供求	管理商品	支持对商品的新增、删除、导出导入、批量下架等基本功能和导入平台商品、快速指定分类等个性功能。提供按视图、上架状态、审批状态、分类查询、类型等条件进行查询，并提供自定义视图和高级搜索等功能
	发布商品	支持发布一般实体商品和特殊商品
	商品推荐	将网上批发商品推荐网站首页显示
	管理求购	支持新增、删除、批量更新发布时间等基本功能，并提供按状态、类型进行查询
	发布求购	支持发布求购实体商品及其他求购类型信息等功能

表 2-12　留言管理功能明细

主要功能	功 能 说 明
客户留言	管理和回复网站上的客户留言，支持设为精华帖进行推荐显示

表 2-13　运营管理功能明细

主要功能	功 能 说 明
网站管理	对网站风格、栏目、网站栏目导航、ICP 备案、网站购物送货方式等进行管理及维护，并对网站优化等内容进行设置
权限管理	针对网站安全考虑，通过权限对网站的各级操作进行相关控制，如账号开通的权限、客户管理的权限、网页内容管理的权限等
网站访问量统计	对浏览网站的浏览时间、地区分布、浏览频率、会员注册情况、来访 IP 排名等进行监测和统计分析。同时结合下达订单的用户以及论坛活跃用户的数量，在订单的转换率上进行比对，提升网站的订单及销售额

2.3　网商通：供应链协同管理

供应链管理系统是对前台采购、销售、出入库及资金收支等业务进行管理的系统，它与实训平台前台网站门户的在线交易、与上游供应商、下游分销商业务进行有效集成，并对在业务管理过程涉及的产品、人员、机构、资金账户等基础资料进行管理，如图 2-1 所示。后台基础ERP管理可以管理、协同其他模块的商品进销存、基础财务数据，是平台的企业内部管理部分，协同管理各个模块的数据和信息。本实训教程中的供应链协同管理实训是在金算盘全程电商实训平台网商通模块下完成的，该模块功能如图2-1所示。教师可以根据实训的课时来设置需要完成的具体业务项目。

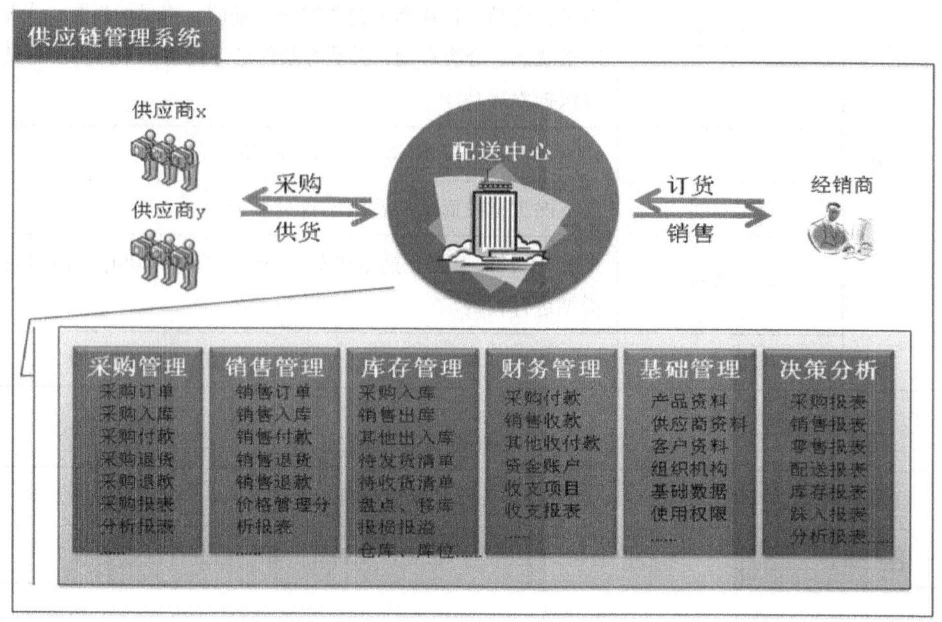

图2-1　全程电子商务综合实训平台供应链管理系统

2.3.1　采购管理

采购管理主要包含订单管理、基础资料、采购报表功能模块，具体功能明细见表2-14。

表2-14　采购管理功能明细

主要功能	功能模块	功 能 说 明
订单管理	采购订单	采购订单提供新增、编辑、删除和浏览等操作和采购订单跟踪(包括签订、审核、执行、完成与作废等)，支持与供应商进行订单协同
	采购入库管理	支持按订单入库、单仓库/多仓库入库等业务
	采购退货管理	支持对采购退货原因分析和管理
	采购付款	支持根据采购订单和收货单匹配付款
	采购退款	支持根据采购订单和付款单退款
	商品调价	支持采购价格调整管理，价格调整支持按百分比增减、按金额增减等方式

续表

主要功能	功能模块	功 能 说 明
基础资料	供应商	提供统一的供应商档案管理，支持潜在供应商、正式供应商和已退出供应商等分类管理
	商品	提供商品目录维护管理，商品信息包括基本信息、商品介绍、商品图片、商品规格、行业扩展属性、网上销售信息、内部控制信息及搜索相关信息
	业务员	一个职员只能属于一个机构，这里特指采购人员
	税率	设置商品采购的进项税率，可自定税率计算公式
采购报表	统计报表	提供采购订货、采购入库、采购退货等统计报表
	分析报表	提供采购价格分析、订单执行分析、建议采购量等各种分析报表

2.3.2 销售管理

销售管理还包含价格管理、基础资料、报表等功能模块，具体功能明细见表 2-15。

表 2-15 销售管理功能明细

功能模块	功 能 说 明
销售管理	用于销售订单管理。集中维护和管理客户订单，并提供订单跟踪执行、多条件查询、模板自定义、订单详细页面打印等功能
	用于销售出库管理。支持根据订单生成发货单，支持单仓库/多仓库发货
	用于销售退货管理。支持对向销售退货的管理，包括退货的审核、退款处理
	用于销售收款管理。支持按销售订单和销售出库匹配收款，提供销售出库与收款核销
	用于销售退款管理。提供销售退款的审批和退款操作等业务
价格管理	用于商品调价管理。支持批发价、零售价批量调整管理，价格调整支持按百分比增减、按金额增减等方式
	用于价格策略管理。可按有效日期、有效时间段、客户、客户分类、价格等级等制定商品销售价格，不同组织机构可制定不同的价格策略
基础资料	用于客户管理。提供统一的客户档案管理，支持客户分类管理
	用于商品目录维护管理
	用于销售业务分类管理。包括委托代销、直运销售、在线销售等
	用于销售区域管理。按区域统计销售数据，销售区域可按地区或组织机构划分

续表

功能模块	功 能 说 明
基础资料	用于维护商品销售的税率管理。如增值税率或其他税率
	用于业务员管理。特指销售人员
报表	用于销售报表管理。提供销售订货、销售发货、销售退货等统计分析报表
	用于分析报表管理。提供销售排名、客户贡献、销售收入、销售价格、订单执行等各种分析报表

2.3.3　库存管理

库存管理包含出库、入库、调拨、盘点、基础资料及报表等功能模块，具体功能明细见表 2-16。

表 2-16　库存管理功能明细

功能模块	功 能 说 明
出库	用于待发货清单管理。支持仓库管理员发货计划，拣货、发货快速操作入口等业务
	用于销售出库管理。生成发货单，对应需配货、拣货的出库作业
	用于销售退货管理。支持按单退货、退货到特定仓库(如废品库)、退货退款处理等业务
入库	用于待收货清单管理。支持仓库管理员的收货计划、收货快速操作入口等
	用于采购入库管理。支持按订单入库、单仓库及多仓库入库
	用于采购退货管理。支持采购退货原因分析和管理
	用于其他入库管理。除采购以外的其他入库业务，如生产入库、加工入库等
调拨	用于仓库调拨。支持不计在途仓库移库，调拨在途管理的调拨出库和调拨出库等功能
	用于库位调整。仓库管理支持库位管理，库位调整可调整库位中存放的商品
盘点	用于盘点。支持盘点表打印，根据盘点结果自动进行盘盈、盘亏处理，盘点时支持部分盘点和周期盘点
	用于报溢。盘点出现盘盈时，系统自动生成报溢单
	用于报损。盘点出现盘亏时，系统自动生成报损单
	用于成本计算。支持移动平均法计算成本，支持多独立核算机构成本计算
基础资料	用于仓库管理。设置仓库名称、电话、仓库地址等信息，仓库支持货位管理
	用于出入库类型管理。管理仓库入库和出库类型，如采购入库、自制品入库、销售出库、领用出库等，可按出入库类型统计和查询
报表	用于编制库存报表。包括其他出入库报表、仓库移库报表、仓库调拨报表、仓库拣货报表、报损报溢报表、仓库库位报表、库存统计分析报表等内容
	用于编制配送报表。包括调拨报表、要货报表、库存报表、配货报表等内容

2.3.4　基础管理

基础管理主要包含供应商管理、客户管理、商品管理、权限机构、仓储配送及财务等功能模块，具体功能明细见表 2-17。

表 2-17　基础管理功能明细

功能模块	功 能 说 明
供应商管理	用于供应商档案管理。支持各种类型供应商等分类管理
	用于添加网上供应商、导入网上供应商商品等内容
客户管理	用于客户档案管理。支持各种类型客户的分类管理
	用于客户分类、等级管理
	用于添加网上客户
商品管理	用于商品目录维护管理、商品自定义分类，支持多层次分类
	用于商品类型管理。包括品牌、规格、扩展属性、详细参数及购物必填项等内容
	用于商品条码管理。支持自定义条码规则，支持商品条码自动生成
	用于商品套餐管理。包括商家预定套餐和客户自选套餐
机构权限	用于组织机构管理。支持多机构管理、层次管理
	用于职员管理。一个职员只能属于一个机构
	用于角色管理。可设置每个岗位或角色可操作的单据、报表等内容
	用于操作员管理。登录并使用系统的人员，一般由系统管理员统一设置
仓储配送	用于物流公司管理。维护签约物流公司的信息
	用于配送方式管理。维护配送方式及运费
	用于仓库管理。设置仓库名称、电话、仓库地址等信息，仓库支持货位管理
	用于货位管理。设置货位用于内部分货和拣货处理
	用于出入库类型管理。管理仓库入库和出库类型，如采购入库、自制品入库、销售出库、领用出库等，并可按出入库类型统计和查询
财务	用于资金账户管理。资金账户管理资金的收、支及结余，资金账户可以与银行账户对应，也可以建立与银行账户无关的现金账户
	用于支付方式管理。支持管理收款和付款方式，线上支付支持第三方担保支付和网银网关支付，线下支付支持现金、转账和货到付款方式等功能
	用于币种管理。系统支持多币种，用户可以维护本位币以及其他币种

2.3.5　财务管理

通过财务管理系统，将企业的经营成果准确实时地记录在数据库里，可以方便地生成各类财务报表，大大提高企业核算的工作效率，同时为管理提供可靠的决策分析手段，为达成企业的经营目标提供了强大的支持。财务管理模块包含采购付款、销售收款、其他收付款、资金账户、收支项目和收支报表等业务，本实训中通过应收应付管理、现金银行、现金流量及财务报表等业务来实现财务管理的功能，其功能明细见表 2-18。值得注意的是，收支管理是财务管理中是一项非常重要的业务，既可以设置为一个独立的实验单元，也可以在财务管理模块中完成，因收支管理提供了钱流收支账管理，为管理者提供经营决策支持信息，并帮助其做出科学决策，是企业运营的重要部分，因此本教程将其单列介绍。

表 2-18　财务管理功能明细

主要功能	功 能 说 明
应收应付管理	提供应收单、应付单制作、审核等功能，并提供收付款业务处理功能
现金银行	提供现金收付管理、支票、汇票等票据管理
现金流量	提供现金流量分配、现金流量自动拆分等功能
财务报表	支持查询现金流量表、资产负债表、利润表等财务报表

2.3.6　收支管理

收支管理通过到期应付款、到期应收款、采购付款、销售收款、采购退款、销售退款、其他收入与其他支付等业务来实现收支管理的功能，具体功能明细见表 2-19。

表 2-19　收支管理功能明细

主要功能	功 能 说 明
到期应付款	提供所有的、本周新增的、本月新增的到期应付款
到期应收款	提供所有的、本周新增的、本月新增的到期应收款
采购付款	根据采购入库单，提供对供应商进行采购付款功能，关联采购订单
销售收款	根据销售出库单，提供对某客户进行销售收款功能，关联销售订单
采购退款	根据采购退货单，提供对供应商的采购退款功能
销售退款	根据销售退货单，提供对客户的销售退款功能
其他收入	提供对某单位的其他收款，可以快速增加维护收支项目
其他支付	提供对某单位的其他付款，可以快速增加维护收支项目

2.3.7　决策分析

为了全面体现企业经营状况，实时了解采购、销售、库存、财务等方面的情况，企业管理者可以通过统计分析报表详细了解各个职员的销售情况、产品的销售排名和库存情况，并查看产品的销售统计分析报表，为市场战略性决策提供参考依据。决策分析模块包含采购报表、销售报表、零售报表、配送报表、库存报表、分析报表等业务，本实训通过采购报表、销售报表、配送报表、库存报表、财务报表、总经理报表等业务来实现决策分析，具体功能明细见表 2-20。

表 2-20　决策分析功能明细

主要功能	功 能 说 明
采购报表	提供汇总类报表(采购订货汇总表、采购入库汇总表、采购退货汇总表等)； 提供明细类报表(采购订货明细表、采购入库明细表、采购退货明细表等)
销售报表	提供汇总类报表(销售订货汇总表、销售出库汇总表、销售退货汇总表、会员积分汇总表、套餐销售汇总表、销售日报汇总表等)； 提供明细类报表(订货明细表、出库明细表、退货明细表、会员积分明细表、套餐销售明细表等)
配送报表	提供汇总类报表(发货汇总表)、明细类报表(收、发货明细表)
仓库报表	提供汇总类报表(出入库汇总表、仓库调拨汇总表、拣货汇总表、报溢汇总表、报损汇总表、产品库位存量表 、产品进销存汇总表等)； 提供明细类报表(其他出入库明细表、调拨明细表、拣货明细表、报溢明细表、报损明细表、产品库位明细表、产品出入明细表等)
财务报表	提供账簿类报表(收支明细账)； 提供汇总类报表(销售收款汇总表、销售退款汇总表、采购付款汇总表、采购退款汇总表、应付款汇总表、收款汇总表等)； 提供明细类报表(销售收款明细表、销售退款明细表、采购付款明细表、采购退款明细表、应收、应付明细表等)； 提供分析类报表(往来余额表、销售出库成本分析表等)
总经理报表	提供排名类报表(职员销售排名、产品销售排名、客户贡献排名等)； 提供统计分析类报表(店员上岗情况表、机构销售收入统计表、库存分布状况、销售利润分析、采购价格波动分析表等)

2.4　即时通讯(BIM)

实训平台提供具有沟通、办公、协同特色的即时通讯(洽谈)工具(BIM，Business Instant Messenger)。企业员工可以利用该即时通讯工具与企业内各级机构的同事、上游的供应商、下游客户等进行多种方式的沟通与交流，并能实时接收各种业务的跟踪消息与执行通知，实现协同的高效。即时通讯工具为用户提供在线交流，短信、消息、邮件、商务数据流业务管理功能，并高度融合于实训平台之中，既是用户与供应商和客户进行商务沟通的工具，也是用户在利用实训平台进行业务管理及协同的过程中，接收各种业务消息的终端，如图2-2所示。即时通讯工具(BIM)包含的主要功能明细见表2-21。

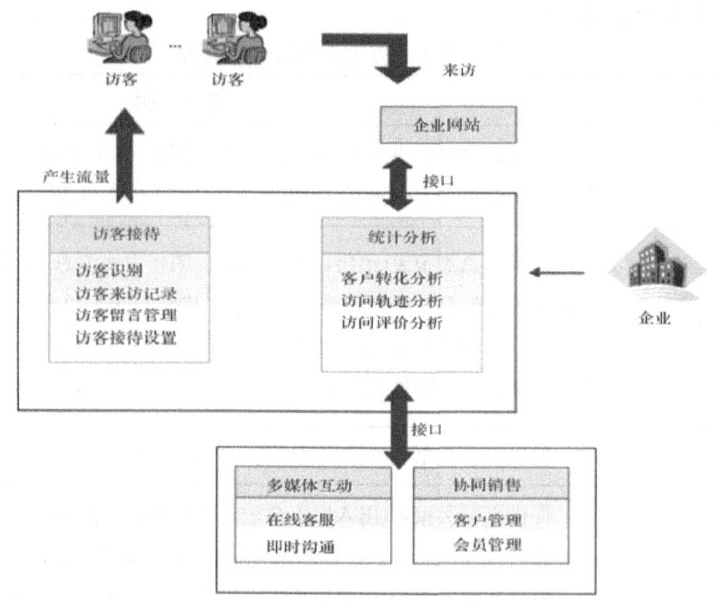

图2-2　全程电子商务综合实训平台即时通讯系统

表2-21　即时通讯(BIM)功能明细

功能模块	功 能 说 明
沟通及传输	建立内部协同平台，供内部人员及时沟通；提供名片管理功能，可添加供应商、客户，实现及时沟通和交流
	提供即时通讯服务。可实现文字、语音、视频等通讯方式，支持一对一、多对多沟通，可邀请他人、转接功能，支持讨论组模式
	提供远程协助服务。发送远程协助申请，获得协助处理事务
	提供文件传输服务。支持单个文件及以文件夹方式的多个文件在线传输
	提供通知服务。支持向特定个人、部门发送通知，同时能够以同步发送邮件、短信等方式发送通知内容
	提供日程管理。支持个人日程管理，代办提醒等功能
	提供任务管理。可对任务的成员、工期、任务级别进行管理，支持上传任务附件
	提供供应商协同服务。通过平台可直接添加供应商，系统通过协同功能，直接将供应商发布的企业介绍、联系方式等基础信息加入企业的供应商管理系统中
	提供供应商商品协同服务。通过平台添加的供应商，可使用系统商品协同功能，直接导入供应商的商品信息，包括商品介绍、商品规格、商品价格等信息

续表

功能模块	功 能 说 明
业务数据协同	提供业务单据协同服务； 提供与供应商的业务单据协同服务：针对企业在网上采购产品时所形成的采购订单，系统自动协同生成供应商的销售订单； 企业内部单据协同：企业内部经销商、出入库单据协同
	提供订单状态跟踪服务。对销售订单、采购订单、出入库单据状态实行跟踪管理，针对各个业务状态通过邮件、短信、即时通讯工具(BIM)、站内信等方式协同通知交易双方，保证订单的执行与交付
	提供货款结算协同服务。对采购、销售形成的应收、应付货款进行结算，系统自动协同生成应收、应付款提醒

第3章　网上商城B2B综合实训

B2B(Business to Business)是指企业与企业之间通过互联网进行数据信息的交换、传递，开展交易活动的商业模式。它将企业内部网，通过B2B网站与客户紧密结合起来，借助网络的快速反应，为客户提供更好的服务，从而促进企业的业务发展。

网上商城B2B综合实训以企业的视角，依托全程电子商务平台服务，将企业使用的全程电子商务平台上的各种服务和由此产生的内外部信息整合在一起，为企业内部管理、网上贸易、供应链协同等活动提供统一的应用入口。它既是企业通过网络进行形象宣传和产品推广的窗口，又是企业管理者、职员、供应商、分销商、客户、物流服务商等协同工作的接入点。

3.1 实训目的

B2B作为企业与企业之间商品交易和信息交换的模式，为后续的协同、ERP管理以及B2C的销售经营奠定了基础，是网络交易的最初形式。学生利用B2B模块建立网站，可以实现与其他企业的互动和互通，真正完成了企业之间的信息流通，节省传统企业的沟通成本和时间。在这部分实训中，学生需要建立一个企业的B2B交易网站，并通过网站和平台来寻求自己需要采购的产品，扩充自己企业的销售机会，运用BIM、在线询价等通讯方式及时地与供应商、客户取得沟通，以达到节省交易时间和沟通成本的目的。

1. 企业网站管理

企业网站管理包括管理公司资料、企业荣誉、招聘信息、新闻动态、分销渠道和网站留言六大部分。这六个部分将分别在企业门户网站上的六个板块中显示，向访问者提供企业的相关信息。本部分实训的任务是分别对这六大部分进行管理及操作，并了解各个部分的作用。

2. 企业网站设计

设计企业网站页面，根据不同需要对企业网站页面进行排版，包括网站风格、导航菜单、首页形象图片和栏目形象图片四个部分。

3. 管理B2B网站商品

对企业产品进行管理，包括对产品进行上架、下架、发布上网的操作，并进行网上产品分类，以及对网上展厅进行管理。

4. 发布商机

在网站上发布供应商机和求购商机。可针对企业的产品发布供应商机，让更多的人知道企业的产品，从而促进客户的购买行为。同时针对企业想要采购的产品发布求购商机，让更多的人知道企业的需求，发现潜在的供应商。

5. 搜寻商机寻求合作

在网站上可以搜索供应商机和求购商机。通过在平台当中搜索和查询产品供应信息，能够发现其他企业发布的相应供应商机，第一时间看到求购产品和供应产品的信息。用户一方面可以搜索供应商机和求购商机，通过在线洽谈和即时通讯工具，对产品价格、发货方式进行磋商，完成产品采购；另一方面，也可以在交易市场当中搜索合适的店铺，浏览、洽谈、合作。

6. 掌握在线交易流程

通过与平台当中其他企业的互动，能够在平台上直接寻找所需要的商品，并进行线上交易。

7. 企业信用体系建立

通过对商品评价的管理、企业信用资质的审核，建立起企业的信用资质体系，让企业更具有公信力。

8. 建立 B2B 供应商、客户管理体系

可以将已经交易或合作过的企业设置为供应商、客户，并直接通过内部协同进行订货、销售。

3.2 实训任务

完成本实训建议安排 8 课时，具体任务分配如表 3-1 所示。

表 3-1　网上商城综合实训课时安排

课时	任务
第 1、2 课时	任务一：企业网站内容管理、管理 B2B 网站商品 教师：对学生分组，进行行业分配。负责在审核平台上进行商品的在线审核 学生：进行商品、网站基础信息的编辑上传
第 3～6 课时	任务二：企业网站设计、企业信用体系设立 教师：负责在审核平台上进行商机和商铺的审核和推荐 学生：设计网站，发布商机，利用页面工具和即时通讯工具进行沟通合作
第 7、8 课时	任务三：发布商机、掌握在线交易流程 教师：在支付管理平台上帮助学生提款、审核大额交易资质 学生：进行多笔交易，熟练掌握交易流程

3.3 实训流程和步骤

本教程依托金算盘全程电子商务综合实训平台完成各项实训任务，网上商城(B2B)综

合实训流程如图 3-1 所示。

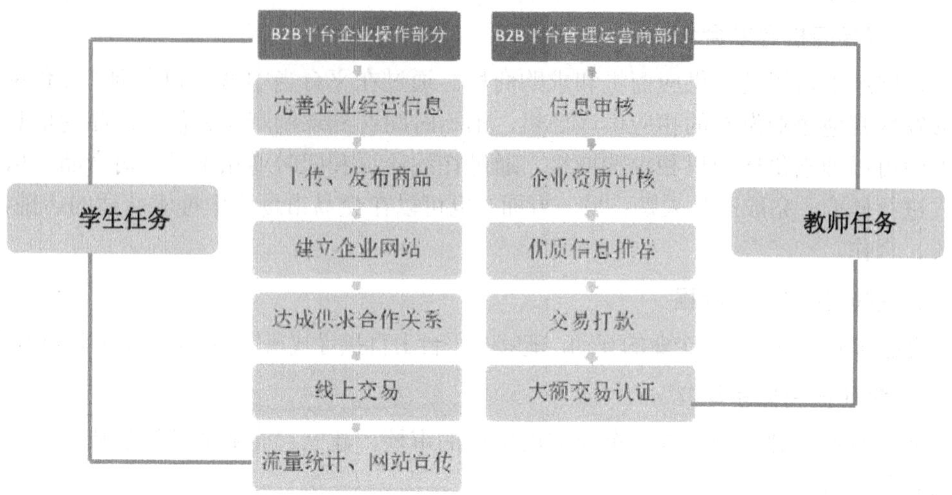

图 3-1　网上商城(B2B)综合实训流程

登录实训平台，进入 B2B 实验模块，如图 3-2 所示。

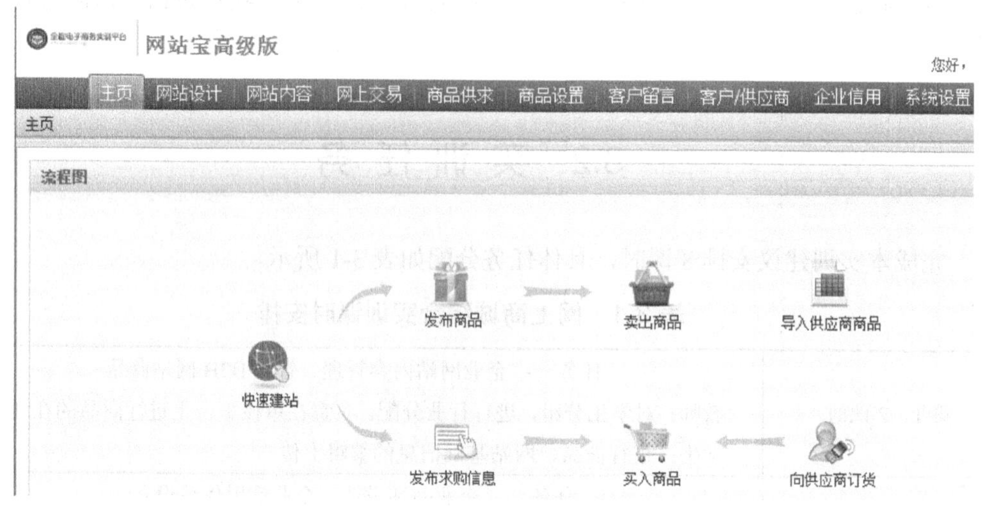

图 3-2　B2B 实验模块

3.3.1　网站内容管理

学生可以在网站内容菜单和系统设置菜单当中对 B2B 的网站内容进行添加管理，并在“商品设置”、“商品供求”当中管理和添加需要在 B2B 网站当中销售的产品，以及设置“商品类型”，如图 3-3 和图 3-4 所示。

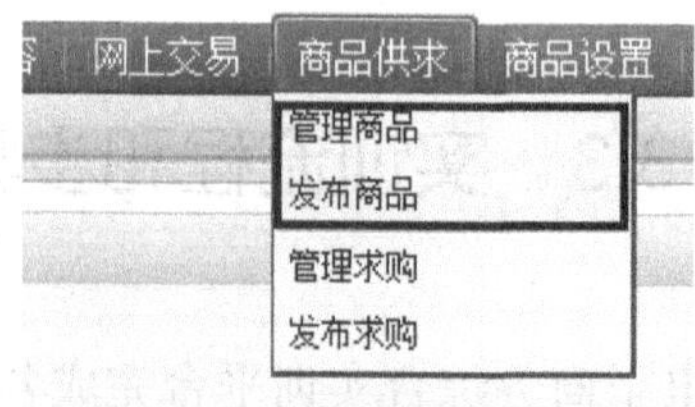

图 3-3　管理添加产品

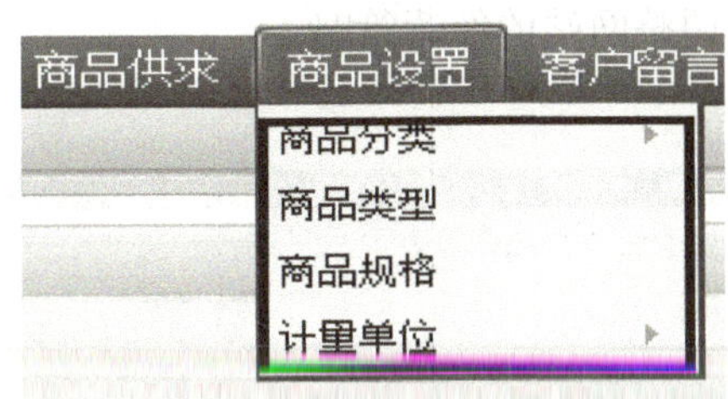

图 3-4　设置商品类型

学生也可在网站内容标签页中添加“企业介绍”、“招聘信息”、“新闻动态”、“分销渠道”等内容，如图 3-5 所示。

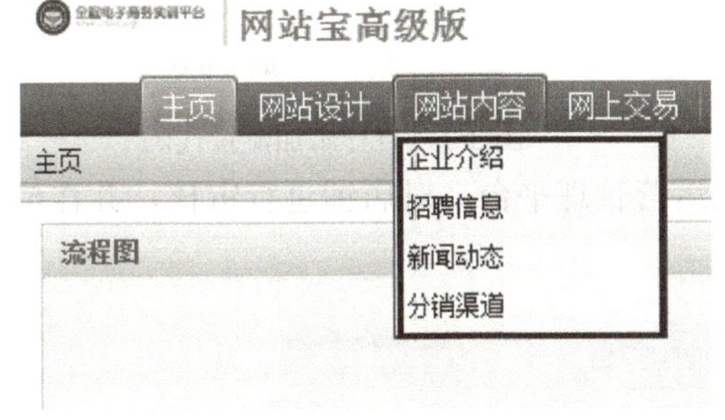

图 3-5　网站内容标签页

教师(管理员)可登录运营管理平台对学生上传的商品进行审核，如图 3-6 所示。

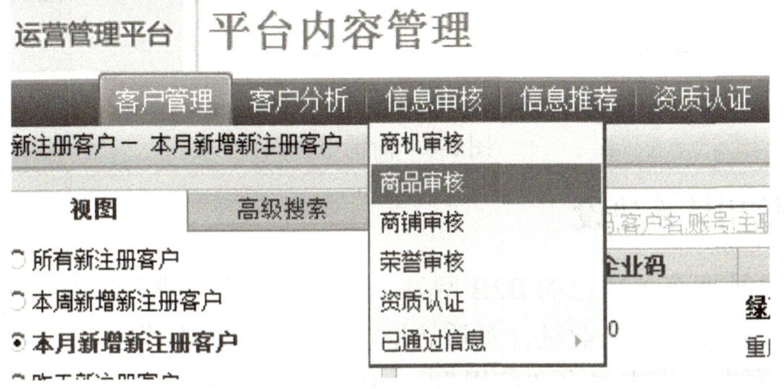

图 3-6　审核上传的商品

3.3.2　网站设计

B2B 网站的内容完善之后，学生可对网站内容模块的排版以及高级设计部分进行个性化的设计，并检查发布的商品是否已经出现在自己的网站当中。还可以添加流量统计代码，对自己网站的流量进行统计。

进行商铺设计时，由于设计模板当中已经预设出了多个需要展示的模块，所以只需根据自己的选择安排模块的摆放，以及裁剪需要上传图片的大小，进行保存。

在网站设计的高级设计中，可以自行添加流量代码，如图 3-7 所示，对建设好的网站进行流量的统计，并依此调整网站的经营策略。

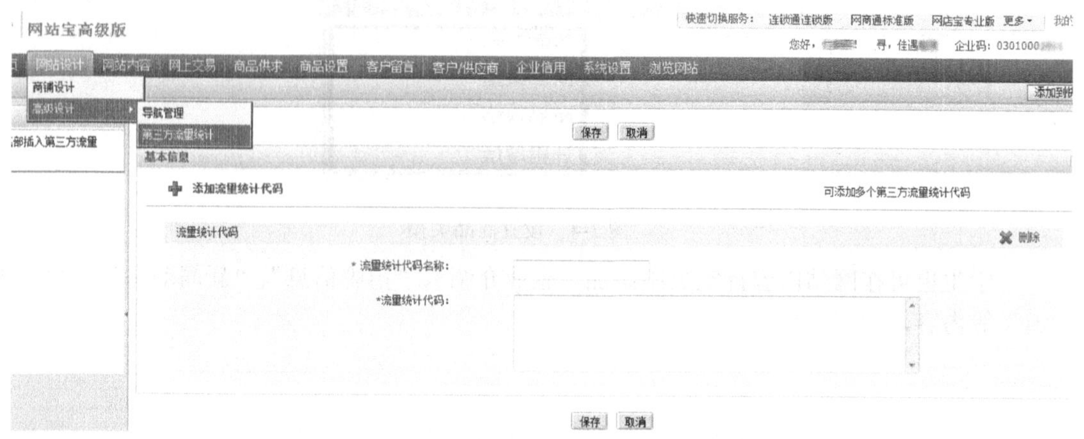

图 3-7　自行添加流量代码

教师(管理员)登录运营管理平台，对店铺进行审核，并在信息推荐处进行推荐，如图 3-8 所示。

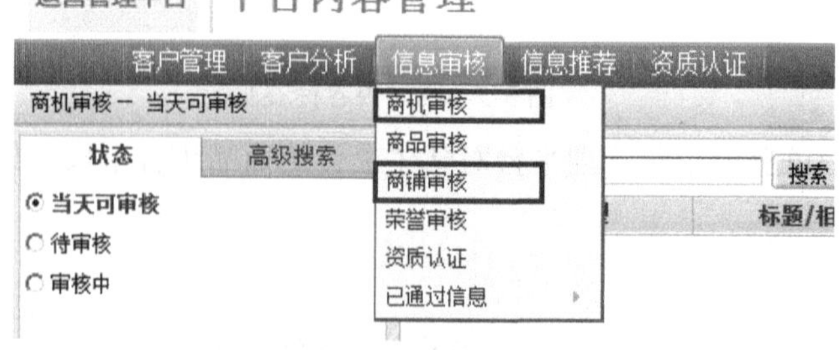

图 3-8　商铺审核入口

3.3.3　企业信用体系建设

此时学生已经拥有了自己的 B2B 网站。但是要给予店铺更多的信誉等优势，让更多的客户信任自己，就需要对企业进行资质认证、荣誉添加等操作。

在 B2B 页面中，点击“企业信用”，上传资质认证和企业荣誉，在通过审核后，学生的 B2B 网站将出现认证标志，如图 3-9 所示。

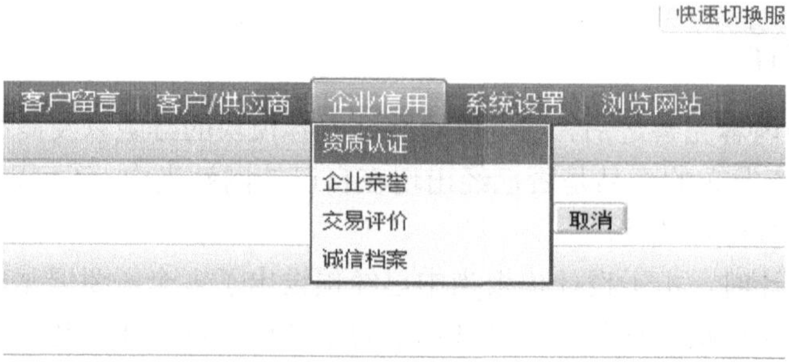

图 3-9　企业信用

教师(管理员)登录运营管理平台为学生审核资质和荣誉，如图 3-10 所示。

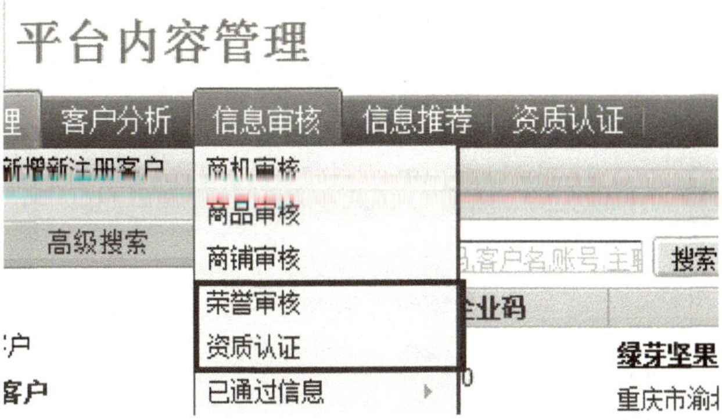

图 3-10　审核资质和荣誉

3.3.4　发布求购信息，寻找需求货源

需要进行商品采购或售出商品的学生，可以在前台交易市场当中搜索求购信息，选择合适的信息进行沟通联系。网站建设完成后在“商品供求”处发布商品求购信息，如图 3-11 所示。

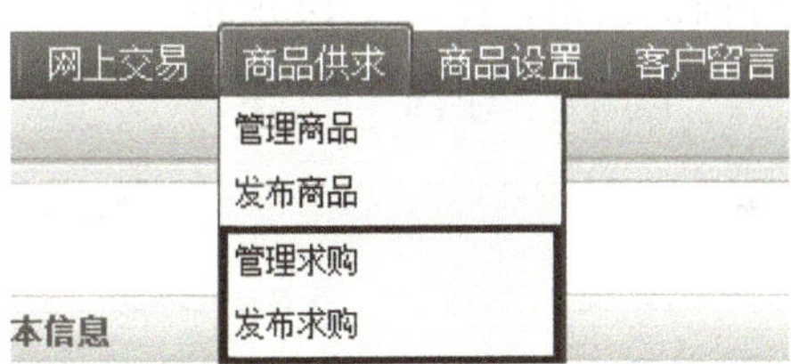

图 3-11　发布和管理求购

交易双方在交易市场中可以通过关键字进行搜索，如图 3-12 所示。

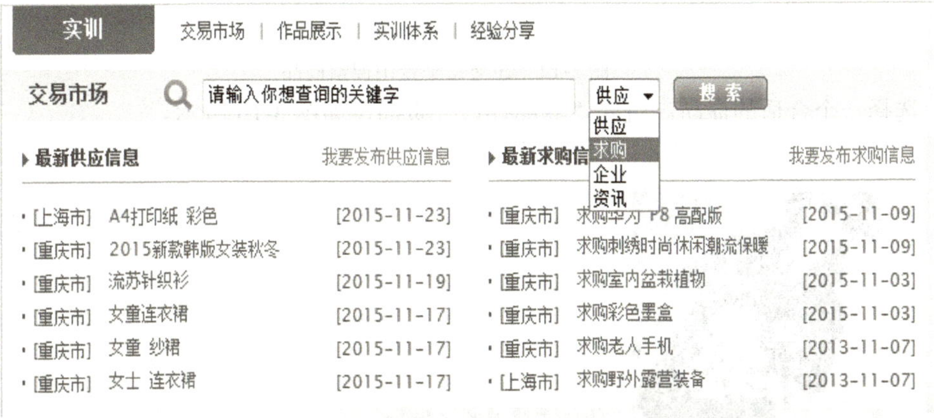

图 3-12　通过关键字进行搜索

找到自己所需的商品或商铺后，可以用“洽谈报价”功能和店家进行进一步沟通，如

图 3-13 所示。

洽谈报价
求购书
所 在 地：重庆市-渝北区
价格说明：10-50
采购范围：渝北
采购总量：20 本
发布日期：2013-10-17
有 效 期：10天
赶快联系买家吧　洽谈报价
欢迎新老客户洽谈询价，您可以给我们留言。
* 标题：我对您发布的“求购书”很感兴趣
* 内容：您好，我对您发布的"求购书"很感兴趣，请及时与我联系！
* 姓名：
* 电话：1531028
* 邮箱：197@qq.com
发　送　重新填写

图 3-13　利用洽谈报价功能沟通

3.3.5　线上交易

学生可以在交易市场中搜索合适的商品，进行订购、付款、收货等操作。学生应尽可能实现与客户的网上交易，并能够完成退货操作。在线交易可通过以下两种方式进行。

(1) 进入交易平台进行商品搜索，如图 3-14 所示。

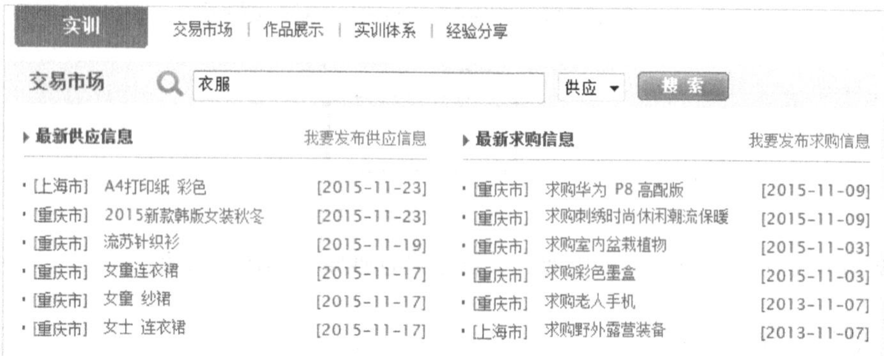

图 3-14　在交易平台中搜索商品

选择一个合适的商品，进入“商品详情”页面，如图 3-15 所示。

图 3-15　“商品详情”页面

点击【立即订购】，即弹出“采购确认”页面，填写收货地址等资料，进行提交，如图 3-16 所示。

收货地址确认

*收货地址：

*收货人：

*邮编：

电话：

手机：　　电话和手机至少填写一项

订购商品确认

卖家：鼠观手绘服饰公司　联系卖家

序号	商品	货号	价格（元）	商品数量	金额小计（元）
1	手绘服饰	Y000005	0.00	1 件	0.00

合计金额：0.00元

图 3-16　“采购确认”页面

具体的在线交易流程如图 3-17 所示。

图 3-17　在线交易流程

(2) 进入平台搜索企业关键词，在出现的企业列表当中选择比较喜欢的企业，直接进入该企业的 B2B 网站，如图 3-18 所示。

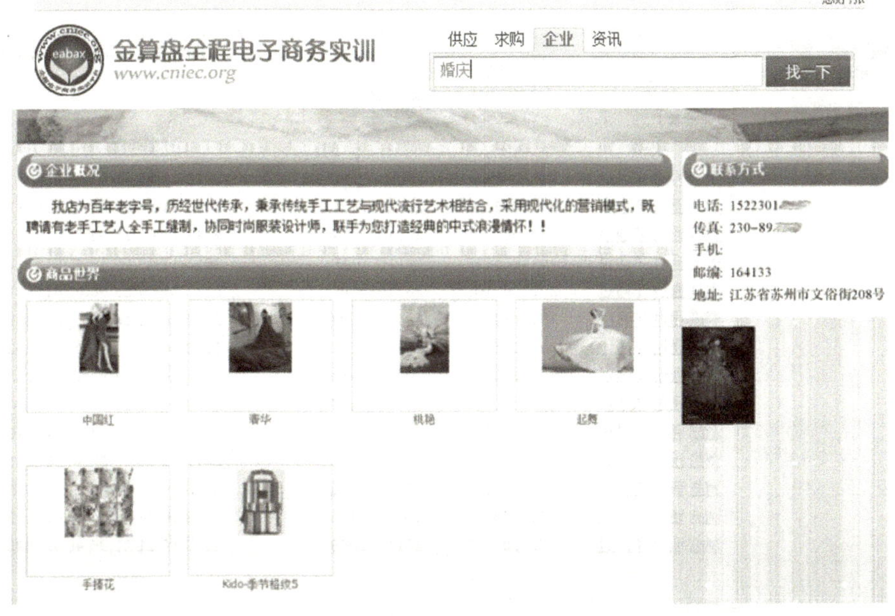

图 3-18　进入平台搜索企业关键字词

点击合适的商品，进入“商品详情”页面，进行上一种方法当中的购买支付流程。

教师(管理员)登录支付管理平台，为学生进行提款操作和大额交易实名认证，如图 3-19 和图 3-20 所示。

支付管理平台 测试版

个人资料 | 交易管理 | 交易监控 | 报表 | 客户管理 | 合作伙伴管理 | 账户管

客户交易列表 ▸ 全部 / 待打款 / 待退款

快速搜索 请输入交易号,商品描述 搜索

操作	下单时间	客户订单
浏览 打款给卖家	2015-11-26 10:00:36	CGD-00013
浏览 打款给卖家	2015-11-26 09:52:27	CGD-00011
浏览 打款给卖家	2015-11-26 09:42:57	CGD-00005
浏览 打款给卖家	2015-11-26 09:24:22	CGD-00007
浏览 打款给卖家	2015-11-26 09:23:28	CGD-00004
浏览 打款给卖家	2015-11-26 09:06:59	CGD-00001
浏览 打款给卖家	2015-11-24 21:21:39	CGD-00013
浏览 打款给卖家	2015-11-24 21:17:09	CGD-00008
浏览 打款给卖家	2015-11-24 20:48:43	CGD-00029
浏览 打款给卖家	2015-11-24 20:44:54	CGD-00016
浏览 打款给卖家	2015-11-24 20:44:50	CGD-00015
浏览 打款给卖家	2015-11-24 20:10:02	CGD-00013
浏览 打款给卖家	2015-11-24 20:09:12	CGD-00012
浏览 打款给卖家	2015-11-24 19:54:04	CGD-00011

图 3-19　提款操作

支付管理平台 测试版

个人资料 | 交易管理 | 交易监控 | 报表 | 客户管理 | 合作伙伴管理 | 账户管理 | 系统设置 | 操作日志

交易客户列表 / 审核实名认证

快速搜索 请输入申请人,登录账号 搜索

操作	申请人	登录账号	申请时间	买卖提账号
浏览 通过 不通过	xz2013062072	xz2013062072	2015-11-25 21:03:5	019005
浏览 通过 不通过	2011062121	2011062121	2013-11-07 20:28:0	018187
浏览 通过 不通过	2011065109	2011065109	2013-11-07 15:02:5	018116
浏览 通过 不通过	2011065110	2011065110	2013-11-07 14:38:4	018117
浏览 通过 不通过	2011062109	2011062109	2013-11-04 23:06:0	018511
浏览 通过 不通过	2011062184	2011062184	2013-10-31 18:20:1	018229
浏览 通过 不通过	2011065118	2011065118	2013-10-31 14:46:0	018652
浏览 通过 不通过	2011065166	2011065166	2013-10-31 14:42:2	018143
浏览 通过 不通过	2011062186	2011062186	2013-10-25 16:51:4	018230
浏览 通过 不通过	2011062211	2011062211	2013-10-25 16:25:0	018249
浏览 通过 不通过	2011062230	2011062230	2013-10-25 16:23:4	018611
浏览 通过 不通过	2011065230	2011065230	2013-10-24 15:05:3	018671
浏览 通过 不通过	2011065158	2011065158	2013-10-24 14:34:2	018138
浏览 通过 不通过	2011101248	2011101248	2013-10-21 21:36:4	018093

图 3-20　大额交易实名认证

3.3.6　建立供货商、客户管理体系

当企业进行了一定量的交易后，就会有一定的市场基础和固定的采购渠道，不再直接进行线上购买，而会采取平台内部协同的交易方式，进行相互的采购和交易。(要求：双方都是平台当中的企业、商品为原发商品)

当学生的企业在 B2B 当中购买了其他企业的产品，产生交易记录之后，对方就自动成为双方企业的供货商或客户，学生可以在自己的 B2B 网站页面上的客户/供应商栏中查询自有供应商和客户资料，如图 3-21 所示。

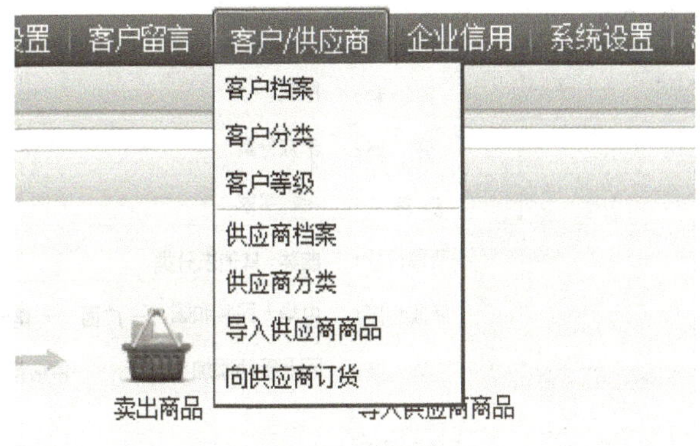

图 3-21　客户/供应商栏

交易双方可以对客户的等级和折扣以及供应商的等级和折扣分别进行调整，如图 3-22 所示。

客户 — 浏览　　添加到快捷

相关操作
向该客户报价
添加该客户的销售订单
添加该客户的退货单
搜索该客户是否在平台上存在

相关报表
应收款汇总
销售订货汇总
销售出库汇总
销售收款汇总
销售退货汇总

新增　编辑　删除

基本信息

名　称：鼠观公司
编　号：000002　　企业码：0301000
客户条码：
简　称：鼠观　　拼音码：SGSHFSGS
分　类：未知分类　　状　态：潜在客户
客户等级：　　价格等级：1
跟进人：买家
所属行业：服装>其他未分类
所属地区：中华人民共和国 — 广西 — 南宁市
是否属于POS门店大客户：否
来　源：网上手动添加
信用额度：0.00 元　　信用期限：
换货比例：0.00%　　换货期限：

图 3-22　查询自有客户资料

在后续的交易当中，等级规则将会按照设置好的数值发挥作用，如图 3-23 所示。

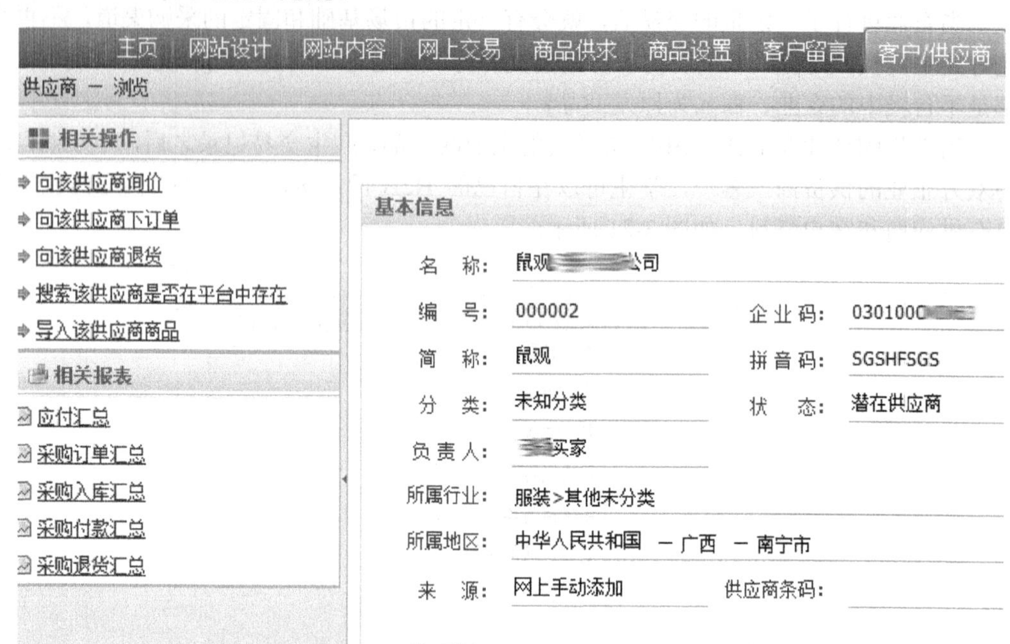

图 3-23　查询自有供应商资料

学生在“客户/供应商”页面当中，可以立即查询自己的企业与该客户、供应商相关的所有订单以及付款收货情况。并通过“导入供应商商品”将供应商上传的商品导入到自己的资料当中，进行修改并重新上传。点击“向该供应商询价”，将自动弹出“采购询价单”，如图 3-24 所示。

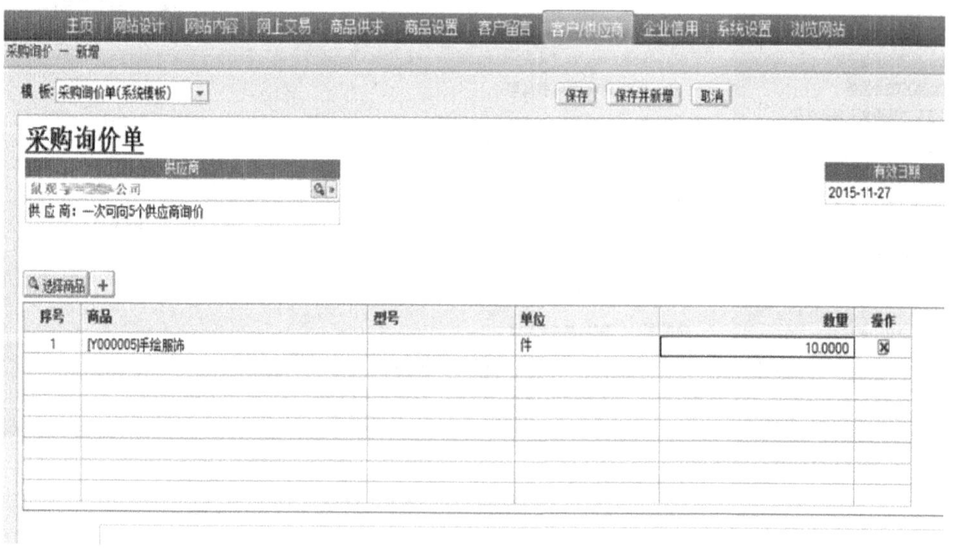

图 3-24　完善“采购询价单”

填写完成后，对方在自己的平台系统当中就会提示收到询价单，并根据询价单进行回复报价单，进行保存。询价一方在平台当中就会收到信息提示，按照询价单，走内部采购、付款、入库流程，即完成了平台内部的协同采购。

3.4　实训时应注意的问题

3.4.1　发布供求商机环节

1. 商机发布

商机发布包括求购商机发布和供应商机发布。可以订阅关注商机及商机撮合，帮助客户快速找到即时商机。客户发布的商机将在网站和平台上展示，使信息公开，方便获取更多的商业机会。

编辑发布商机主要由“基本资料”、“上传产品图片”、“产品详细参数”三个部分组成，其中带“*”项为必填项。所有信息输入完毕后，点击【保存】；如果点击【保存并新增】，将在保存的同时新增下一条信息；选择【返回到列表】可以查看所有已发布的商机。供应商机的发布操作同上。

2. 商机搜索

用户发布了商机之后，经平台审核通过，即在全程电子商务平台和企业网站上显示，所有浏览者都可以搜索到该条商机，由此扩大企业营销范围，在更大的空间内挖掘优质供应商和客户。

3. 商机撮合

用户发布商机信息后，平台会自动在网站资源库中为其匹配相应的商机，并按匹配度推荐给客户，帮助用户有效地获取潜在的优质供应商和客户，节约商机搜索时间。点击【商机撮合】后，可以在列表中选择想撮合的商机，点击【查看撮合的商机】后会显示撮合结果。

4. 在线询价及下单

客户可以浏览产品信息，与供应商进行沟通，并进入在线询价及下单业务流程。在商铺里点击【添加为我的客户】或者【添加为我的供应】，将“商铺客户”直接添加到管理台，也可以选择“浏览商铺”等信息，查看更多企业信息。点击进入“产品信息”页面，浏览该产品相关信息后，若对该产品感兴趣，可以进行“在线询价”或者“在线下单”的操作。

点击【立即订购】后，会自动进入“采购订单”页面，并自动带出对该产品的相关信息，用户在确认数量、和业务协同方式后，点击【保存】则将该订单发送给对方。

3.4.2　企业网站管理环节

网站管理包括对“公司资料”、“企业荣誉”、“招聘信息”、“新闻动态”、“分销渠道”、“网站留言”这几个栏目的文字及图片等内容的编辑管理。

1. 公司资料

公司资料由“基本信息”、“联系信息”、“详细信息”、“绑定域名”、“ICP 备案信息”五个部分组成，带“*”号为必填项。

2. 企业荣誉

企业荣誉由“证书类别”、“证书名称”、“生效”、“截止时间”、“证书编号”、“发证机构”及“证书介绍”等内容组成，同时还可以上传证书图片，带“*”号为必填项，“证书类别”可以在下拉菜单中进行选择。填写完毕后，点击【保存】即可；如果点击【保存并新增】可新增下一条证书记录；选择【返回到列表】可以查看所有已发布的企业荣誉。

3. 招聘信息

可以将企业的招聘信息发布到网站上面，进行人才招聘工作。带“*”号为必填项，有效期为招聘截止时间。招聘公告信息填写完毕后，点击【保存】即可；如果选择【保存并新增】可继续新增下一条招聘公告；选择【返回到列表】可以查看所有已发布的招聘信息。

4. 新闻动态

可以对新闻进行分类，在操作页面的左侧，可以对新闻分类进行新增及管理，也可以在编辑时，点击新闻类别旁的快捷操作管理新闻分类，带“*”号为必填项。企业新闻发布内容填写完毕后，点击【保存】即可；选择【保存并新增】可继续发布下一条企业新闻；选择【返回到列表】可以查看所有已发布的新闻动态。

5. 分销渠道

在企业网站的分销渠道页面，可以将企业各分销渠道进行信息展示和管理。内容填写完毕后，点击【保存】即可；如果选择【保存并新增】可继续新增下一个分销渠道；选择【返回到列表】可以查看所有已发布的分销渠道。

3.4.3 网站展厅环节

在企业网站里完成资料录入后，网站内容已经比较丰富了，这时还需要对产品进行发布上网，将网站里的“产品世界”进行填充，网站的内容填充才算完成。发布的产品同时会出现在平台企业商铺里。

1. 产品档案

在产品档案中对拟发布的产品的进行管理，完成产品上架及下架业务，用户可以根据需要将产品发布到网站及商铺中进行展示。点击【编辑】按钮，可以对产品进行编辑操作，完善或者修改产品信息，带 * 号为必填项。上架后的产品会出现在网站的“产品世界”栏目中，此栏目支持多图展示，提供产品名称、产品型号、计量单位等详细产品信息，并设置了放大镜功能，用户可以拖动放大镜，观看产品局部图片。客户在浏览产品后，通过点击【询价】及【下单】按钮，可以进入在线业务协同流程。

2. 预览网站

当企业网站和网站展厅里的内容全部输入后，网站的内容就算填充完成了，用户可以在左侧“相关操作区”中选择【预览网站】，对网站各项内容进行预览。如果对网站的风格不满意，则进入网站设计对网站的风格进行修改。

3.4.4　网站设计环节

拥有内容丰富的企业网站后，用户还可以对网站进行个性化设计，为企业网站选择独特的主题和栏目风格，打造别具一格、与众不同的企业形象，吸引更多的客户关注企业网站和企业产品。网站设计包括对网站主题、导航菜单、首页形象图片、栏目形象图片的管理。

1. 导航菜单

系统默认导航菜单的名称后，企业可以根据需要进行个性化修改。菜单的排列顺序也是系统默认的，企业可以自行进行排序，并且可以根据需要隐藏栏目，勾选隐藏之后的栏目将不再显示在网站上。通过点击【恢复默认】按钮可以恢复到默认设置。

2. 首页形象图片

在网站首页会显示“企业简介”、“人才招聘”和“联系我们”三个栏目的图片，用户可以在此页面上传栏目的图片，增加栏目的生动形象感。若用户对上传的图片不满意，选择【恢复默认】可以恢复到最初效果。

3. 栏目形象图片

在此页面可以上传图片、调整页面色调、选择合适的过滤效果，为网站各栏目的页面设计独特、个性的形象，增强网站吸引力。若用户对之前的操作不甚满意，选择【恢复默认】可以恢复到最初效果。

第 4 章　网上商城 B2C 综合实训

B2C 是 Business-to-Customer 的缩写，中文简称为“商对客”，通常指直接面向消费者销售产品和提供服务的商业零售模式。这种形式的电子商务一般以网络零售业为主，主要借助于互联网开展在线销售活动，即企业通过互联网为消费者提供一个新型的购物环境——网上商店，消费者则通过网络在网上开展购物、网上支付等消费活动。

4.1 实训目的

本章实训的目的在于建立一个独立的企业交易 B2C 网店，并通过对网站上架产品的选择和排列，以及对网站的页面设置和装饰，来充分体现企业的经营理念和风格。学生通过自己建立的网站来增加企业的销售机会，面向消费者进行销售，并掌握 B2C 的交易流程。

1. 网店内容管理

网店内容的管理包括导航项、文章、下载文档、网店公告、友情链接五个项目，这些项目可以在网店的模板当中选择是否显示，并在网店内容管理页面进行添加和展示。

2. 上传网店商品

学生可以为网店上传商品，设置网店专属价格，设置商品分类。

3. 企业网店的设计

学生可以根据系统所提供的数十种模块和模板，按照产品的特点和企业的需求，对企业网店进行个性化的设计和排版，还可以采用代码形式进行模块的添加。

4. 管理 B2C 网店

对企业网店的产品进行上、下架操作；制定营销策略，并对产品进行分类；管理顾客的留言和咨询；为顾客增添和设计多种支付方式和物流方式，供顾客进行选择。

5. 掌握在线交易流程

顾客登录企业网店页面之后，可选择自己心仪的产品，进行购买；而店主也可以进入平台查看及处理销售订单。

6. 为网店会员建立积分、等级制度

店主(学生)通过设置控制会员在网店当中购买产品后能获得的积分数额，以及到达到一定积分后会员等级的升级规则，做好营销和促售工作。

7. 网店营销管理

通过多种方式对网店进行营销管理，掌握添加自定义代码的方法，增加模块的丰富性，增强网店营销管理的可测度性；做好网店交易数据分析和统计，及时掌握顾客需求及消费

习惯；设计商品套餐增加网店的销售量；通过微信或 QQ 积极沟通，积极与顾客互动，充分展示及宣传网店。

4.2 实训任务

完成本实训建议安排 10 课时，具体任务分配见表 4-1。

表 4-1　网上商城 B2C 综合实训课时分配

课时	任务
第 1、2 课时	任务一：网店内容管理、网店商品上传 教师：为学生展示精美的企业网店，在审核平台上进行商品的在线审核 学生：为网店进行内容添加，上传网店的商品
第 3～6 课时	任务二：企业网店的模板设计、管理 B2C 网店 教师：指导学生使用图片处理软件和设计软件等，将设计成果上传网店模板当中。为学生的网店设计结果评分，推荐优秀网店 学生：设计网店模板，调整各个模块的摆放和数据，管理 B2C 网店的运营架构
第 7、8 课时	任务三：掌握在线交易流程 教师：指导学生进行交易 学生：进行多笔交易网店的交易，浏览网店数据
第 9、10 课时	任务四：建立网店会员制度、宣传网店营销 教师：为学生提供常用的宣传模块代码 学生：建立会员制度后进行交易，查看会员积分。为网店添加营销模块

4.3 实训流程和步骤

为保证实训教学效果，课前应做好充足的实训准备。熟练掌握使用图片、设计等软件，尽可能搜集各种网店素材，包括构建及装饰 B2C 网店需要使用的图片、广告、视频等，实训流程如图 4-1 所示。

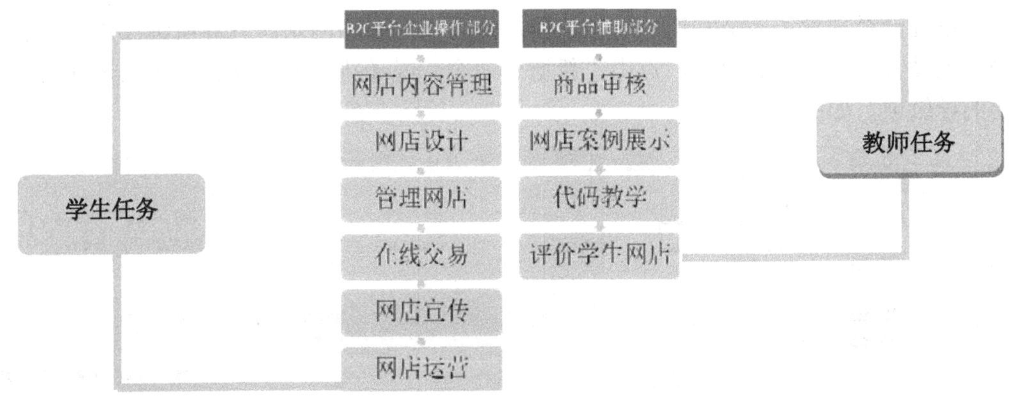

图 4-1　网上商城(B2C)综合实训流程图

4.3.1　网店内容添加

网店内容是在企业网店中展示的内容，添加对应的内容模块后，该内容将在企业页面上自动进行显示，如图 4-2 所示。

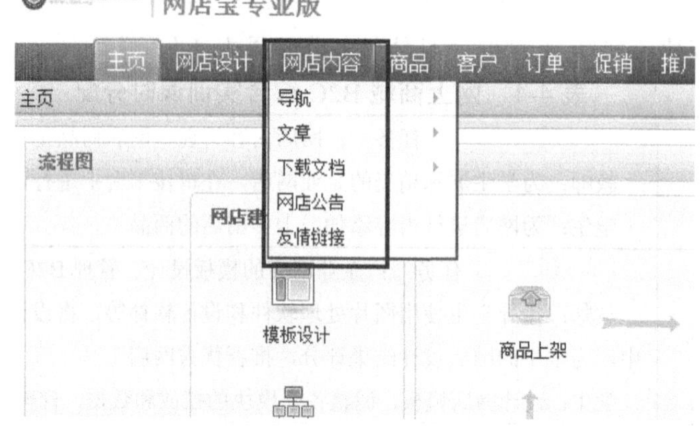

图 4-2　添加网店内容

1. 网店内容导航

模板设计中网店展示的上方是可供页面跳转的按钮。进入导航项分类后，出现“是否添加默认导航数据”页面，如图 4-3 所示。

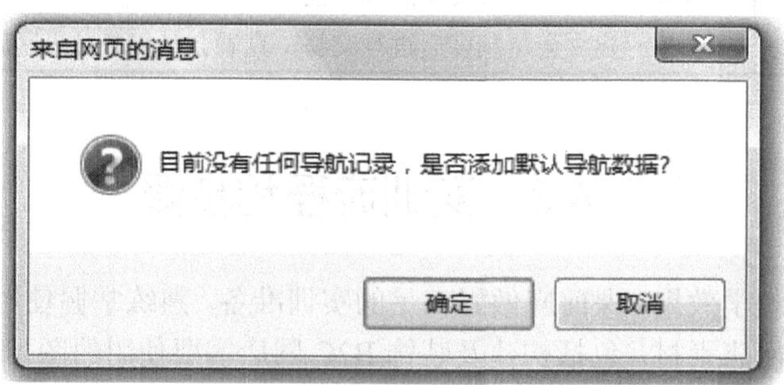

图 4-3　添加默认导航数据

系统已经预设了多个常用导航项，用户还可以对新增网站内容导航继续进行设置，添加系统设置的四个导航项后，点击“新增”命令，或【新建导航项】按钮来设计自己所需要的导航项，如图 4-4 所示。

图 4-4　新增网站内容导航

2. 文章相关内容添加

文章相关内容包含“文章”、“文章分类”、“已推荐文章”、“文章推荐栏目”四个项目，添加方法如图 4-5 所示。

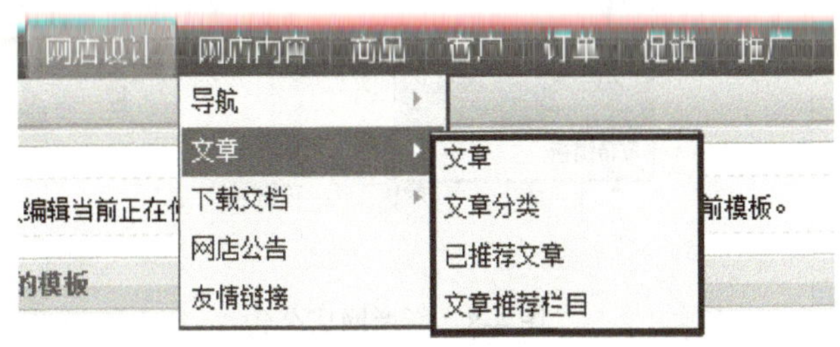

图 4-5　添加文章相关内容

添加顺序为：在文章当中点击“文章分类”→“新增分类”，再点击“文章”，新增文章，将文章归类在已经添加好的分类当中。最后进入文章推荐栏目，进行推荐和编辑。

文章内容模块在网店编辑的展示方法为，点击【添加模块】，进入“模块超市”页面，选择自己需要的文章模块进行添加，如图 4-6 所示。

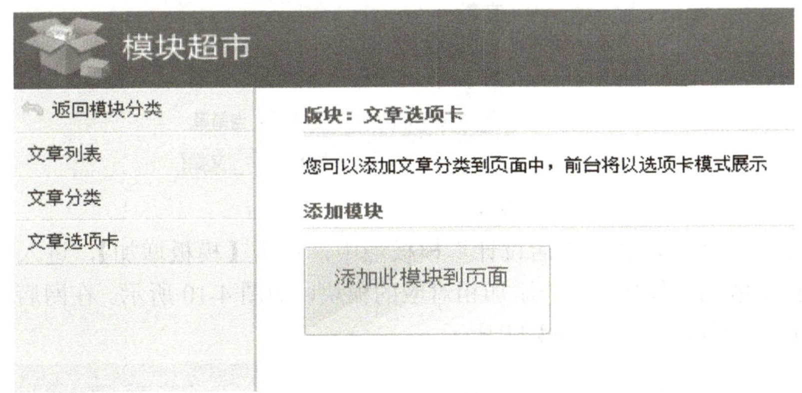

图 4-6　添加文章内容模块

3. “下载文档”、“网店公告”、“友情链接”的添加和管理

(1) 进入“下载文档”页面，新增下载文档，如图 4-7 所示。

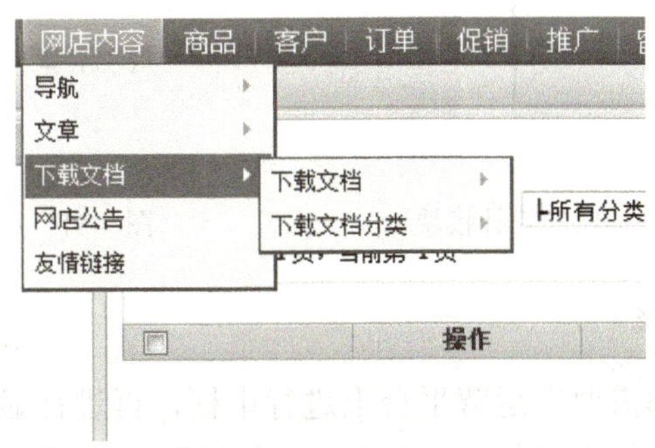

图 4-7　“文档下载”页面

(2) 进入“网店公告”页面，新增网店公告文章，如图4-8所示。

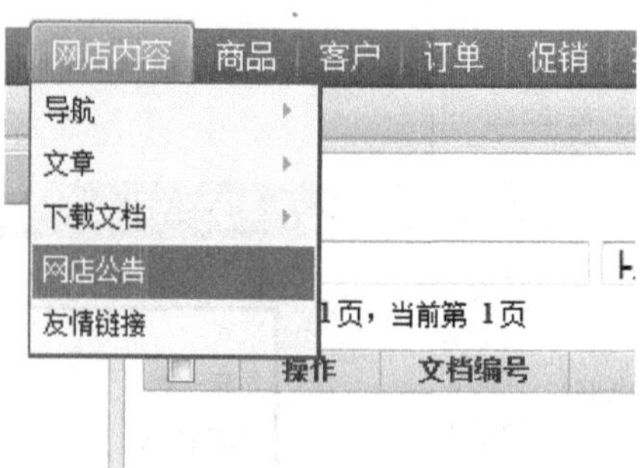

图4-8　新增网店公告

(3) 进入“友情链接”页面，上传链接内容，如图4-9所示。

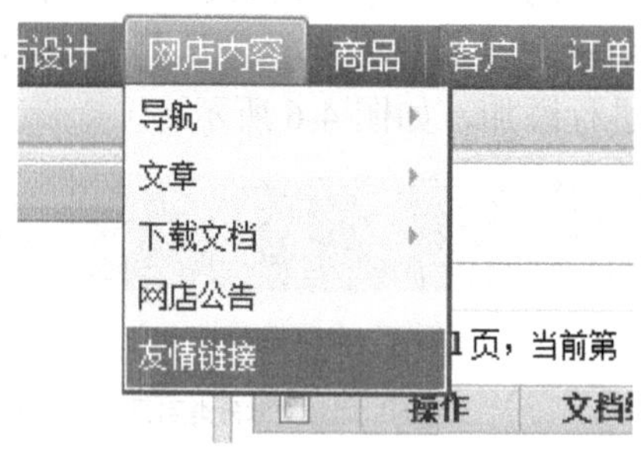

图4-9　“友情链接”页面

内容填写完成后，在“网店设计”模板当中，点击【模板增加】，进入“模板超市”页面，选择系统相关模块，一一添加相对应的模块，如图4-10所示。在网店内容中所添加的内容将自动进行显示，如图4-11所示。

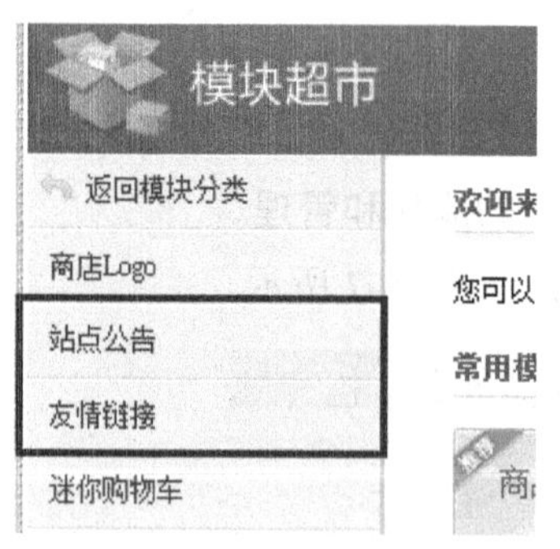

图4-10　添加网店设计模块

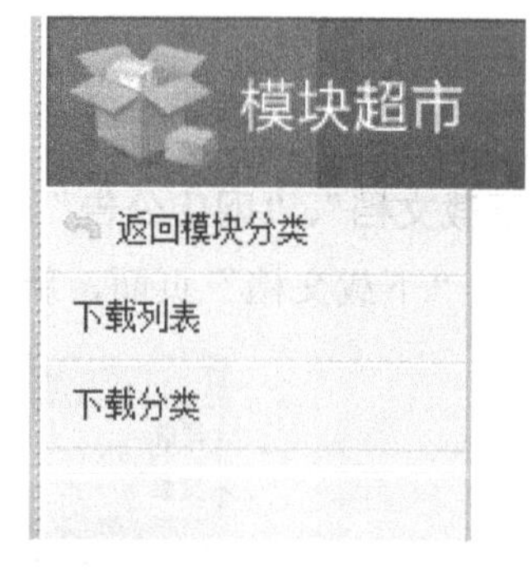

图4-11　添加模块后列表

4.3.2　运营平台审核

所有上传的商品都需要在运营平台上进行审核，再进行显示和交易。网店的商品可以是网店宝当中已经上传的商品，点击“商品分类”，在商品分类菜单中选择“网上零售分类”，如图 4-12 所示，就会在商品页面当中出现“网上零售(已开启)”的编辑栏，如图 4-13 所示，然后点击【已开启】即可。需要注意的是，网上零售的商品可以选择零售分类，分类的栏目需要在网店宝的商品分类当中提前进行添加，如图 4-14 所示，再进行商品的编辑和上传。

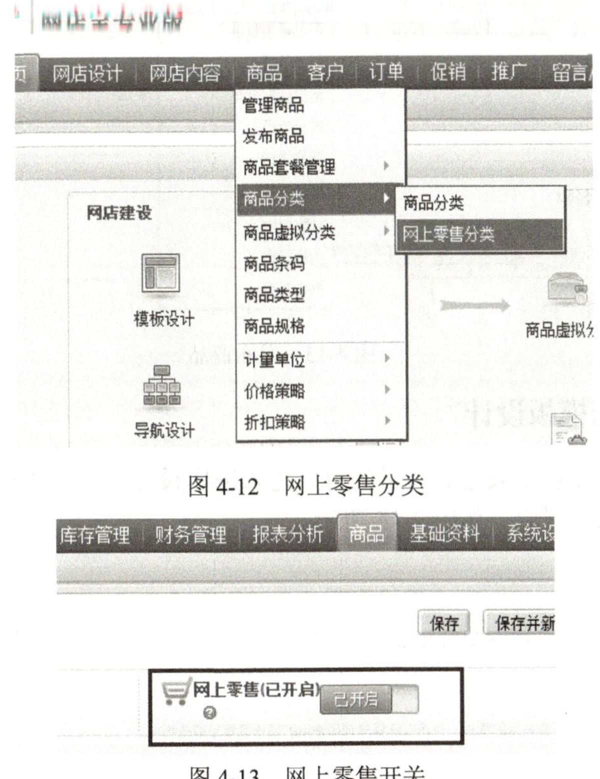

图 4-12　网上零售分类

图 4-13　网上零售开关

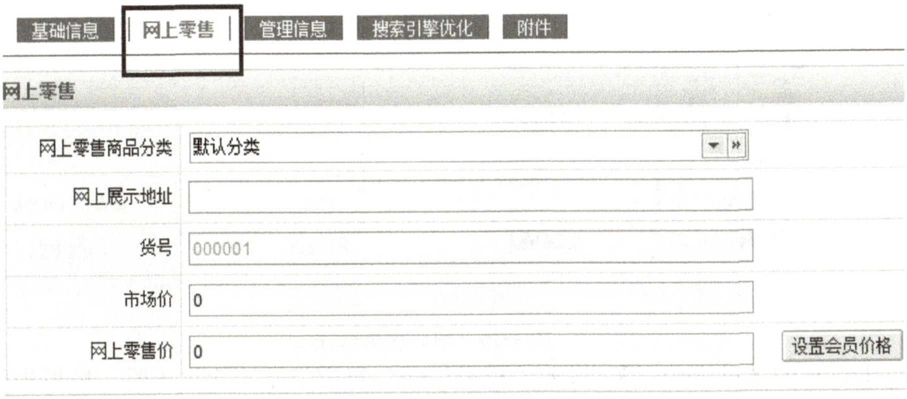

图 4-14　添加网上零售分类

以上是针对网店宝当中已有的商品进行编辑的过程。上传新的商品可以直接在网店宝的“商品”功能栏中的“发布商品”页面进行，如图 4-15 所示；商品的上下架则需要先点击管理商品菜单进行商品上传，再点击“发布商品”菜单，完成新商品上架；商品下架流程相同。

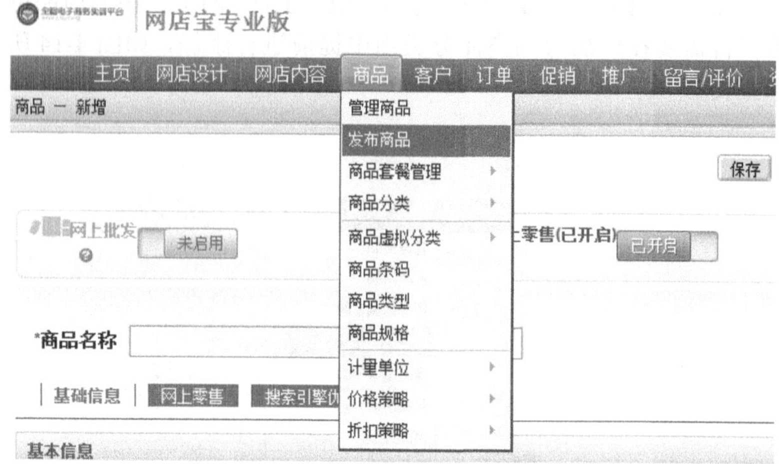

图 4-15　发布商品

4.3.3　企业网店模板设计

网店基础内容设置完成之后，学生可以进入网店设计，一一进行模板的设计和打造，亲手构建属于自己的网店，如图 4-16 所示。

图 4-16　网店模板设计

点击首页的【可视编辑】，进入“模板编辑”页面。第一次进入时，模板当中显示的是系统预制的演示数据，可以全部删除，再添加自己需要的模块和内容。

将鼠标移动到每个模块的边缘，则会显示编辑和删除按钮，可以选择直接删除该模块，或是编辑页面上已有的模块。

添加新模块时，可点击页面上方的【添加模块】按钮，如图 4-17 所示，在模块超市当中选择一个需要的模块，再点击页面当中的空白位置，模块将会出现在页面当中，如图 4-18

所示。或点击已有的模块位置，则新添加的模块就会出现在已有模块的下方。

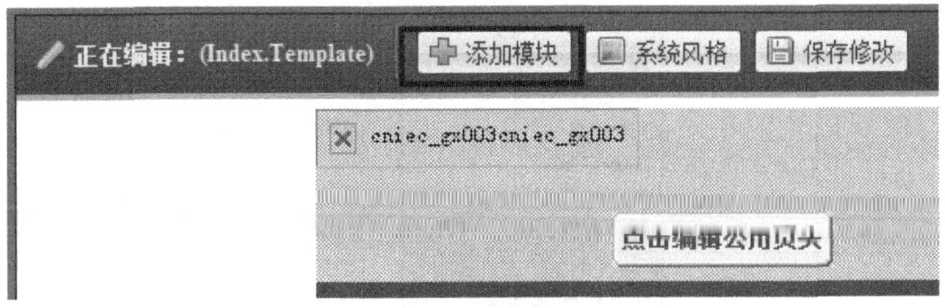

图 4-17　添加模块入口

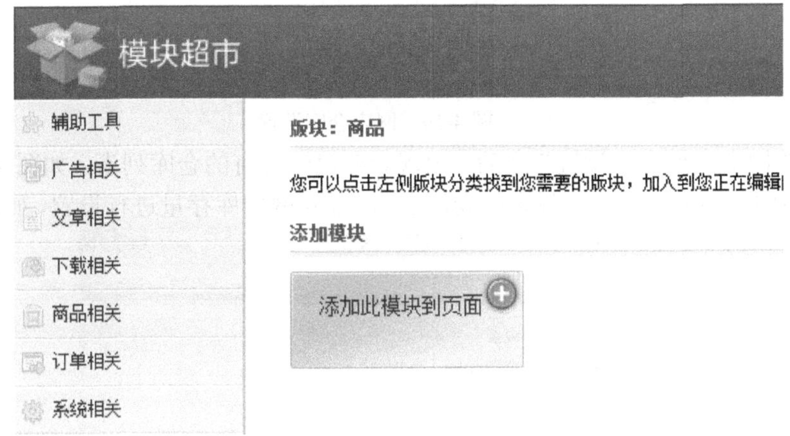

图 4-18　添加模块

模块添加完成后，直接将鼠标移动到该模块的边缘，找到模块的编辑和删除按钮，进入“编辑”页面，调整模块的边框来确定模块显示的大小，并定义内容显示的状态、范围等。注意：不同的模块由于其自身特性导致所显示的编辑内容和编辑页面不一样，只要根据自己的需要调整即可。

网店的设计和打造需要不断地修改和磨合，模块的显示也需要不断地去调整和修改。网店的模板在修改之后必须进行保存然后退出，才能进行显示。学生在设计网店时一定要在页面当中新增模块超市当中的“注册、登录”模块，否则顾客将无法进入网店进行购买。

4.3.4　管理 B2C 网店

B2C 网店管理主要是针对网店基础设置、仓库设置、网店的物流配送、支付方式等细则进行设置，其目的在于为网店的顺利经营做好铺垫，只有这样用户才能顺利地开展后续的线上交易。

1. 基础设置

学生可以根据自己的需求来进行修改或者关闭网店的基础设置，此处修改的内容会影响网店模板中的内容展示。

2. 仓库设置

网店的发货和销售都需要库存的支持，那么就需要为网店选择一个仓库或单独建立一个专用仓库，仓库的设置和选择关系到后期交易，如顾客能否顺利下单，商家能否顺利发货。网店仓库的设置分为仓库的选择和库存量的设置两部分。网店仓库设置如图 4-19 所示。

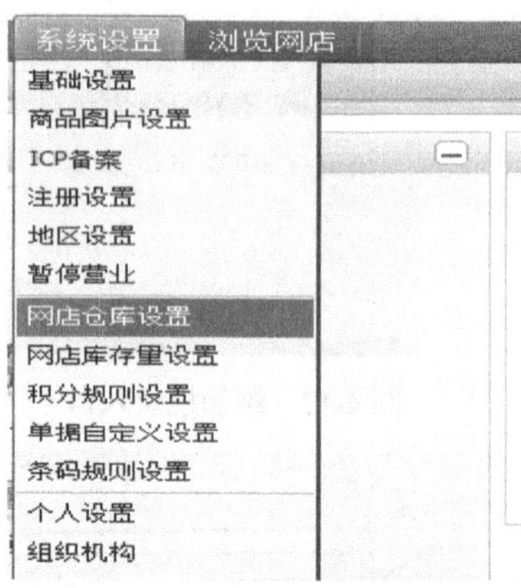

图 4-19　网店仓库设置

点击“网上商城仓库设置”之后，出现企业已经拥有的仓库列表，如图 4-20 所示，可以在列表中进行选择并保存。设置好仓库之后，需对网店库存量进行设置，如图 4-21 所示。

图 4-20　已有仓库列表

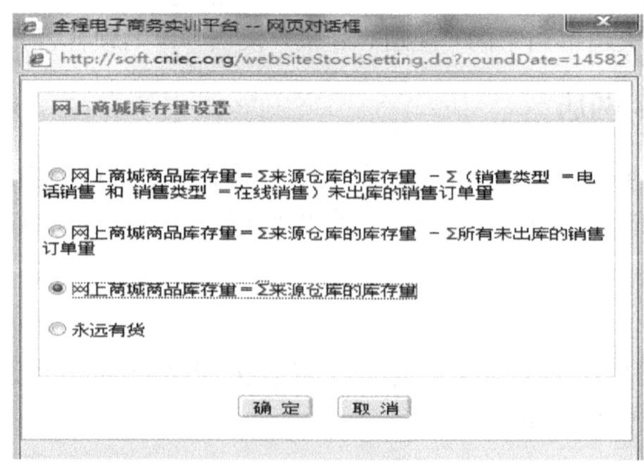

图 4-21　网上商城库存量设置

系统提供四种库存量的计算方式，可自由选择，如果出现顾客在购买商品时不能下单的情况，就需要考虑是否是库存量的设置有误；或仓库已经无货，则需要进行补货操作。

3. 支付方式的设置

进入网店宝的“资料”功能栏，打开“支付方式”，点击“列表”，进入“列表”页面，如图 4-22 所示，系统预制了多种支付方式，网店店主选择自己需要的支付方式进行编辑即可。

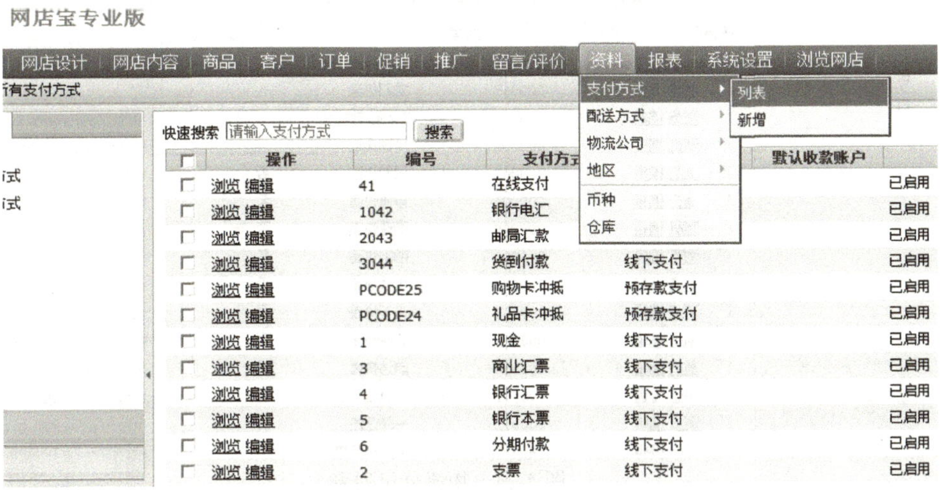

图 4-22　支付方式列表

例如，现在需要向顾客打开在线支付这一选项，点击“在线支付栏目”的【编辑】按钮，进入“编辑”页面，如图 4-23 所示。

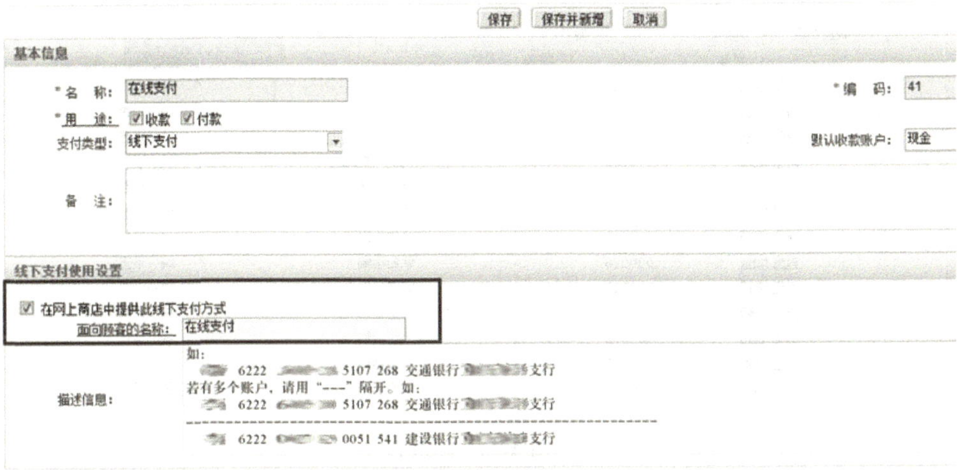

图 4-23　“在线支付编辑”页面

选择“在网上商店中提供此线下支付方式”并进行保存，才能在交易过程当中对顾客可见。需要其他的支付方式也同样按照此步骤进行设置。

4. 配送方式的设置

配送方式在实际的交易和经营当中，必然与物流公司相关。所以学生在设置配送方式时，可以先查看资料当中的物流公司是否满足自己的需求，再进行配送方式的设置。点击“资料”功能栏中的“物流公司”，可以查看其列表，如图 4-24 所示。

网店宝专业版

网店设计　网店内容　商品　客户　订单　促销　推广　留言/评价　资料　报表　系统设置　浏览网店

资料：支付方式　配送方式　物流公司（列表　新增）　地区　币种　仓库

快速搜索 请输入公司编号, 物流公司名　搜索

操作	公司编号	物流公司名		
浏览 编辑	000017	龙邦快递		
浏览 编辑	000001	EMS邮政特快		http://www.ems.com.c
浏览 编辑	000002	中铁快运		http://www.cre.cn
浏览 编辑	000003	民航快递	否	http://www.cae.com.c
浏览 编辑	000004	申通快递	否	http://www.sto.cn
浏览 编辑	000005	圆通快递	否	http://www.yto.net.cn
浏览 编辑	000006	顺丰快递	是	http://www.sf-express.
浏览 编辑	000007	中通快递	否	http://www.zto.cn
浏览 编辑	000008	天天快递	否	http://www.ttkd.cn
浏览 编辑	000009	汇通快递	否	http://www.htky365.c
浏览 编辑	000010	韵达快递	否	http://www.yundaex.c
浏览 编辑	000011	宅急送快运	否	http://www.zjs.com.cn
浏览 编辑	000012	一统速递	否	http://www.itsd.cn
浏览 编辑	000013	华宇物流快递	否	http://www.hoau.net/

图 4-24　物流公司列表

系统已经预制了多家物流公司，但用户仍可按需添加其他物流企业，如图 4-25 所示。如不再添加其他的物流企业，就直接进入配送方式当中进行设置，如图 4-26 所示。

内容　商品　客户　订单　促销　推广　留言/评价　资料　报表　系统设置　浏览网店

资料：支付方式　配送方式（列表　新增）　物流公司　地区　币种　仓库

快速搜索 请输入编号, 名称　搜索

操作	编号		地区费用
浏览 编辑	000013		统一设置
浏览 编辑	000012		统一设置
浏览 编辑	000011		统一设置
浏览 编辑	000010	同城免费配送	统一设置
浏览 编辑	000009	普通快递	统一设置
浏览 编辑	000008	其他运输	统一设置
浏览 编辑	000007	特快专递	统一设置
浏览 编辑	000006	联合运输	统一设置
浏览 编辑	000005	邮递运输	统一设置
浏览 编辑	000004	航空运输	统一设置
浏览 编辑	000003	公路运输	统一设置
浏览 编辑	000002	铁路运输	统一设置
浏览 编辑	000001	江海运输	统一设置

图 4-25　配送方式

图 4-26　设置配送方式

物流公司的配送方式中一般包括首重与续重报价设置。本实训系统的配送方式中需

进行首重设置，在设置完成后，下订单时系统会根据店主所设置的商品重量自动计算邮费。免运费设置则是根据顾客所购买的产品价格自动进行计算。在编辑页面的底部，有最重要的选项“在网店中使用”，勾选并保存之后，顾客在提交订单时以上设置的内容即对顾客可见。

4.3.5　在线交易

学生可以分别以顾客和店主两种角色来实训演练 B2C 网店的交易购买过程。

1. 顾客操作步骤

(1) 点击浏览网店，进入网店的展示页面。

(2) 点击【注册/登录】按钮，首次进入需要注册网店会员账号。注册完成之后，直接进入网店的会员中心，可以在页面当中浏览想要购买的商品详情页，并选择商品进行购买，如图 4-27 所示。

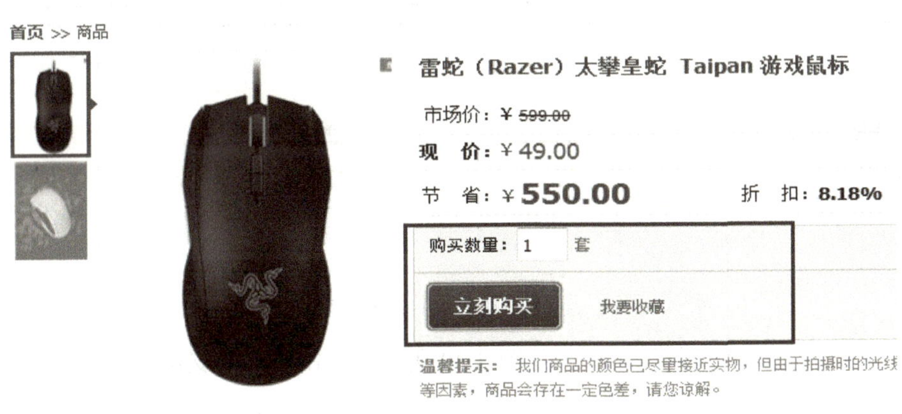

图 4-27　购买商品

(3) 选择需要购买的数量，点击【立刻购买】。

(4) 进入“购物车”页面，如图 4-28 所示，点击【我要结账】，确认订单。

图 4-28　“购物车”页面

(5) 进入“订单确认”页面，如图 4-29 所示，填写好收货地址，选择好支付方式和配送方式，确认订单，即可以进行支付。

1 我的购物车　2 填写购物信息　3 成功提交

填写收货地址信息

[家庭地址]　大竹林街道　收货人：　邮编：　电话：　手机：135890

新增

选择配送方式

选择/名称	首重费用	免运费标准	支持货到付款	预计到达时间	描述信息
机场托带	￥300.00	￥0.00	否	0天	
EMS	￥22.00	￥88.00	否	3天	
普通快递	￥12.00	￥500.00	否	3天	默认申通快递

选择支付方式

选择/名称	描述信息
在线支付	
线下支付	

图 4-29　填写购物信息

(6) 跳转进入“支付”页面，如图 4-30 所示，点击【立即支付】。

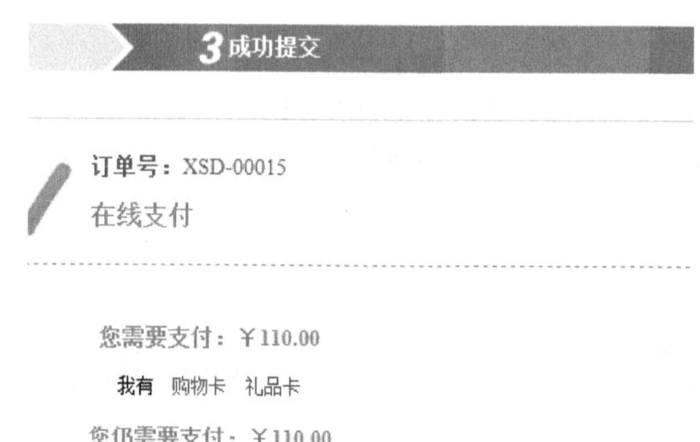

图 4-30　“支付”页面

(7) 进入“支付付款”页面，如图 4-31 所示，选择虚拟支付网关，点击【立即支付】。

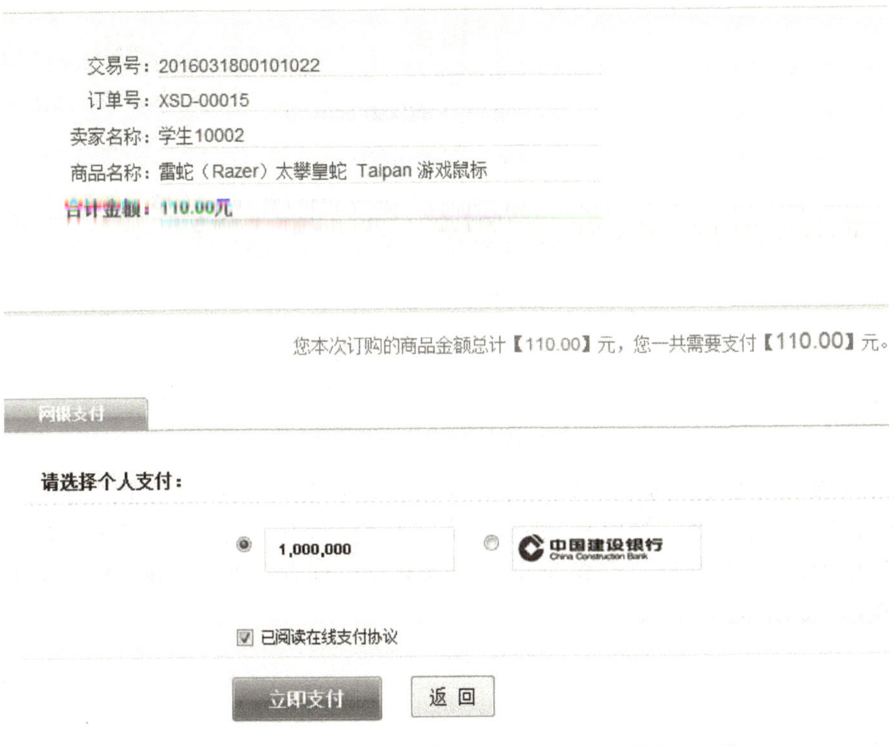

交易号：2016031800101022
订单号：XSD-00015
卖家名称：学生10002
商品名称：雷蛇（Razer）太攀皇蛇 Taipan 游戏鼠标
合计金额：110.00元
您本次订购的商品金额总计【110.00】元，您一共需要支付【110.00】元。
网银支付
请选择个人支付：
1,000,000
中国建设银行
China Construction Bank
已阅读在线支付协议
立即支付
返 回

图 4-31　“支付付款”页面

支付完成后，顾客可以在会员中心查看订单的状态和具体的信息，如图 4-32 所示。网店店主发货之后，顾客也可以在此页面查看具体的物流发货等情况。

会员中心首页
我的订单
进行中的订单
历史订单
我的收藏
我的评论
我的礼券
我的购物卡
账户管理
收货信息管理
个人资料管理
账户密码管理
提醒短信设置
进行中的订单
订单号：XSD-00015
您的订单状态：未执行
你还需要支付：￥0.00
下单时间：2016-3-18 12:01:44
支付方式：在线支付
已支付了：￥110.00
订单详细信息
继续支付
重新放入购物车
收货地址：
地址：大竹林街道龙湖江与城
邮编：
商品详情：
货号
商品名称
数量
规格
单价
000024
雷蛇（Razer）太攀皇蛇 Taipan 游戏鼠标
2套
￥49.00
商品总价格：￥98.00
配送费用：￥12.00
订单金额：￥110.00

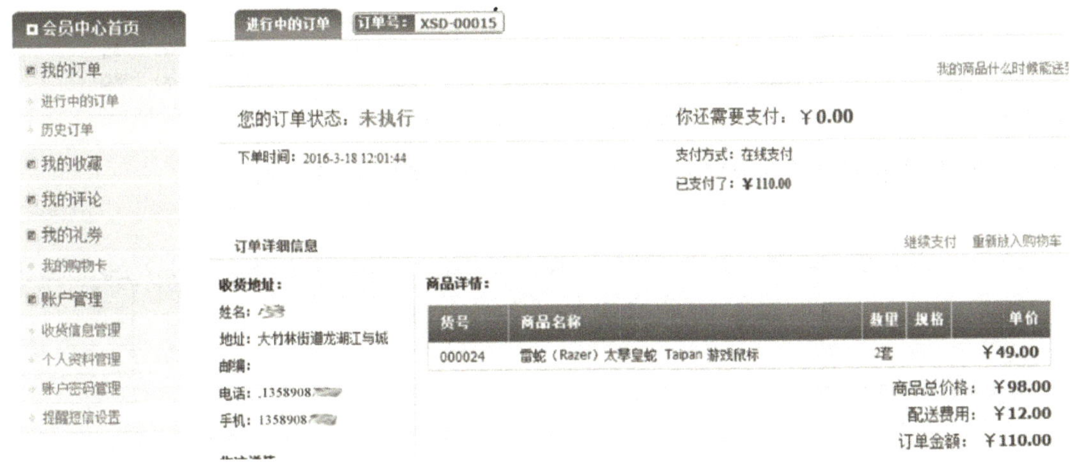

图 4-32　订单状态和详情

2. 网店店主操作步骤

(1) 顾客下单之后，店主在自己的全程电子商务平台中会看到消息提示，如图 4-33 所示。

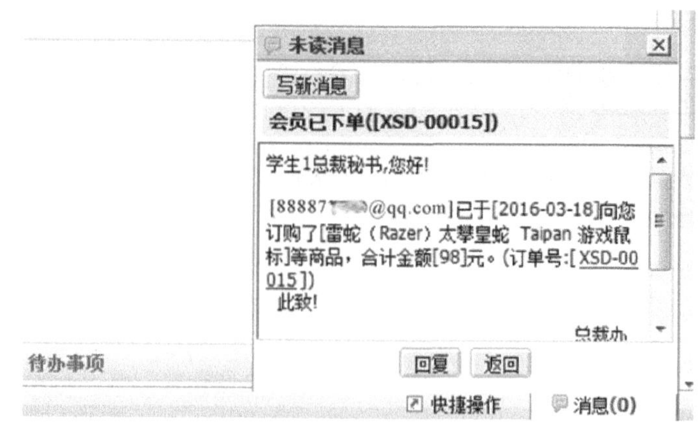

图 4-33　顾客下单信息提示

(2) 看到下单信息提示后，店主需要为顾客发货。由于网店宝是企业的 B2C 业务，仓库和数量都是由企业统一管理的，所以网店宝的发货操作在网商通中进行。进入网商通模块，点击“销售订单”→“列表”，进入“顾客订单列表”页面，找到顾客下单的订单，进行浏览，如图 4-34 所示。

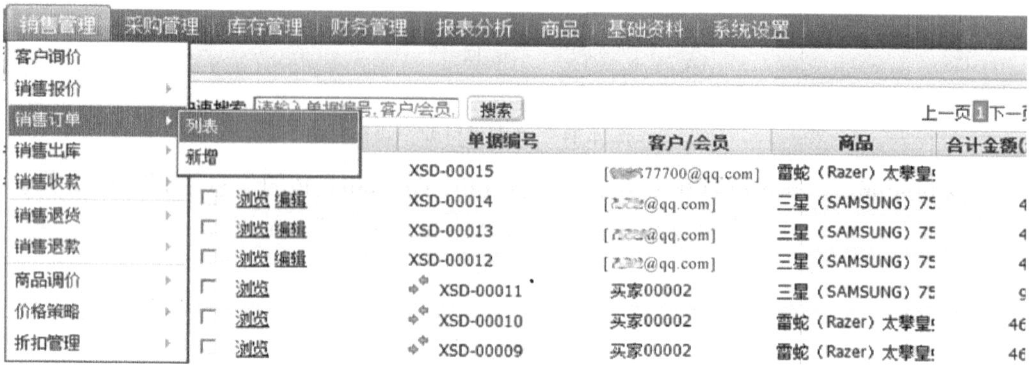

销售管理　采购管理　库存管理　财务管理　报表分析　商品　基础资料　系统设置

客户询价
销售报价
销售订单 → 列表 / 新增
销售出库
销售收款
销售退货
销售退款
商品调价
价格策略
折扣管理

搜索　上一页 1 下一页

	单据编号	客户/会员	商品
	XSD-00015	[77700@qq.com]	雷蛇（Razer）太攀皇
浏览 编辑	XSD-00014	[@qq.com]	三星（SAMSUNG）75
浏览 编辑	XSD-00013	[@qq.com]	三星（SAMSUNG）75
浏览 编辑	XSD-00012	[@qq.com]	三星（SAMSUNG）75
浏览	XSD-00011	买家00002	三星（SAMSUNG）75
浏览	XSD-00010	买家00002	雷蛇（Razer）太攀皇
浏览	XSD-00009	买家00002	雷蛇（Razer）太攀皇

图 4-34　“顾客订单列表”页面

(3) 店主核对订单的数据之后，进行发货操作，如图 4-35 所示。

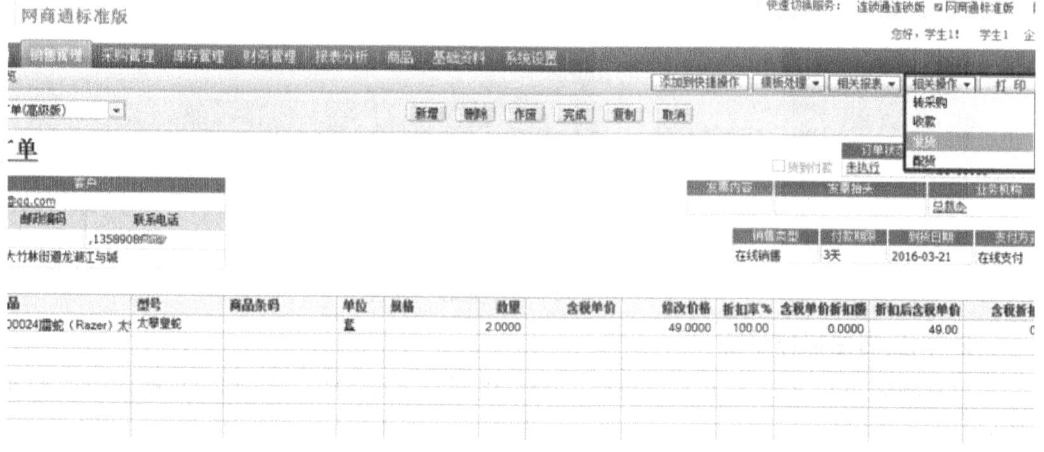

图 4-35　发货操作

(4) 系统自动跳转至“销售出库单”页面，为销售出库单自动生成所在仓库和单号信息，如图 4-36 所示，这些信息将同步到顾客的会员中心订单信息中。

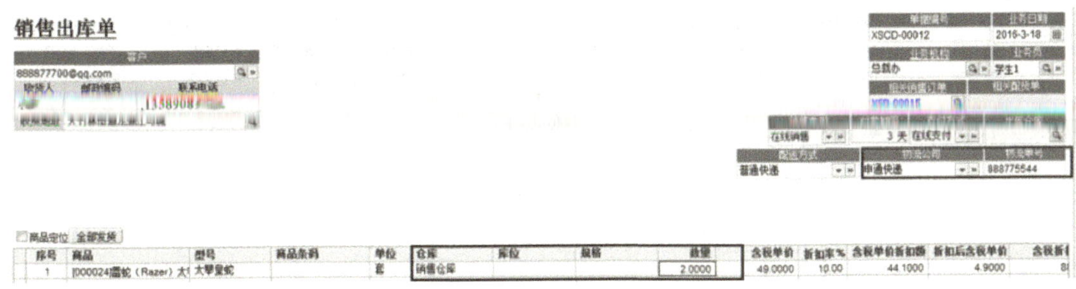

图 4-36　销售出库单信息

(5) 店主保存销售出库单据后，弹出“销售出库单保存成功”的提示，点击【收款】按钮可进行收款操作，如图 4-37 所示。需要注意的是，虽然在顾客的操作当中，已经在线上将款项实时支付给了网店，但是在企业的财务账单上是没有记录的，需要进行收款操作，企业的财务账单上才会记录款项到账的情况，才能让企业的多个渠道的账务有理可循，有记录可查，这是企业管理的必要步骤。

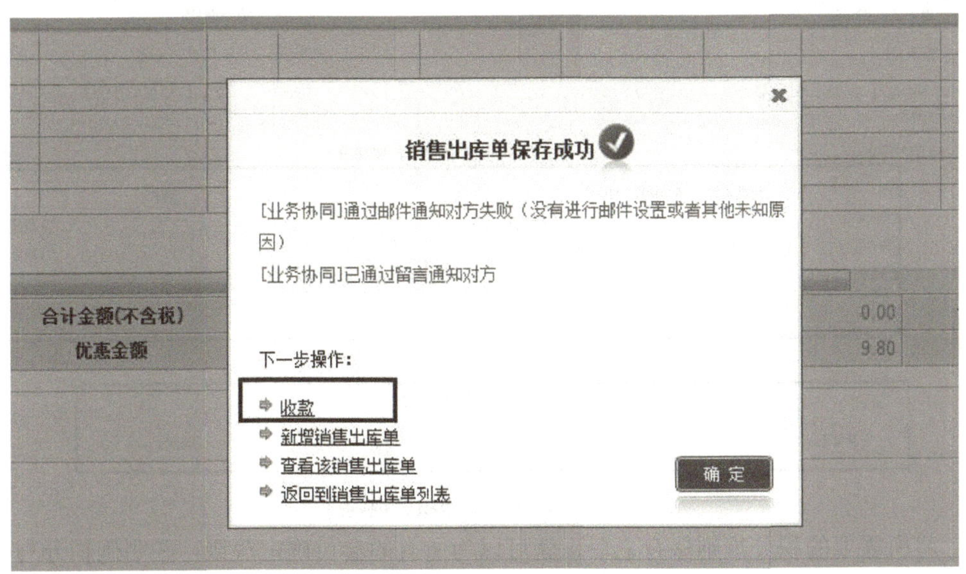

图 4-37　保存出库单后收款

(6) 收款页面显示顾客已经支付的信息，核对之后点击【保存】，则发货的过程全部完成。

4.3.6　建立网店会员制度

扮演店主的学生应先制定网店会员积分规则，如图 4-38 所示。

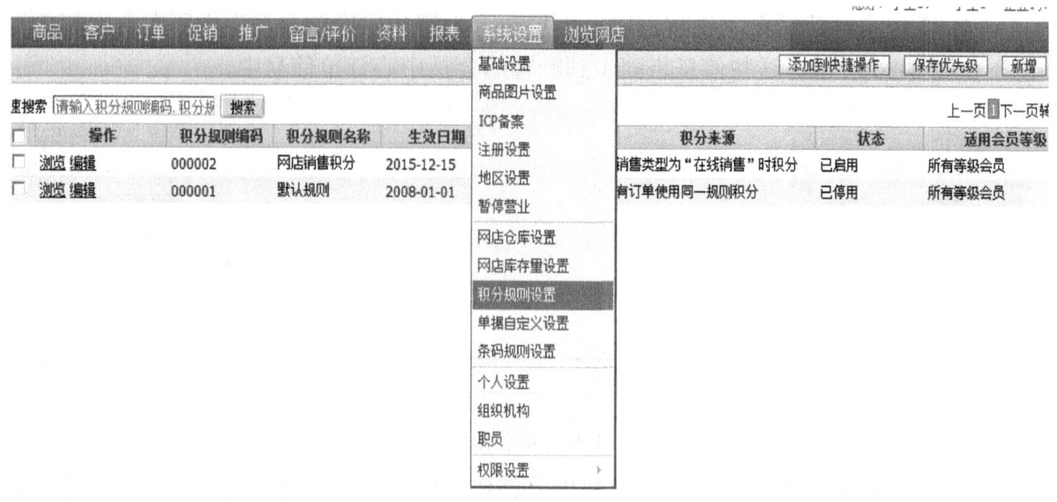

图 4-38　积分规则设置

选择新增或编辑一个积分规则，确定购买价格和积分增长的关系，并确定是否所有商品都能享受积分，如图 4-39 所示。

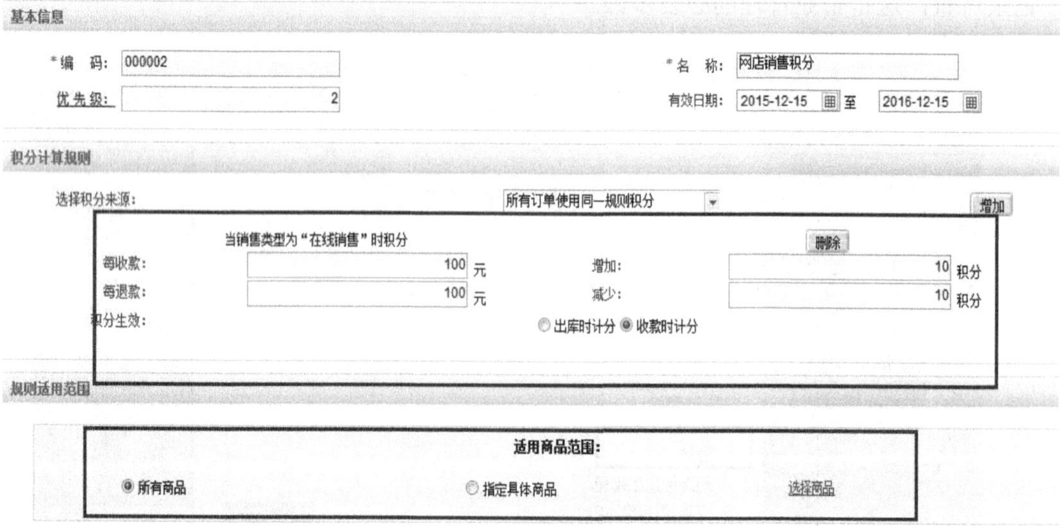

图 4-39　新增积分规则

将所需要的积分规则保存之后，就可以为所有的会员确定等级，并明确积分与会员等级之间的关系，如图 4-40 所示。

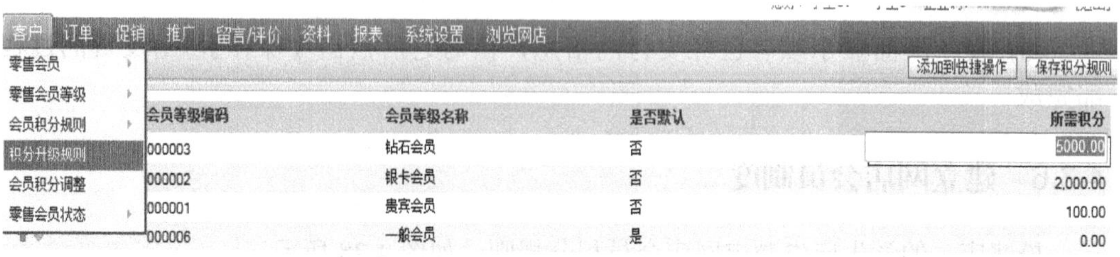

图 4-40　确定会员等级

根据所设置的会员等级，调整所需积分的数量进行保存。这时会员再到网店中购买产品将会自动进行积分的计算和升级。店主可以根据会员的等级进行优惠促销。

4.3.7　网店营销

网店营销可以通过多种方式，在平台当中可以进行操作的方式有以下几种：

1. 添加第三方流量统计

添加第三方流量统计代码，为网店进行分析和统计，如图 4-41 所示。

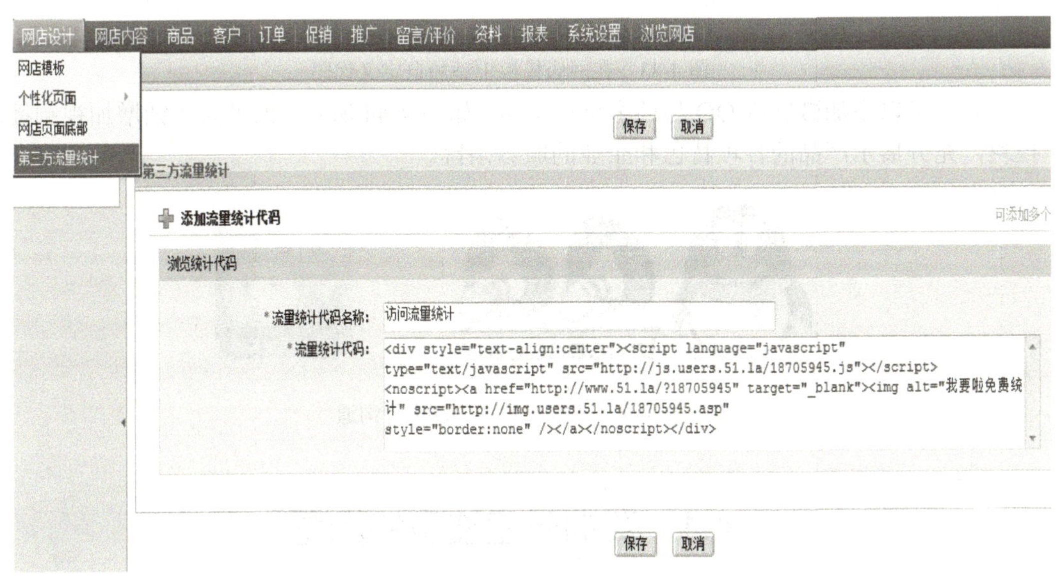

图 4-41　添加第三方流量统计代码

2. 回复顾客

在消息中心和商品评价当中及时对顾客进行回复，如图 4-42 所示，这样可以提升产品和店铺的信息度。

图 4-42　消息中心

3. 丰富内容

网店店铺处于一个开放的网络环境，店主可以随时通过各种方式来与顾客取得交流。一般来说，可以在网店模板编辑当中添加自定义代码，增加模块的丰富性，如图 4-43 所示。

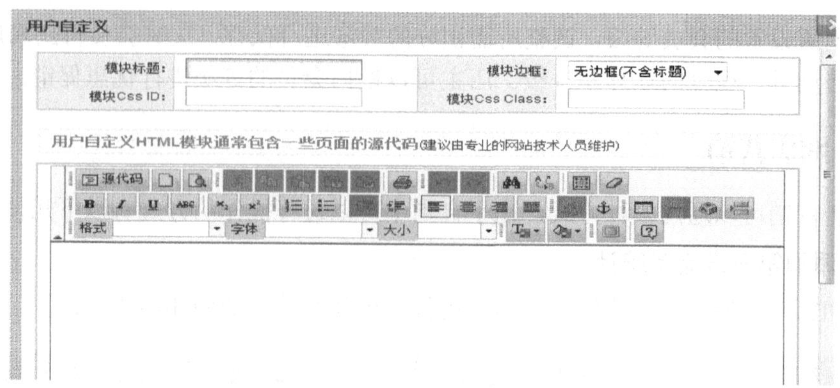

图 4-43　在网店模板中添加自定义代码

店主可以添加微信或 QQ 与顾客进行沟通，如图 4-44 所示。也可为店铺增加视频播放模块，充分展示产品的各项特色和企业的服务宗旨。

图 4-44　添加微信或 QQ 进行沟通

4.4　实训时应注意的问题

4.4.1　网店搭建环节

预置模板安装：进入主页，点击菜单“网店设计”→“网店模板”，进入网店模板安装页面，点击【安装官方模板】，即可实现一键安装模板，如图 4-45 所示。

图 4-45　点击【安装官方模板】

4.4.2　可视化编辑环节

1. 对现有模块进行编辑

可视化网店设计就是对模板的具体页面内容进行可视化编辑，可新建、修改和删除模板内容模块。步骤如下：

点击“网店设计”→“网店模板”进入“模板管理”页面，点击【可视编辑】，进入“可视化编辑”页面，如图 4-46 所示，即可对网店中的各个模块进行管理及设计，并可对安装的官方模板进行编辑和删除。当鼠标移到某个模块处时，即可对其进行操作。

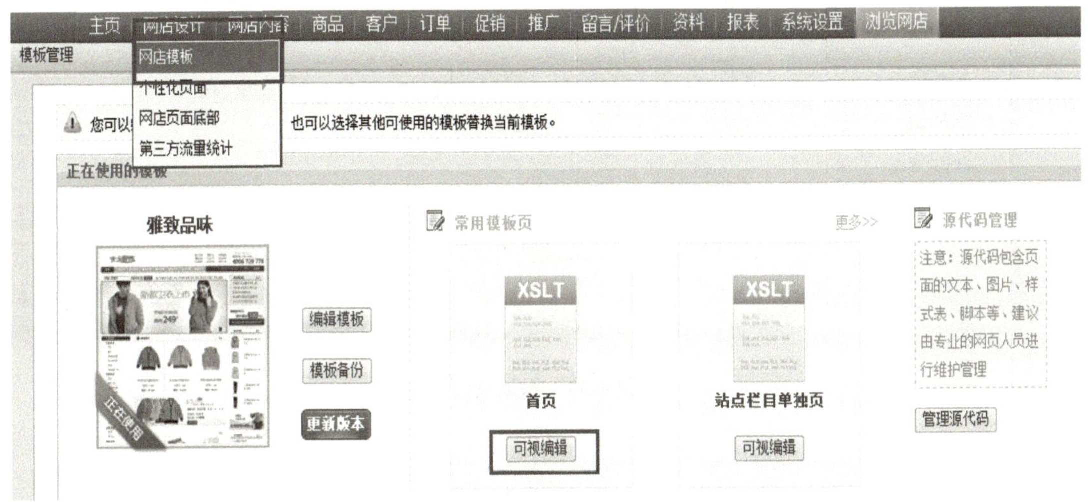

图 4-46　“可视化编辑”页面

2. 新增模块

进入“可视化编辑”页面后，可新增自定义的模块。

步骤如下：点击可视化编辑左上角【添加模块】按钮，如图 4-47 所示，进入模块超市，根据需求，选择需要添加的模块，单击即可完成添加，如图 4-48 所示。选择好需要添加的模块后，回到“可视化编辑”页面，选定要添加到的位置，点击选定的位置，在系统弹出的“模块设置”对话框中设置模块信息，如图 4-49 所示。设置完成后点击【保存修改】，自定义模块的添加完成。

图 4-47　新增模块添加

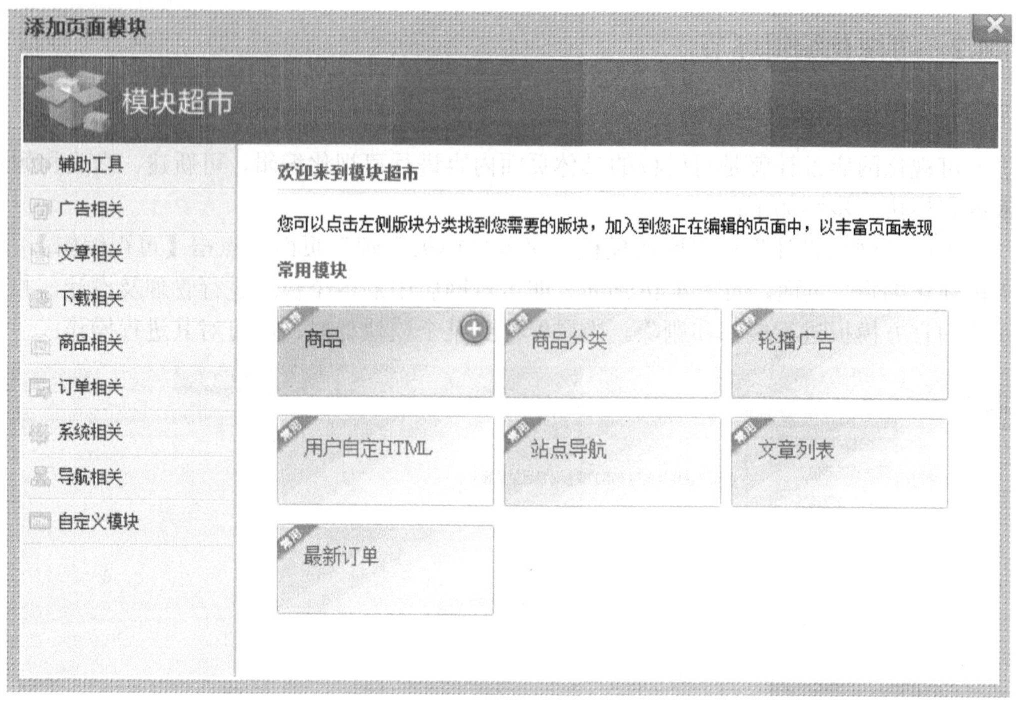

图 4-48　添加页面模块

商品

版块标题：		版块边框：	无边框(不含标题)
版块Css ID：		版块Css Class：	

商品筛选范围：

商品来源：◉ 从分类中选择　○ 从虚拟分类中选择　上架商品

所有分类
- 女装
- 男装

按价格区间筛选：100 - 500 元

图 4-49　设置模块信息

4.4.3　个性化页面设计环节

系统支持在个性化页面打开时设置提示语，如“无法找到页面”、“系统发生错误”、“搜索为空”等，步骤为：点击“网店设计”→“个性化页面”→“无法找到页面”，进入编辑框，编辑提示内容，保存即可，如图 4-50 所示。

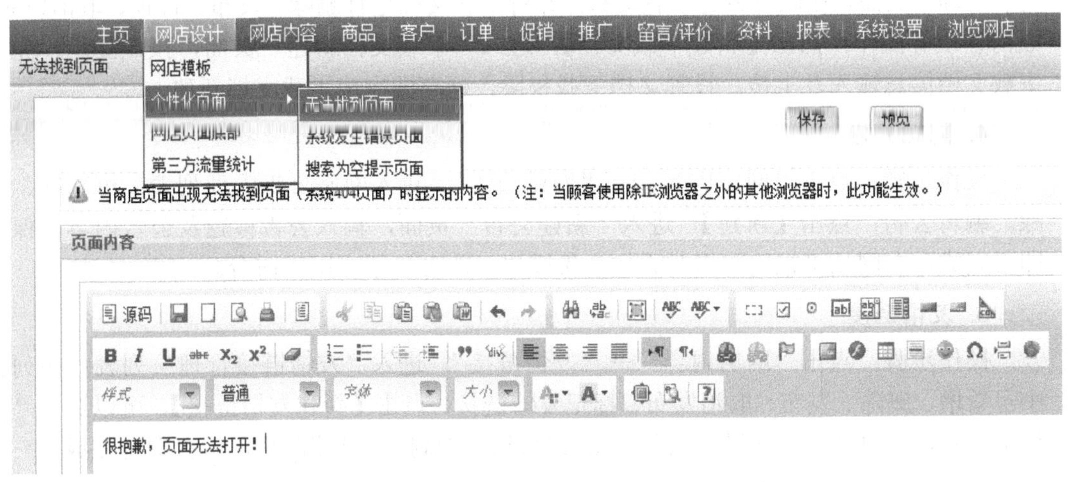

图 4-50　个性化页面设计

4.4.4　网店内容管理环节

1. 导航管理

操作步骤：点击“网店内容”→“导航”→“导航项”→“列表”，进入“导航列表”页面。

进入“导航列表”页面后，可对导航进行编辑、新增、删除、发布、取消发布、对原有导航项增加子导航等操作。新增的导航发布后可在可视化编辑时使用，并最终显示到网店前台。

2. 文章管理

操作步骤：点击“网店内容”→“文章”→“文章”进入“文章列表管理”页面，如图 4-51 所示，在“文章列表管理”页面可对文章进行新增、删除、编辑、发布、推荐、置顶等操作。在“文章列表管理”页面点击【新增】按钮，可以进入“新增文章”页面，就可以在文章编辑器中输入文章内容，该页面也支持为文章配图，文章编辑完成后，点击【保存】。

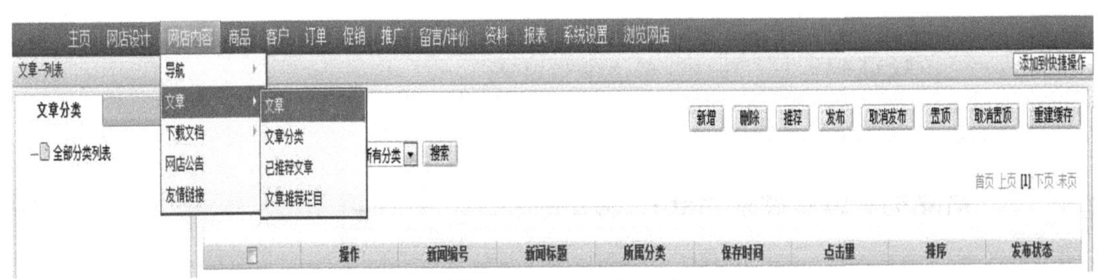

图 4-51　“文章列表管理”页面

3. 下载文档

操作步骤：点击“网店内容”→“下载文档”→“下载文档列表”，进入“下载文档列表管理”页面，在此可新建下载文档，并对下载文档进行删除、发布、置顶、取消发布、取消置顶等操作；点击【新建下载文档】，进入“下载文档新建”页面，按照提示，完成下载文档信息输入及上传，设置文档下载权限，保存即完成下载文档新建。

4. 网站公告

操作步骤：点击“网店内容”→“网站公告”，进入网站公告管理列表，可新增、删除、编辑公告；点击【新建】，进入“新建公告”页面，输入公告标题及公告内容，保存即可完成，在网站可视化编辑时添加公告模块，即可显示在网店前台。

5. 友情链接

操作步骤：点击“网店内容”→“友情链接”，进入“友情链接管理”列表，在列表中可新增、删除、发布、取消发布、标记友情链接；点击【新建友情链接】，可以进入“友情链接新增”页面，输入链接名称、链接地址，支持插入链接图片，保存即可完成。

4.4.5　系统设置环节

1. 基础设置

操作步骤：点击“系统设置”→“基础资料”，进入“基础设置”页面，如图 4-52 所示。基础设置控制网店显示信息，如“网店名称”、“企业网址”、“网店 LOGO”、“商品列表默认展示方式”、“过滤字”、“验证码”等。

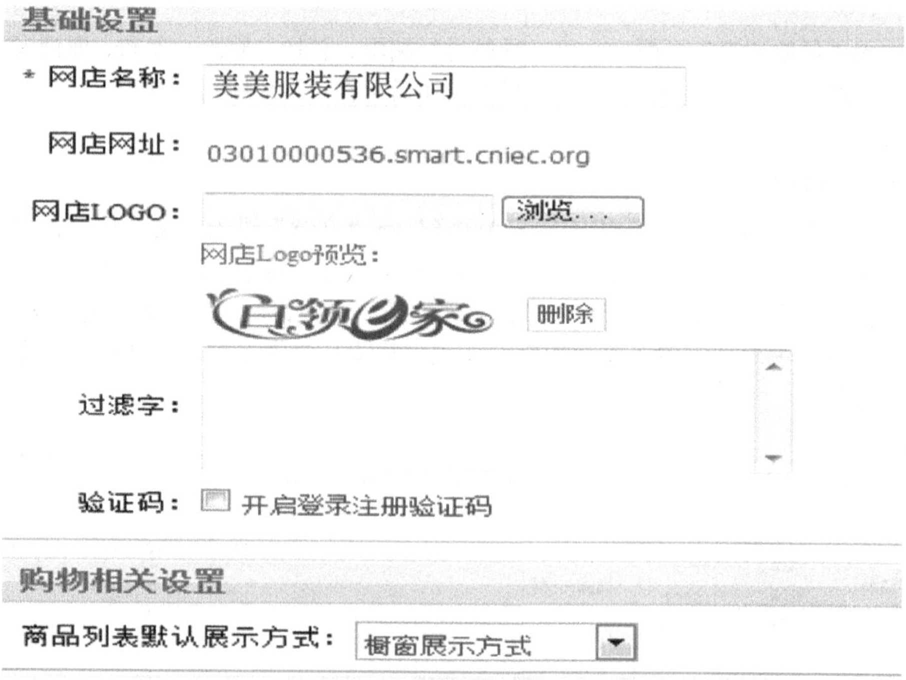

基础设置
* 网店名称：美美服装有限公司
网店网址：03010000536.smart.cniec.org
网店LOGO：浏览...
网店Logo预览：
白领e家 删除
过滤字：
验证码：开启登录注册验证码
购物相关设置
商品列表默认展示方式：橱窗展示方式

图 4-52　“基础设置”页面

2. 图片设置

操作步骤：点击“系统设置”→“图片设置”，进入“图片设置”页面，如图 4-53 所示，可以对图片的显示比例及现实大小进行设置并保存。

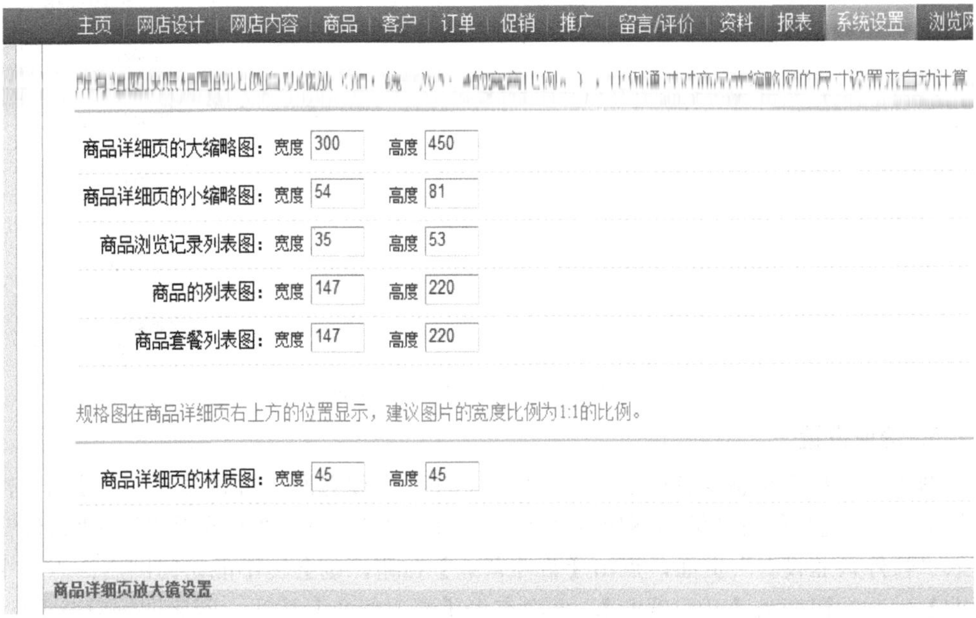

图 4-53　“图片设置”页面

3. ICP 备案

在实际电子商务网站应用中，每个网站都应该有 ICP 备案信息，需在系统中设置好 ICP 备案信息，展示在网店中。

操作步骤：点击“系统设置”→“ICP 备案”，进入“ICP 备案设置”页面，如图 4-54 所示。输入 ICP 号，上传 ICP 证书图片，保存即可。

图 4-54　“ICP 备案设置”页面

4. 注册设置

操作步骤：点击“系统设置”→“注册设置”，进入“注册设置”页面，如图 4-55 所示，输入注册协议相关内容，保存即可。在“会员注册”页面，可点击并查看此注册协议，勾选“注册协议”就可完成会员注册。

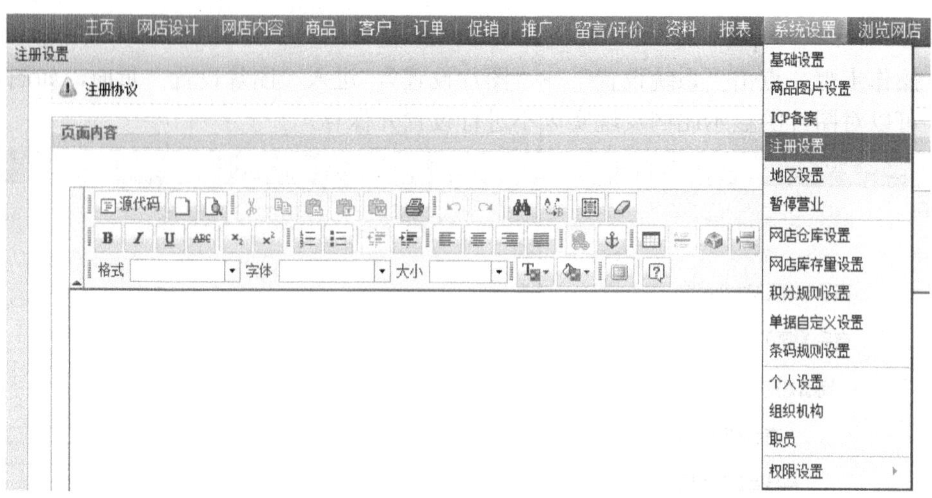

图 4-55　“注册设置”页面

5. 营业设置

网店处于装修状态或者由于实际应用过程中，需要对网店暂时关闭，可使用“暂停营业”设置，此处功能可理解为网店营业的开关功能设置。点击“系统设置”→“暂停营业”，进入“暂停营业设置”页面，点击【暂停营业】按钮，则会员不能访问网店；点击【暂停营业】后，按钮变为【开启营业】，再次点击【开启营业】按钮，网店即恢复营业状态。

6. 网店仓库设置

点击“系统设置”→“仓库设置”，在弹出的“网上商城仓库设置”对话框中选择所需的仓库，点击【确定】保存，如图 4-56 所示。

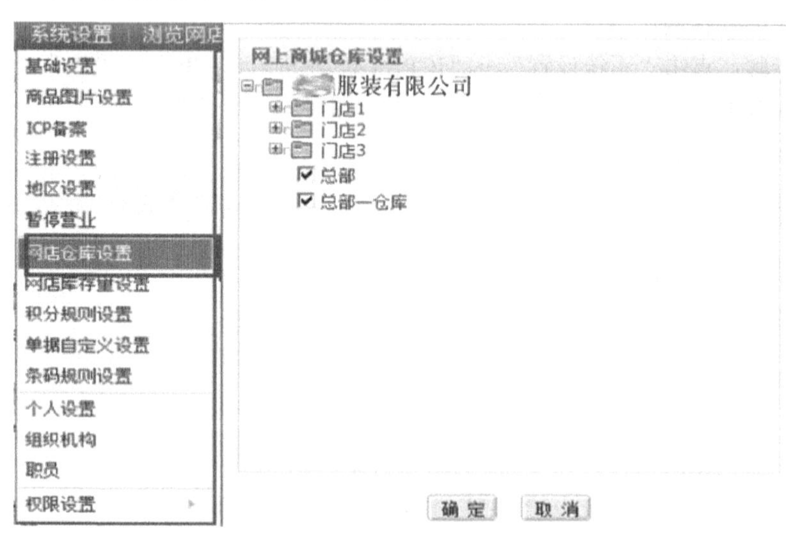

图 4-56　“网上商城仓库设置”对话框

7. 网店库存量设置

点击“系统设置”→“网店库存量设置”，在弹出的“网上商城库存量设置”对话框中，选择库存量来源，点击【确定】保存，如图 4-57 所示。

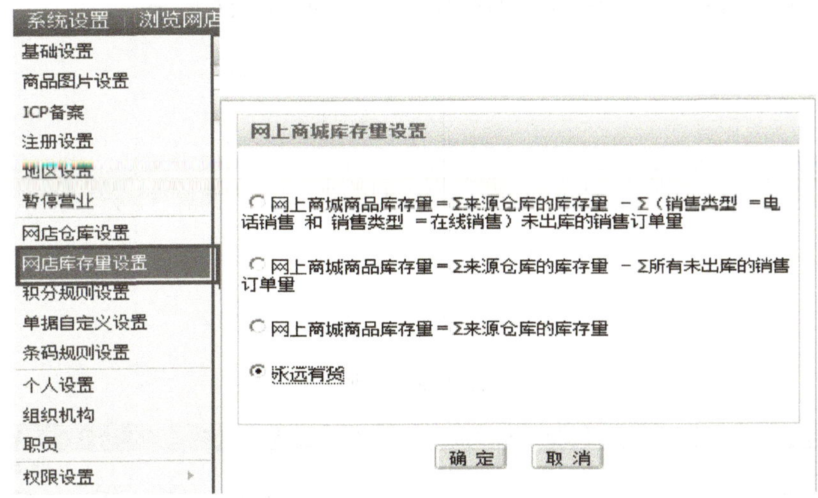

图 4-57　网上商城库存量设置

4.4.6 运营管理环节

1. 搜索引擎优化(简称 SEO)

在网店运营过程中，为提高网店在有关搜索引擎内的排名，可以通过SEO优化这样一套基于搜索引擎的营销思路，让网店更容易被搜索引擎所收录。点击“推广”→“搜索引擎优化”，在打开的设置框中输入网店标题、网店关键字(容易被搜索到的关键字)、网店描述等相关信息，即可完成设置。

2. 商品管理

(1) 网上零售分类：网上零售分类是专门用于管理网上零售产品的分类标识，在网上搭建过程中，可在模块超市中选择商品分类的模块，添加到网店前台，顾客即可通过此分类查看相应的商品。点击“商品管理”→“商品分类”→“网上零售分类”，进入“网上零售分类管理”页面；在网上零售分类管理页面，可完成新建、发布、置顶等功能。直接在列表上方的输入框中输入数据分类的相关信息，然后点击右上角的【新建】按钮，则完成网上零售分类的新建。

(2) 网上虚拟分类：为了更全面地区分网店销售产品的分类情况，使同一个产品可分属于多个不同的分类维度，便于顾客直接通过分类查找商品，商品管理中可以进行网上虚拟分类。例如，一件男士衬衫，它同时可属于男装衬衫类别，又可属于 100 元～200 元这个价格区间内的商品。操作步骤如下：在商品中设置关联虚拟分类的标签，进入“商品编辑”页面，在“商品零售设置”页面中，点击右下角的【管理标签】可新增、删除标签，如图 4-58 所示；标签设置好后，可在商品标签框下方看到已经设置好的标签，点击【标签名称】即可把标签内容添加到商品标签的管理框中；设置好标签后，即可进入“网上虚拟分类管理”页面中设置虚拟分类，点击“商品”→“商品虚拟分类”→“列表”进入商品虚拟分类表，可对商品的虚拟分类进行添加、删除、编辑等操作，如图 4-59 所示；点击【添加分类】进入“虚拟分类新增”页面，输入筛选信息，选择设置好的商品标签，即可通过此虚拟分类筛选查看带有此处选择的标签的商品，如图 4-60 所示。

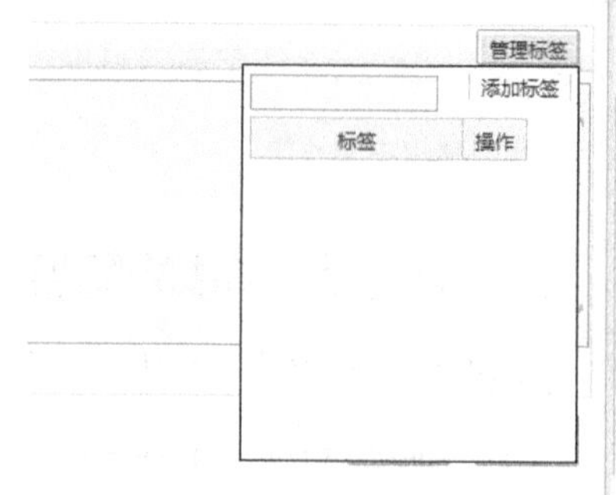

图 4-58　管理标签

主页 网店设计 网店内容 商品 客户 订单 促销 推广 留言/评价 资料 报表 系统设置 浏览网店

添加分类 全部展开 全部收折

商品虚拟分类名称	添加子类	前台显示	编辑	删除	预览
1 女装		✔			

图 4-59　设置虚拟分类

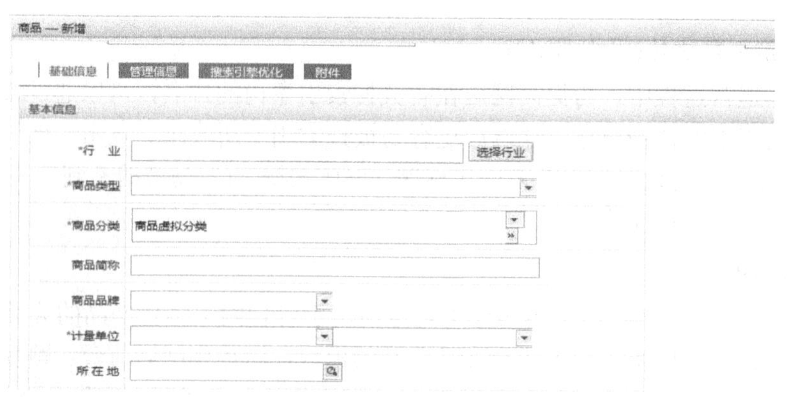

图 4-60　虚拟分类筛选

3. 订单管理

点击“订单管理”→“在线订单”→“列表”，进入“在线订单的列表”页面，可查看订单的执行状态，编辑未执行订单，并对订单进行新增、删除、导出等操作，如图 4-61 所示。

主页 网店设计 网店内容 商品 客户 订单 促销 推广 留言/评价 资料 报表 系统设置 浏览网店

销售订单列表－在线销售　　在线订单 › 列表 新增　订单预收款

添加到快捷操作 新增 删除 导出 栏目设置 销售订单自定义

销售类型　高级搜索　　快速搜索　　上一页 下一页 转到第 页 跳转

所有　直运销售　委托销售　普通销售　在线销售　电话销售

操作	单据编号	客户/会员	商品	合计金额(含税)	到货日期	付款期限	单据状态	审批状态	回执状态	发运状态
浏览 编辑	XSD-00017	@qq.com	波西米亚风超美 等	298.00	2012-05-30	2012-06-01	已完成	无需审批	未协同	已发送
浏览 编辑	XSD-00011	@qq.com	波西米亚风沙滩裙子	596.00	2012-05-10	2012-05-13	已完成	无需审批	未协同	已发送
浏览 编辑	XSD-00010	@qq.com	波西米亚风沙滩裙子	596.00	2012-05-10	2012-05-13	未执行	无需审批	未协同	已发送
浏览 编辑	XSD-00009	@qq.com	波西米亚风沙滩裙子	298.00	2012-05-10	2012-05-13	执行中	无需审批	未协同	已发送
浏览 编辑	XSD-00007	@qq.com	裙子 等	0.00	2012-05-11	2012-05-13	未执行	无需审批	未协同	已发送
浏览 编辑	XSD-00004	@qq.com	裙子 等	0.00	2012-05-09	2012-05-11	执行中	无需审批	未协同	已发送

图 4-61　订单管理

第 5 章　全程电子商务业务管理综合实训

全程电子商务业务管理综合实训可以分角色进行操作，各服务模块也可以自由组合，并结合灵活的权限控制帮助企业实现个性化管理；支持多组织机构管理，通过灵活的权限控制保证各机构管理自己的业务和数据。同时与电子商务高度融合，完全实现内外数据共享、业务流程相通，可以同外部供应商与客户协同完成从商机发布、到询/报价、订货、收/发货、收/付款、退货、退款的全程交易环节，并可跟踪对方的业务执行过程；同下属分销商、代理商、加盟商等协同完成订货、配货、发货、收货业务；不但可以管理网上交易，也可以管理传统业务。

5.1 实训目的

全程电子商务业务管理为企业提供完整的内部管理信息化和全球化供应链协同服务，包括采购、销售、分销、配送、财务等管理服务，管理范畴从企业内部延伸到供应链的上下游商务伙伴，同时与电子商务完全融合。通过本项目实训，可以使学生充分了解企业基本组成要素；了解企业电子商务经营与管理的完整流程，能够完成一个企业在平台上的注册与登录；掌握基础数据录入、企业设置、业务设置；掌握系统设置中的角色和职位的新建、查看、编辑、删除等系统基本操作；在掌握 B2B 的业务流程以及 B2C 网站建设的基础上，熟悉全程电子商务平台的模块功能；掌握采购与销售的流程及操作方法、熟练使用平台中的销售管理模块，管理客户，掌握采购报表、销售报表、库存报表、配送报表、财务报表的设置与分析。

1. 掌握采购管理业务流程

学生模拟采购经理以及采购业务人员，完成“询价”到“采购订单”再到“订单执行(收货确认、收货付款、采购退货)”的采购全过程管理及与供应商之间的全程业务协同。

2. 掌握销售管理及促销的业务流程

学生模拟销售经理以及销售业务人员，完成企业完整销售过程的管理及与客户之间全程业务协同，能处理销售订单、销售单、销售出库、销售收款、销售退货及退款等各项业务。

3. 掌握库存管理业务流程

学生模拟企业库管员，记录企业产品库存详细信息，管理产品出库、入库以及剩余库存量的统计；通过平台提供的各类库存报表和分析，及时进行库存调配，降低库存、减少资金占用，避免物品积压或短缺，保证企业经营活动顺利进行。

4. 了解财务管理业务流程

学生模拟企业财务管理人员，完成企业日常的财务收支工作，对外提供账务资金收支信息，对内提供详细报表分析，为管理者提供经营决策支持信息，并帮助其作出科学决策。

5. 了解企业报表分析

学生基于全程电子商务实训平台的经营活动，能够完成企业进销存等数据报表的统计分析，并能够对全程电子商务实训平台提供的 7 个报表菜单进行操作。

5.2 实训任务

完成本实训建议安排 16 课时，具体任务分配见表 5-1。

表 5-1　全程电子商务业务管理综合实训课时分配

课时	任务
第 1 课时	任务一：业务设置 教师：指导学生进行实训企业基础账号的设置 学生：为准备经营的企业和账号制定经营范围、经营标准及企业的个性化设置等
第 2、3 课时	任务二：基础数据设置 教师：指导学生完善各项基础数据初始化及设置 学生：在业务设置基础上录入资金账户期初、库存期初、应收期初、应付期初、商品管理、仓库管理和资金账户管理基础数据
第 4、5 课时	任务三：采购管理 教师：讲解采购管理流程和涉及到的业务部门及协同关系，指导学生完成采购管理 学生：执行包括询价、采购订单、订单执行、收货付款、采购退货在内的采购全过程及与供应商之间的全程业务协同
第 6、7 课时	任务四：销售管理 教师：讲解销售管理涉及的业务部门及协同关系，指导学生实训 学生：处理销售订单、销售单、销售出库、销售收款、销售退货退款等各项业务
第 8、9 课时	任务五：库存管理 教师：指导学生完成库存管理的各项操作 学生：管理产品出库、入库以及剩余库存量的统计
第 10～12 课时	任务六：财务管理 教师：指导学生完成财务管理的各项操作 学生：完成平台经营企业的到期应收款、到期应付款、销售收款、销售退款、采购付款和采购退款等业务的管理
第 13~16 课时	任务七：报表分析 教师：讲解全程电商实训平台提供的表单功能并指导学生完成报表分析 学生：完成采购报表、销售报表、库存报表、配送报表、总经理报表及财务报表的表单操作与分析

5.3　实训流程和步骤

登录全程电子商务实训平台后，首先显示的是工作台，即“我的首页”。全程电子商务实训平台中每个角色都有自己的首页，首页内容显示该角色最关注的内容。用户可以在首页处理待审批的单据、查看相关的报表及数据分析。

5.3.1　业务设置

1. 公司资料

公司资料主要应用于企业网站、询/报价、订单的传送等，这些信息和资料是客户与供应商联系企业的重要手段，建议完整、准确地填写。在注册时填写的公司信息资料不够完善，需完善信息或更新资料时，可以进入“公司资料－编辑”页面对进行编辑，如图 5-1 所示。

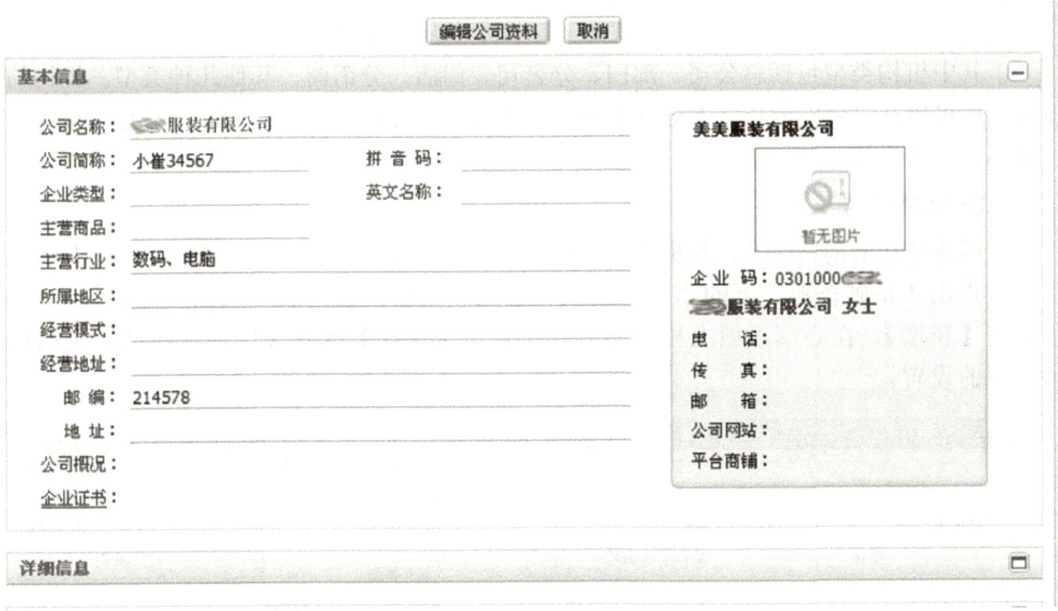

图 5-1　“公司资料－编辑”页面

所有资料编辑完毕，点击【保存】，出现“保存成功”提示框，则公司资料编辑成功；若出现“保存失败”提示框，检查是否有必填资料没有填写，修改之后点击【保存】，直到保存成功即可完成设置。平台中所有编辑、新增的资料或完成后的单据均需进行保存操作。

2. 组织机构

对于大中型的企业而言，一般都会有多个组织实体，如一个集团下面有多个分公司，或者一个公司内部有多个分厂等。在管理信息系统中为了实现多个组织实体之间的业务关联和往来，需要建立对应的组织机构以及数据，便于按组织机构对各种数据进行分类管理。

组织机构设置。进入“组织机构—编辑”页面，填写机构名称、机构编码(平台已经默认，但也可直接修改)，选择机构类型、上级机构、负责人等详细信息，如图 5-2 所示。

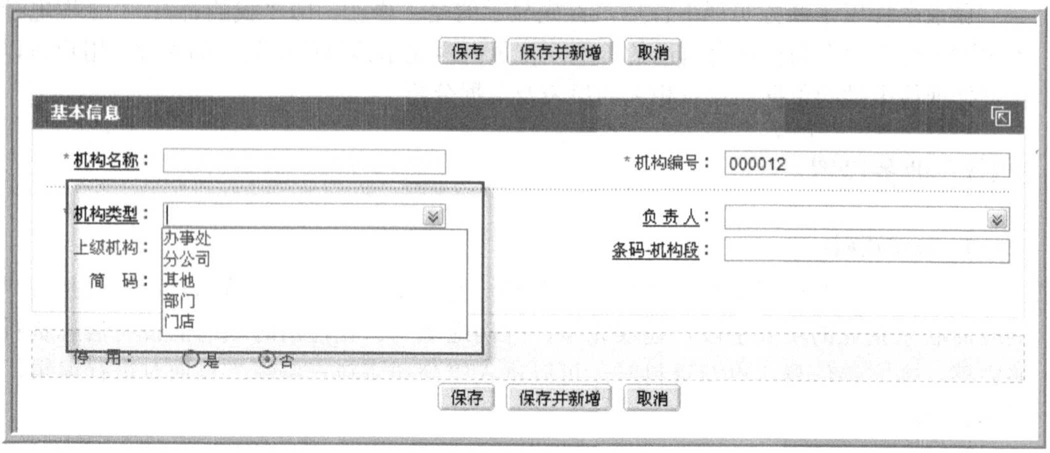

图 5-2　“组织机构—编辑”页面

其中机构类型包括总公司、部门、分公司、门店、分销商、其他几种类型。机构的下属仓库可以在“仓库卡片”中进行设置，一个机构允许有多个下属仓库，但是一个仓库只能属于一个机构。

3. 销售区域

可通过新增销售区域，将机构划分到不同的销售区域中，并指定所属行政区划。

点击“基础资料”下的“销售区域”进入“销售区域列表”页面，如图 5-3 所示，点击【新增】，在必填项填上相应的内容，点击【保存】或者【保存并新增】完成销售区域的设置。

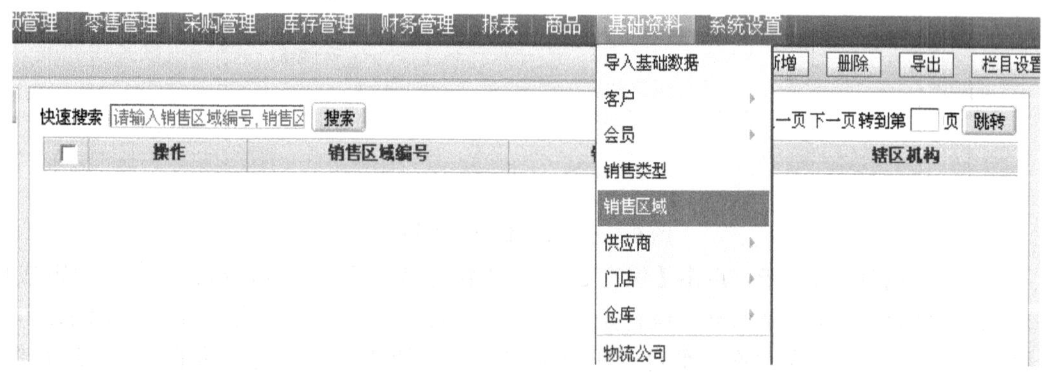

图 5-3　“销售区域列表”页面

4. 职员

全程电子商务平台可以管理企业组织机构下的所有职员。在建立职员信息时，为职员设置登录账号和使用操作权限，如图 5-4 所示，该职员就可登录使用全程电子商务平台。

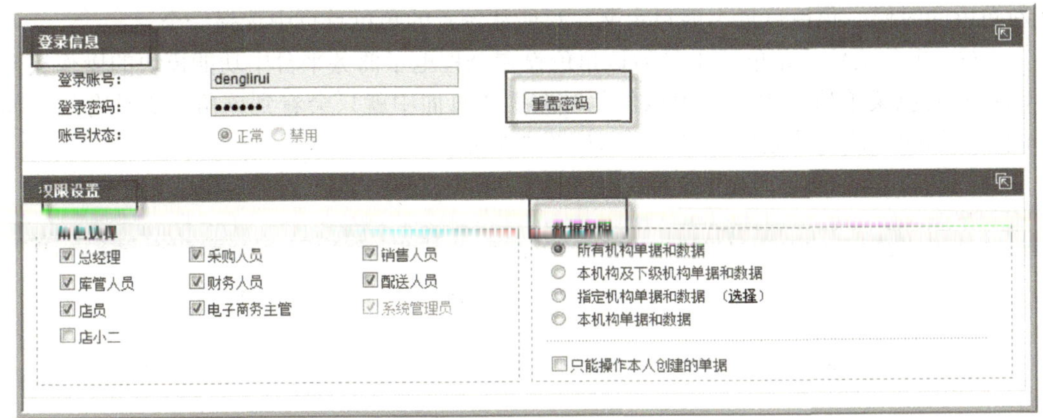

图 5-4　登录信息及权限设置

全程电子商务平台中对职员的赋权是通过角色来完成的，即每个职员都可拥有多个角色，进行不同的业务操作。用户可进入“新增职员”页面中，填写完整的职员信息。其中主要设置内容如下：

(1) 是否联系人：全程电子商务平台提供“联系人”、“主联系人”、“非联系人”三种选择。如果职员设置为主联系人或联系人，则该职员将在公司的联系人列表中出现，并且其他企业将该公司加为客户或供应商时，可自动将“是否联系人默认为主联系人/联系人”的职员导入为自己的“供应商/客户联系人”。请注意：一个公司只能有一个主联系人。

(2) 登录信息：该项内容为职员设置登录账号和密码。若该职员选择为“联系人”或“主联系人”，就必须输入登录信息才能保存该职员信息。在职员登录账号默认为“正常”时，若选择“禁用”则该账户不能正常使用。

当为职员设定了登录账号及操作权限后，该职员就可登录到全程电子商务平台中进行操作，登录后职员可修改自己的个人信息及密码，并查看自己所具有的权限。如果职员没有设定登录账号，则只能记录该职员参与的业务单据。

(3) 权限设置：职员的操作权限通过指定“角色”来实现，一个职员可同时拥有多个角色，同一个角色下的所有职员都拥有相同的操作权限。当职员拥有多个角色时，全程电子商务平台按角色来组织用户的操作页面，用户只能操作当前角色所具有的功能，可通过切换角色来使用不同的功能。

5. 角色和权限设置

角色用于指定对全程电子商务平台中功能的操作权限，对职员的赋权通过角色来完成，同一个角色下的所有职员都拥有相同的操作模块，但操作权限可以自行设定，以满足个性化需求。

全程电子商务平台中预置了 9 类角色，用户可根据自己的需要定义新的角色。具体角色设置方法如下：

(1) 角色分类：对全程电子商务平台中各种角色进行分组管理，用户在进行角色切换操作的时候，“角色切换”面板将按照角色分类进行显示，全程电子商务平台提供三个角色分类，包括：电子商务、企业管理、门店管理。

(2) 角色首页：每个角色都有一个自己的首页，用于显示该角色最关心的各种任务统计及报表，全程电子商务平台为预置的 9 类角色提供了对应的角色首页，但当用户自定义新角色的时候，角色首页不能自定义，只能从预置的角色首页中选择一个。

(3) 角色菜单：角色菜单是为该角色设置全程电子商务平台中功能模块的操作权限，制定好角色菜单后，用户使用该角色时在操作页面中就只会看到该角色所具有的操作功能。具体的“角色功能点设置”页面如图 5-5 所示。

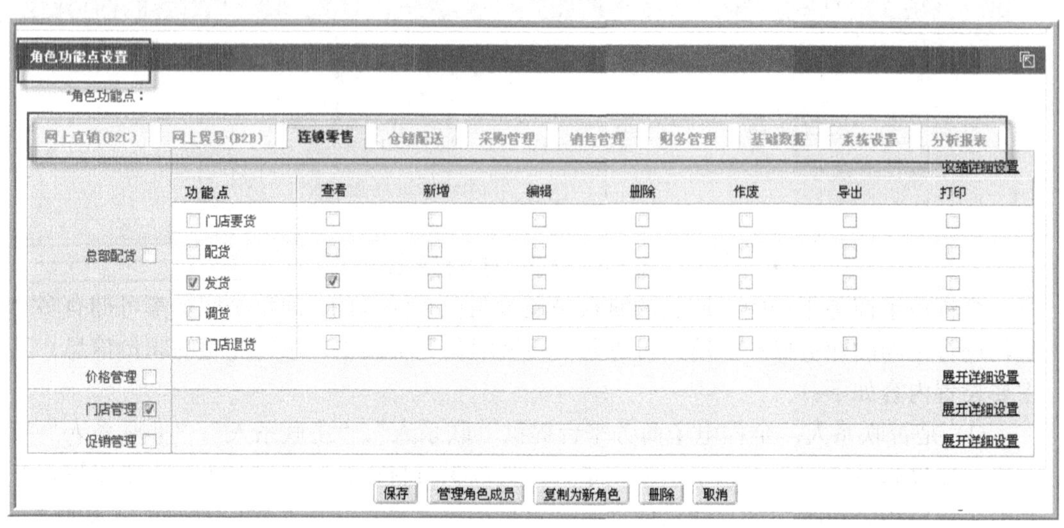

图 5-5　“角色功能点设置”页面

5.3.2　基础数据设置

1. 资金账户期初

资金账户期初用于输入全程电子商务实训平台启用前的每个资金账户余额。

选择“系统设置”→“初期设置”→“资金账户期初”，进入“资金账户期初”页面，如图 5-6 所示。录入账户编码、账户名称及账户期初金额，点击【保存】完成设置。

图 5-6　资金账户周期

2. 库存期初

库存期初用于输入全程电子商务实训平台启用前的每个仓库中的产品库存数量与库存金额。点击“系统设置”→“期初设置”→“库存期初”，进入“库存期初”页面，如图 5-7 所示。

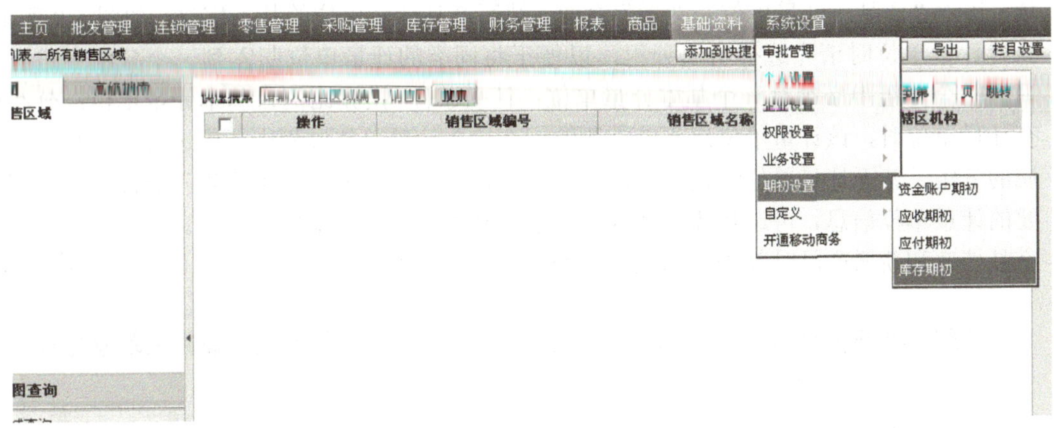

图 5-7　库存周期

从仓库档案中选择一个仓库，然后从产品库中选择产品，在“库存期初”页面中已有自动带出的产品相关信息，如图 5-8 所示。用户还需要填写、修改库存数量及库存金额。库存期初信息输入完毕，点击【保存】完成设置。

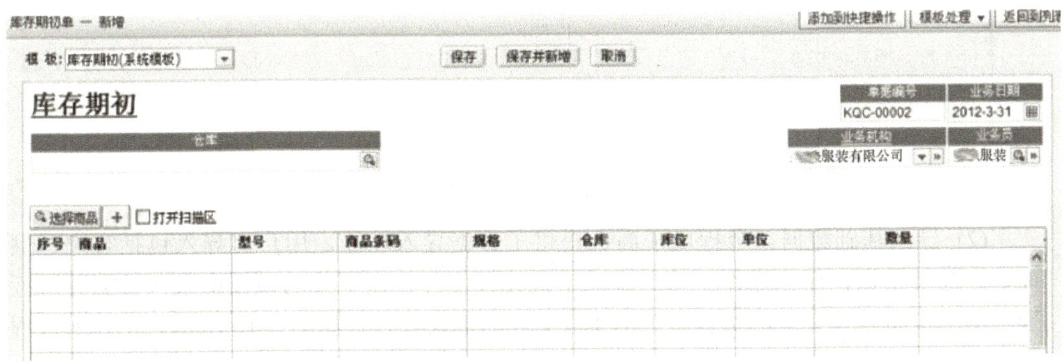

图 5-8　“库存初期”页面

3. 应收期初

应收期初用于输入全程电子商务实训平台启用前客户欠我方的款项。

点击“系统设置”→“期初设置”→“应收期初”，进入“应收期初”页面。

从客户档案中选择客户，全程电子商务实训平台自动带出“联系人”、“电话信息”，用户只需输入期初应收金额，点击【保存】完成设置。

4. 应付期初

应付期初用于输入全程电子商务实训平台启用前我方欠供应商的款项。

点击“系统设置”→“期初设置”→“应付期初”，进入“应付期初”页面。

从供应商档案中选择供应商，全程电子商务实训平台自动带出“联系人”、“电话信息”，用户只需输入期初应付金额，点击【保存】。

5. 商品管理

(1) 新增计量单位。全程电子商务平台中的产品信息支持多计量单位。计量单位按计量单位组分组，同一组下的计量单位可以相互换算。在基础数据中选择“新增计量单位”项，进入“商品—计量单位—新增”页面，填写产品计量单位的基本信息，如图 5-9 所示。新建计量单位时请先选择所属分组，以便于将同类的计量单位归入到一个分组中进行管理，一个分组中必须有一个基本计量单位；计量单位=换算比例×基本计量单位；分组内有计量单位时，该计量单位组不能被删除；在输入计量单位过程中，应选择该计量单位所属的分组。若无计量单位组选择，可以点击图标进入“新增计量单位组”页面填写设置需要的计量单位信息，可选择【返回到列表】查看所有产品计量单位信息。产品计量单位在产品档案和新增产品时都需要用到，是产品的重要属性。

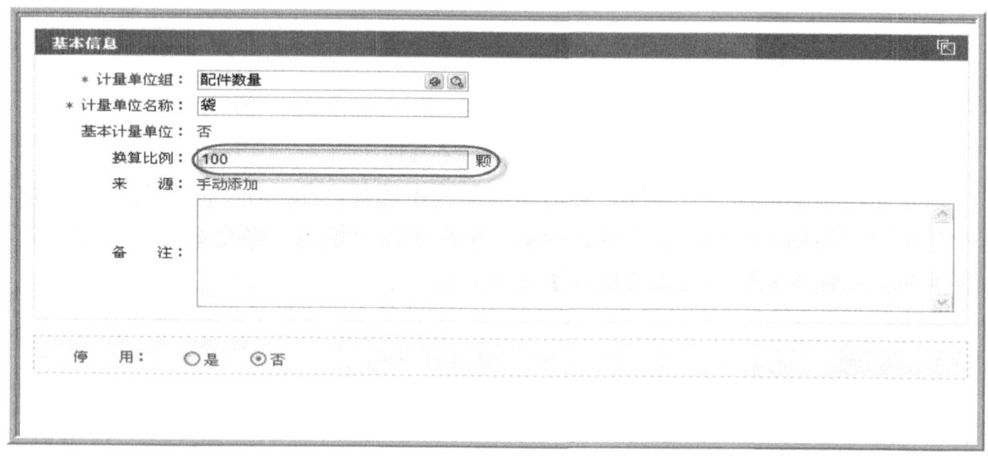

图 5-9　新增计量单位

(2) 导入基础数据。全程电子商务提供了数据导入功能，用户可导入包括客户、供应商、产品等数据，简化操作。第一步先下载模板文件，在下载的模板中录入数据并进行整理；第二步将整理完成的数据以 EXCEL 文件的形式导入，如图 5-10 所示。在导入过程中若出现失败，则根据系统提示的错误信息，进行修改后重新导入。

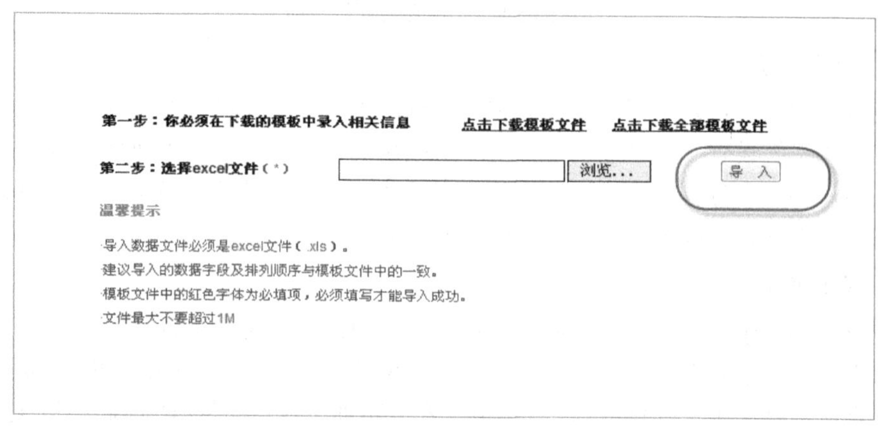

图 5-10　导入基础数据

(3) 新增商品。进入“新增产品”页面，填写产品基本信息、详细信息及产品自定义属性。新增产品信息有两种方式，一种是“复制其他产品”，另一种是“新增”，两种方式的跳转页面如图 5-11 所示，以下分别对其中的重点功能作一简单介绍：

① 复用其他产品：在填写产品资料之前，可以选择上方【复用其他产品】功能，在产品档案中选择一个产品，快速将该产品的基本资料复制过来。

② 填写商品详细信息和自定义属性：在“商品信息”的“库存控制”中，若已经录入商品最低、最高库存，而当该商品库存量小于最低库存时，系统将发出“短缺”报警；当该商品库存量大于最高库存时，系统则发出“超储”报警。

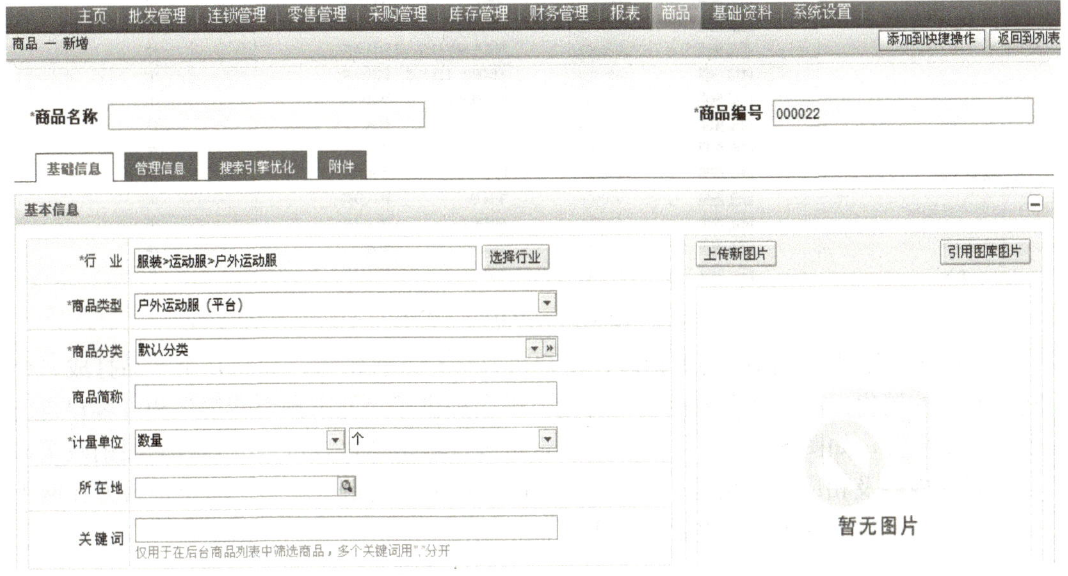

图 5-11　新增商品信息

(4) 商品分类。对于商品种类多产品复杂的用户，该平台提供了产品分类的功能，方便对产品的管理。进入“新增商品分类”页面，选择上级分类(新增一级分类则选择“所有分类”)，并为分类命名，如图 5-12 所示。

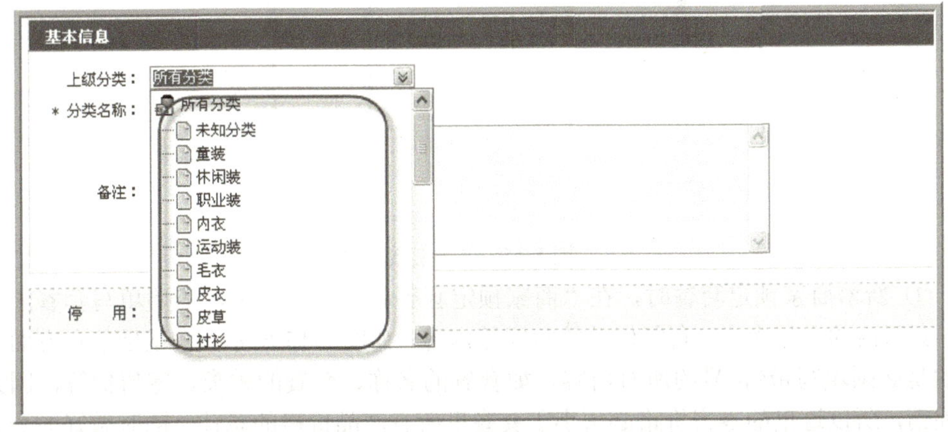

图 5-12　产品分类示意图

(5) 商品查询。用户可以对产品信息进行查询，全程电子商务平台提供按视图、来源、状态、分类及地区等多维度的查询。在“商品列表—所有商品”页面，点击左侧相关维度可以进行查询，在右侧产品列表中将显示符合该维度查询的产品资料，如图 5-13 所示。用户还可以通过“相关操作”、“相关报表”区来查询和处理与产品相关的其他操作和报表。

商品列表一所有商品　添加到快捷操作　新增　删除　导入商品图片　导入　导出　栏目设置

视图　高级搜索
所有商品
本周新增的商品
本月新增的商品
已停用的商品
按视图查询
按应用范围查询
按来源查询
按分类查询

快速搜索 请输入商品编号, 商品名称, 搜索　上一页 1 2 下一页 转到第 页 跳转

操作	商品编号	商品名称	商品分类	型号	计量单位	采
浏览 编辑	000001	女装	女装		件	
浏览 编辑	000001	女装1	默认分类		件	
浏览 编辑	000002	女装2	默认分类		个	
浏览 编辑	000002	鞋子	默认分类		个	
浏览 编辑	000002	粉红色蝴蝶结雪纺连	默认分类		件	
浏览 编辑	000003	测试赫米亚连衣裙	默认分类		个	
浏览 编辑	000004	测试赫米亚	默认分类		个	
浏览 编辑	000005	春装	男装		件	
浏览 编辑	000006	连衣裙	女装		件	
浏览 编辑	000007	裙子	女装		件	
浏览 编辑	000008	手提包	默认分类		个	
浏览 编辑	000011	电风扇	默认分类		个	
浏览 编辑	000012	女装2	女装		件	
浏览 编辑	000013	女衬衫	默认分类		件	

图 5-13　产品信息查询

(6) 商品套餐。在商品的促销时，用户可以进行打包销售，如将几个产品打成一个包进行套餐的销售。在产品套餐的促销方面，平台提供了“商家预定套餐”和“客户自助套餐”两个部分，如图 5-14 所示。“商家预定套餐”是指销售方可根据自己的促销政策来制定套餐的内容及相应的价格等信息，“客户自助套餐”是指终端客户对于销售方在网上提供的产品，可自选其中几种产品进行购买。

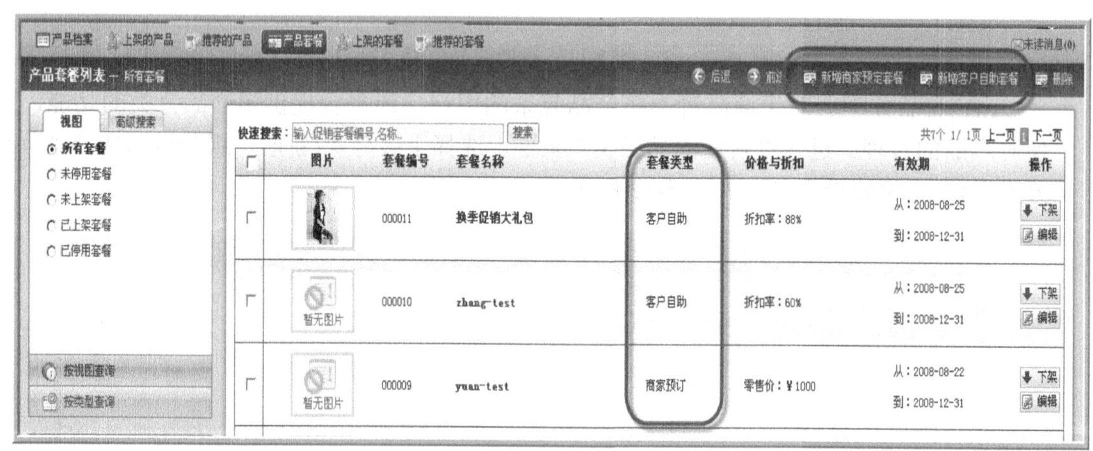

图 5-14　产品套餐促销

① 新增商家预定套餐时，在“商家预定套餐新增”页面里，需要填写套餐的基础信息、套餐内的产品内容、套餐促销的时间等内容，如图 5-15 所示。在基础信息方面需要注意的是必须填写带*符号的所有内容，如套餐的名称、套餐的种类、零售价等，因为是套餐促销，所以这里的零售价格必须小于套餐里所有产品价格的总计。同时做好的套餐也需要通过“上架”操作把套餐的内容放到前台网页的“精品礼包”等栏目中。

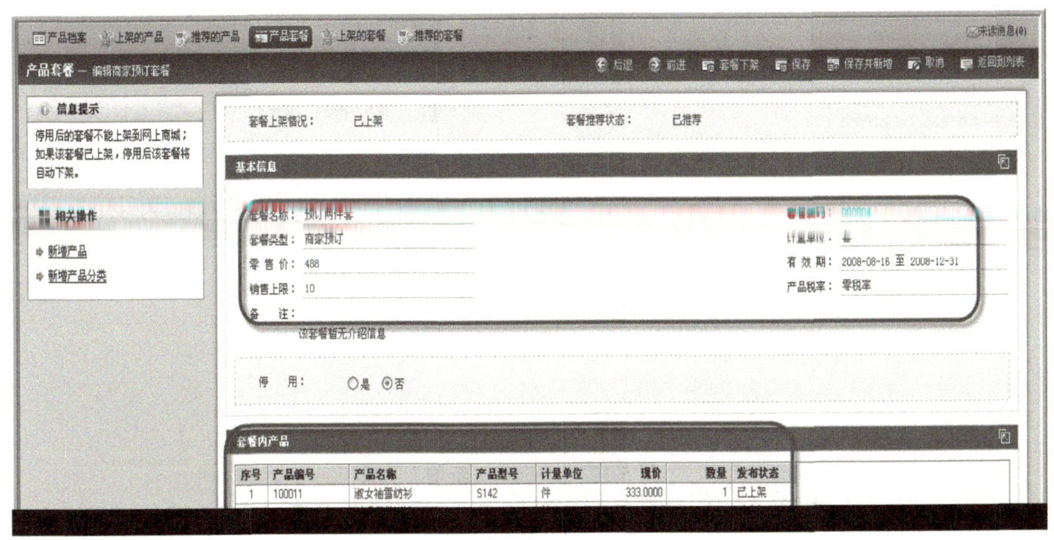

图 5-15　新增商家预定套餐

② 新增客户自助套餐是指终端用户可在商家提供的几种产品中选择购买，如客户可在商家提供的“客户自助套餐”中最多选择两种产品进行购买，当然这也是一种促销的方式。在商家新增“客户自助”套餐时，必须把规则定义好，如套餐的名称、折扣率、可选的规则、可销售套数的总数、套餐销售的时间段、可供选择的产品等，如图 5-16 所示。

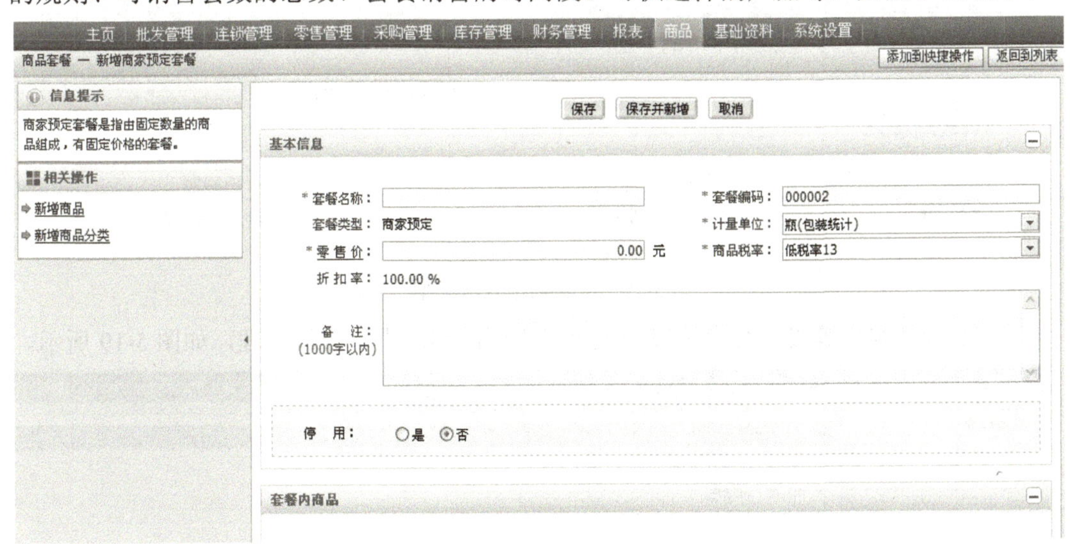

图 5-16　新增客户自助套餐

6. 仓库管理

仓库管理的具体内容如下：

(1) 新增仓库：在基础数据中点击“仓库”→“新增”，进入“仓库—新增”页面，填写仓库名称、编码、电话、地址等详细信息，如图 5-17 所示。仓库信息填写完毕后，点击【保存】即可完成设置；选择【保存并新增】可继续增加下一条仓库信息；选择【返回到列表】可以查看所有仓库信息。

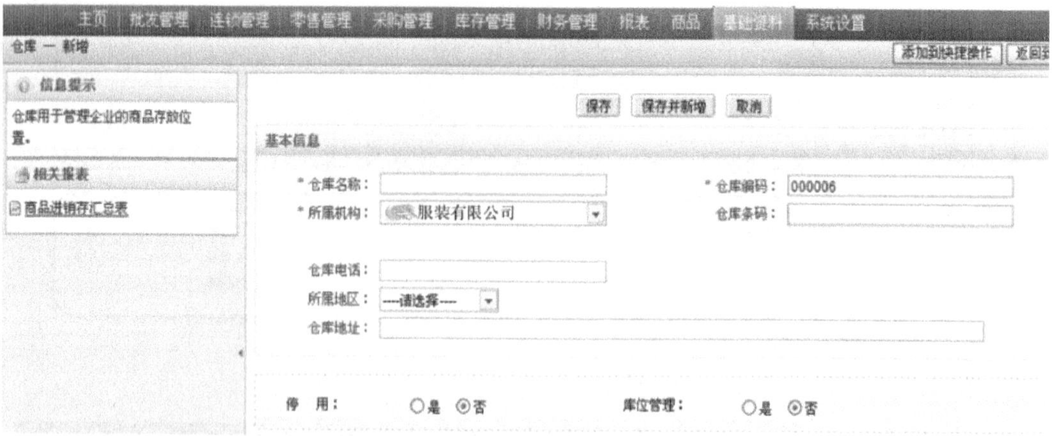

图 5-17　“仓库—新增”页面

(2) 管理出入库类型：在“管理出入库类型”页面，点击【新增】。进入“新增出入库类型”页面，选择出入库类型、填写类型名称、编号，如图 5-18 所示。出入库类型信息填写完后，可以选择是否“停用”该类型。若停用，该出入库类型将不会在库存单据中出现。仓库出入库类型填写完毕后，点击【保存】即可完成设置；选择【保存并新增】可继续增加下一条出入库类型；选择【返回到列表】可以查看所有出入库类型。

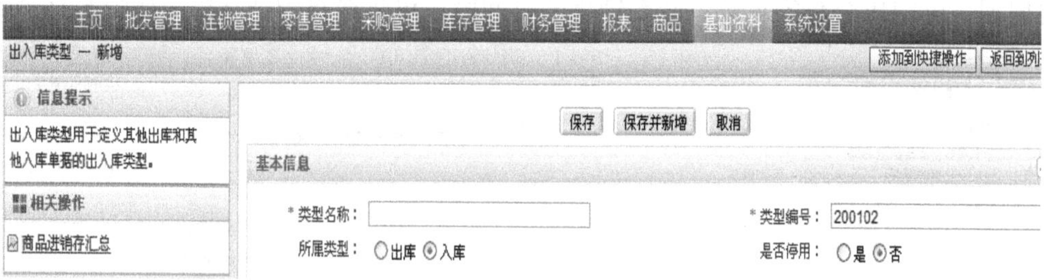

图 5-18　“新增出入库类型”页面

(3) 管理客户等级：客户等级分类可对不同的客户进行分级管理，如图 5-19 所示。

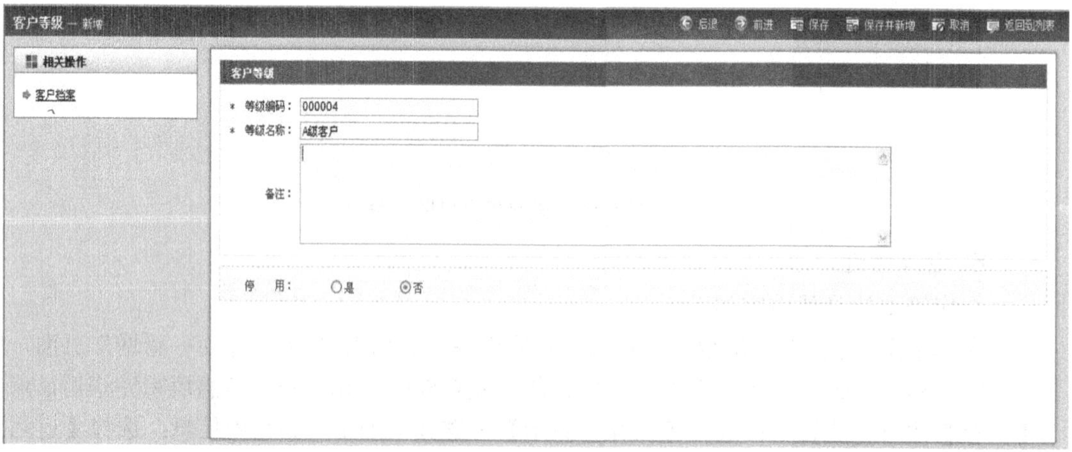

图 5-19　管理客户登记

(4) 管理库位、库区：库位(区)管理可对所属仓库的库位(区)进行精细化管理，对仓库内不同的库位(区)进行严格区分，如图 5-20 所示。

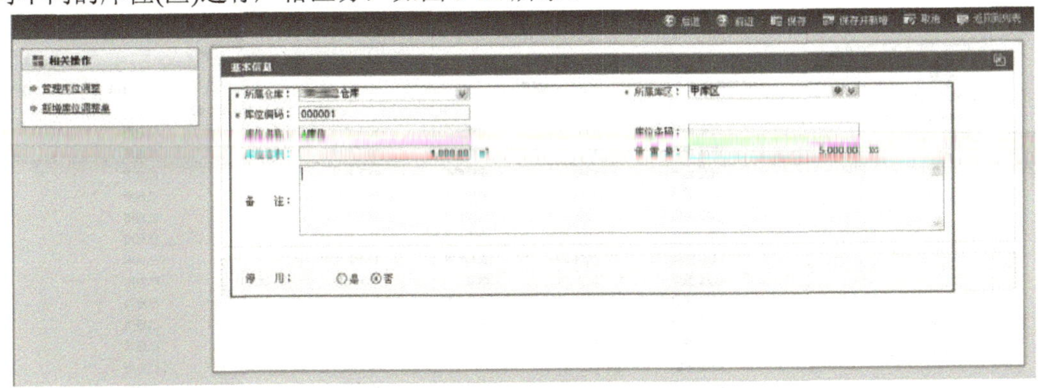

图 5-20 管理库位、库区

7. 资金账户管理

资金账户管理的具体内容如下：

(1) 新增资金账户：在基础资料中选择新增资金账户项，进入“资金账户—新增”页面，填写账户名称和账户编码资料，并选择是否停用该账户，如图 5-21 所示。若停用，该资金账户将不在业务单据和报表中出现。资金账户资料填写完后，点击【保存】即可完成设置；选择【保存并新增】可继续增加下一条资金账户信息；选择【返回到列表】可以查看所有资金账户信息。

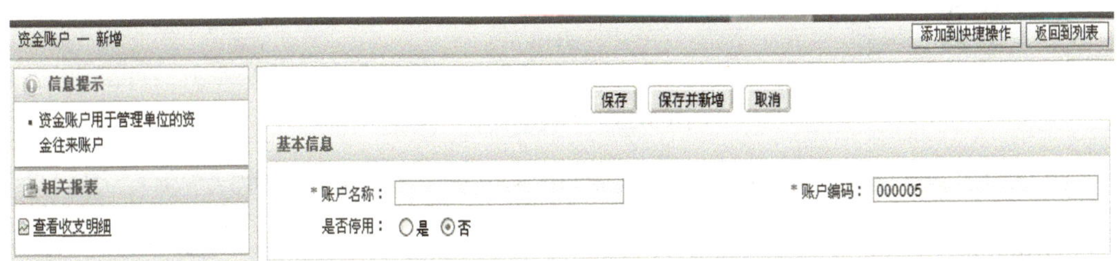

图 5-21 “资金账户－新增”页面

(2) 管理收支项目：全程电子商务平台已经预置了多条收支项目，用户可以直接修改或删除该收支项目，同时也可以自行添加新的收支项目。在“管理收支项目”页面，点击【新增】，进入“新增收支项目”页面，选择收支类型，填写项目名称、编号。收支项目输入完成后，可选择是否“停用”该项目。若选择“是”，该收支项目将不会在业务单据及报表中出现。收支项目填写完毕后，点击【保存】即可完成设置；选择【保存并新增】可继续添加下一个收支项目。

(3) 管理支付方式：全程电子商务平台已经预置了多种支付方式，如图 5-22 所示。用户可以直接修改或删除该付款方式，同时也可以自行添加新的付款方式。进入“新增付款方式”页面，直接输入付款方式的名称，点击【保存】即可完成设置；选择【保存并新增】可继续添加下一个支付方式。

全程电子商务平台提供多币种功能，主要用于多币种业务，各类业务包括：采购订单、采购入库、销售订单、销售出库、收款单、付款单等。

全程电子商务平台已经在币种列表中预置了世界上所有国家的货币。用户可以对这些币种进行编辑修改，选择币种列表中某一货币，点击后方的【编辑】按钮，进入“编辑币种”页面即可进行编辑。

管理支付方式—所有支付方式

添加到快捷操作 | 新增 | 删除 | 导入 | 导出 | 栏目设置

视图：所有支付方式 / 未停用的支付方式 / 已停用的支付方式

按视图查询　自定义视图

快速搜索 请输入支付方式 搜索　上一页 1 下一页 转到第 页 跳转

	操作	编号	支付方式	支付类型	默认收款账户	是否停用
□	浏览 编辑	000001	总部收款账户	线下支付		已启用
□	浏览 编辑	41	在线支付	线下支付		已启用
□	浏览 编辑	1042	银行电汇	线下支付		已启用
□	浏览 编辑	2043	邮局汇款	线下支付		已启用
□	浏览 编辑	3044	货到付款	线下支付		已启用
□	浏览 编辑	PCODE25	购物卡冲抵	预存款支付		已启用
□	浏览 编辑	PCODE24	礼品卡冲抵	预存款支付		已启用
□	浏览 编辑	1	现金	线下支付	现金	已启用
□	浏览 编辑	3	商业汇票	线下支付		已启用
□	浏览 编辑	4	银行汇票	线下支付		已启用
□	浏览 编辑	5	银行本票	线下支付		已启用
□	浏览 编辑	6	分期付款	线下支付		已启用
□	浏览 编辑	2	支票	线下支付		已启用
□	浏览 编辑	7	货到付款(停用)	线下支付		已停用
□	浏览 编辑	PCODE26	充值卡消费	预存款支付		已启用
	浏览	PCODE27	代金券冲抵	预存款支付		已启用

图 5-22　“管理支付方式—所有支付方式”页面

(4) 管理税率：对不同税率的管理，如图 5-23 所示。销售和采购单据里会显示“税率”一栏，点击右边下拉框可对“税率”进行选择，如图 5-24 所示。

税率列表　　添加到快捷操作 | 新增

快速搜索 输入税率编码，名称 搜索　共3个 1/ 1页 上一页 1 下一页 转到第

□	操作	税率编码	税率名称	默认税率	是否停用
□	浏览 编辑	000003	零税率	是	否
□	浏览 编辑	000001	低税率13	否	否
□	浏览 编辑	000002	基本税率17	否	否

图 5-23　“税率列表”页面

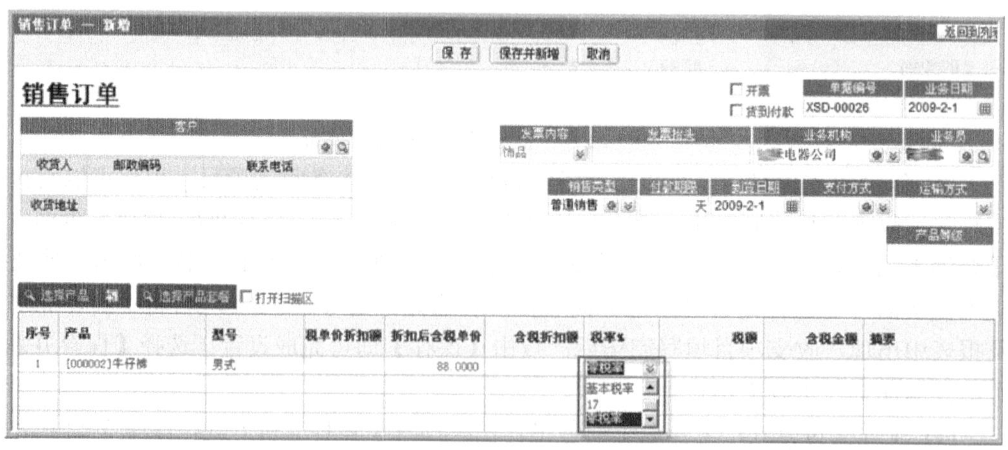

图 5-24　税率选择

5.3.3　采购管理

采购管理主要面向采购经理以及采购业务人员，帮助企业实现从“询价”到“采购订

单”再到“订单执行过程(收货确认、收货付款、采购退货)”的采购全过程管理及与供应商之间的全程业务协同。

1. 采购询价

采购询价的具体流程和内容如下：

(1) 新建采购询价单：询价列表中显示的采购询价单有两种来源，一种询价单来源于全程电子商务实训平台上的询价信息，由全程电子商务实训平台自动在询价列表中生成；另种来源于其他途径的采购询价单，需要手动新增 (单据来源可以使用“查看”功能浏览)。

用户在“业务协同”中通过勾选，可以选择最多 5 种不同方式将单据发送给供应商。为了保证供应商能够收到通知，建议点击【供应商联系信息】确认联系信息正确。将鼠标移到发送方式上可以见到协同的提示。选择【保存并新增】可以保存现有单据并弹出新增下一个询价单卡片。选择【保存】后弹出“询价单保存成功”页面，同时将询价单以选中的业务协同方式，发送单据或通知给供应商，如图 5-25 所示。

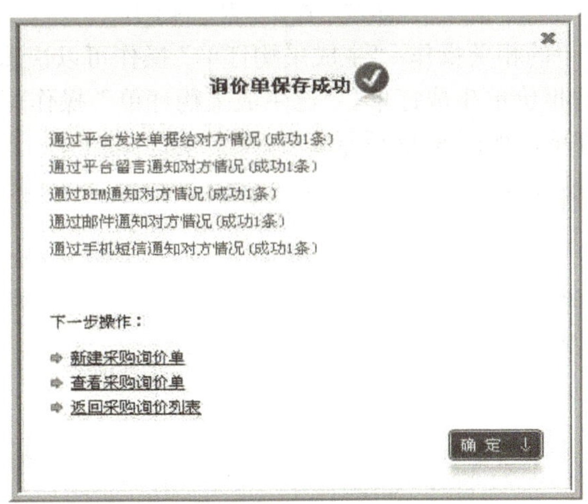

图 5-25　“询价单保存成功”页面

单据状态可以在查看单据卡片的时候看到，如图 5-26 所示。

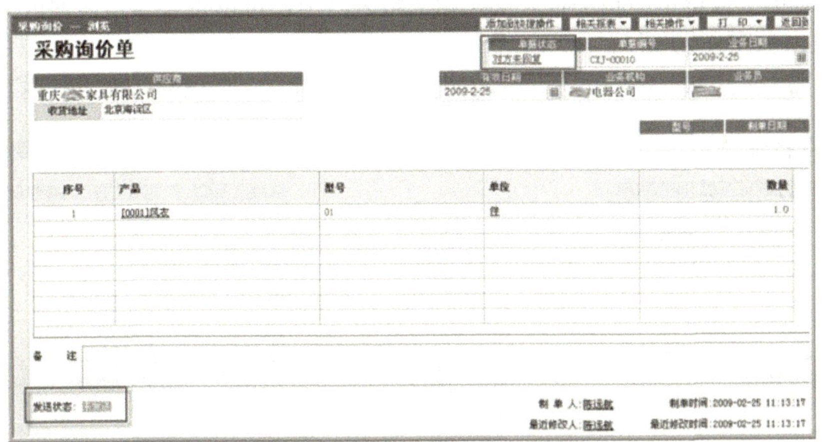

图 5-26　查看单据状态

注：列表区中的供应商报价单由全程电子商务实训平台上的供应商发送的“销售报价”生成，不能自己新建。

(2) 查看报价单：在列表区中点击【单据号】即可弹出单据资料卡片，如图 5-27 所示。

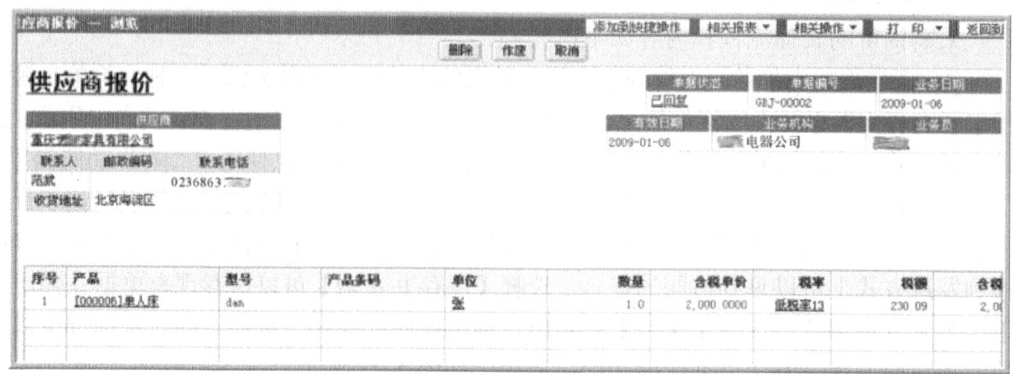

图 5-27　查看单据资料卡片

(3) 对单个报价单的相关操作：“生成采购订单”操作可以快速生成当前报价对应的采购订单，详情请查看报价单生成订单。“已生成采购订单”操作可以查看由当前采购报价单生成的所有采购订单，如图 5-28 所示。

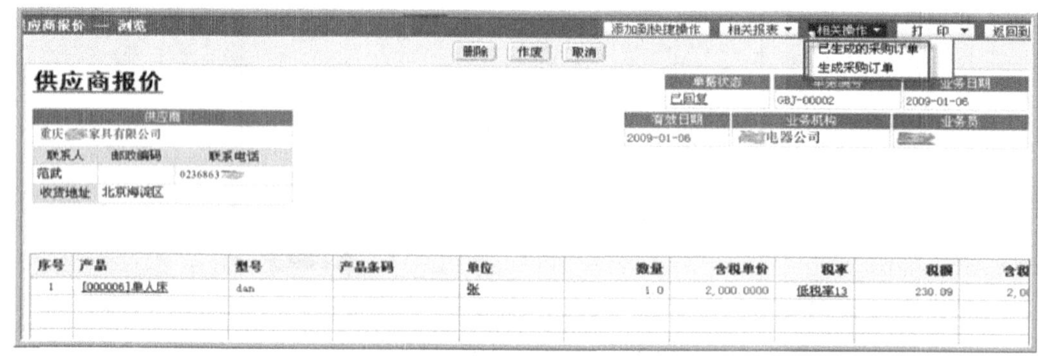

图 5-28　操作单个报价单

(4) 对单个报价单的相关报表：在相关报表区中，可以查看与当前询价单相关的一些单据信息，如图 5-29 所示。

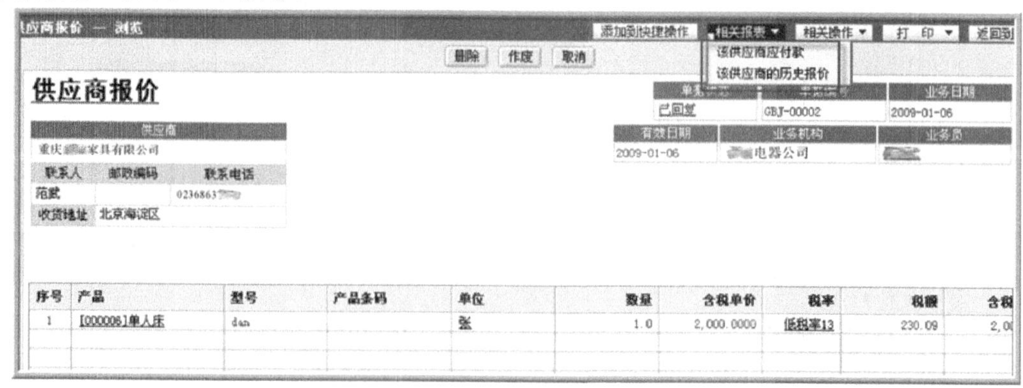

图 5-29　查询单个报价单的相关报表

(5) 报价单生成订单：在供应商报价单卡片的相关操作区中可以通过“生成采购订单”操作，根据该供应商报价快速生成相对应的采购订单，并可将订单发送给供应商，如图 5-30 所示。

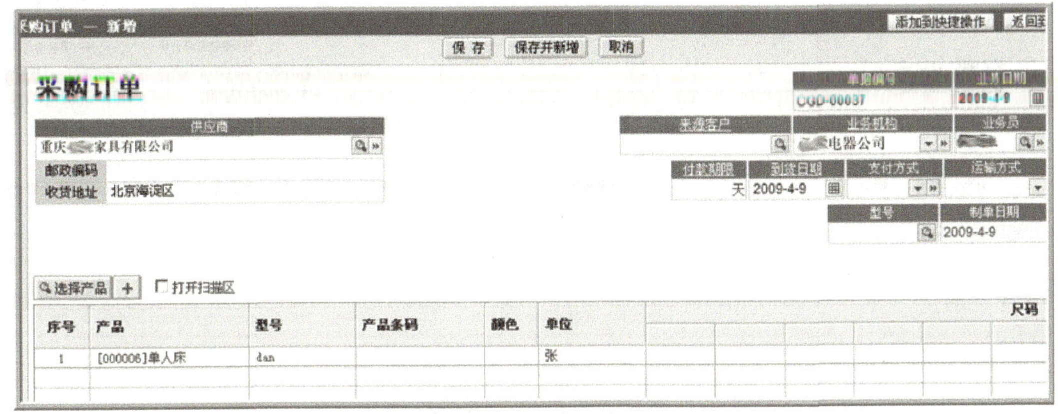

图 5-30　生成采购订单

也可以在列表区中直接进行“订货”操作，如图 5-31 所示。

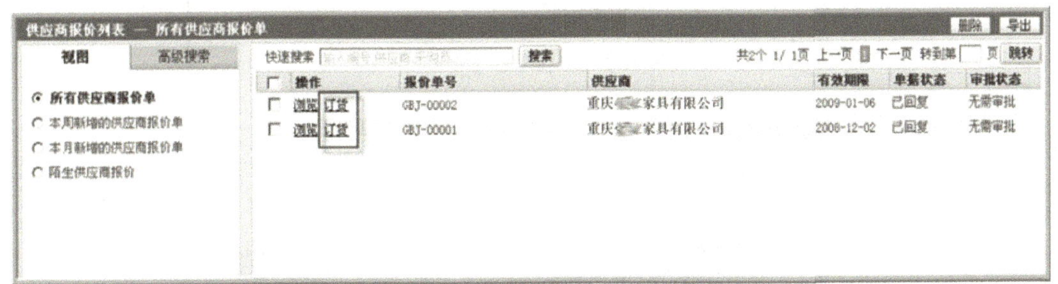

图 5-31　订货

2. 采购订单

采购订单的具体内容和流程如下：

(1) 新建采购订单：采购订单的来源有两大类。一类由全程电子商务实训平台自动在列表区中显示出来。自动生成的订单可能是由供应商报价单生成，也可能由网上产品直接生成，或者由供应商通过全程电子商务实训平台发送过来得到。当库存中某些产品短缺时，也可以自动生成订单。另一类来源于在全程电子商务实训平台中手动新增。新增采购订单，如图 5-32 所示。

用户可以在“业务协同”中通过勾选以最多 4 种不同方式将采购订单发送给供应商。为了保证供应商能够收到通知，建议点击“供应商联系信息”确认联系信息正确。将鼠标移到发送方式上可以见到协同的提示。

选择【保存并新增】将保存现有单据并弹出新增下一个询价单卡片。选择【保存】后弹出保存成功菜单，同时将订单以选中的业务协同方式用全程电子商务实训平台发送单据或通知给供应商，如图 5-33 所示。

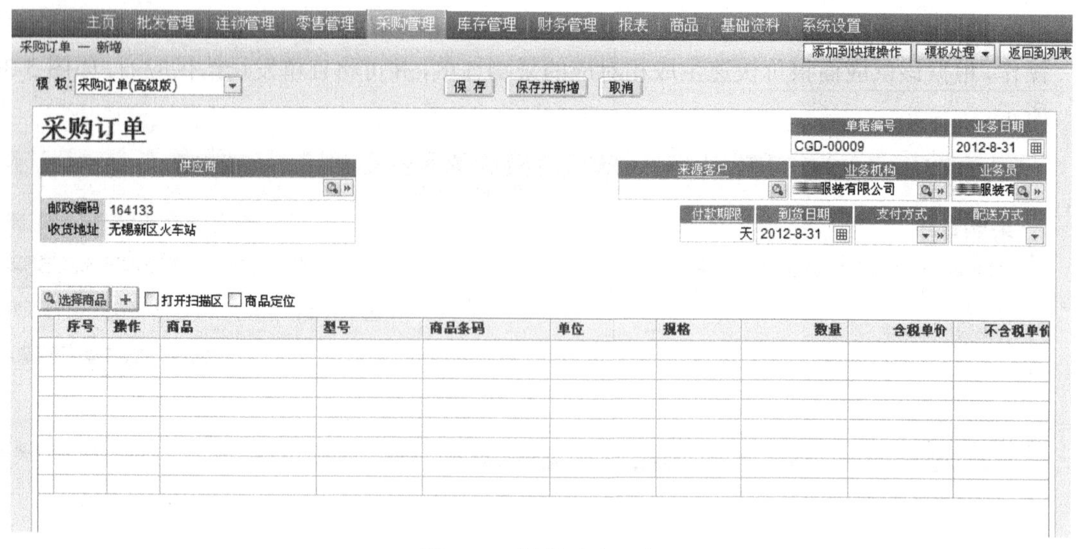

图 5-32　新增采购订单

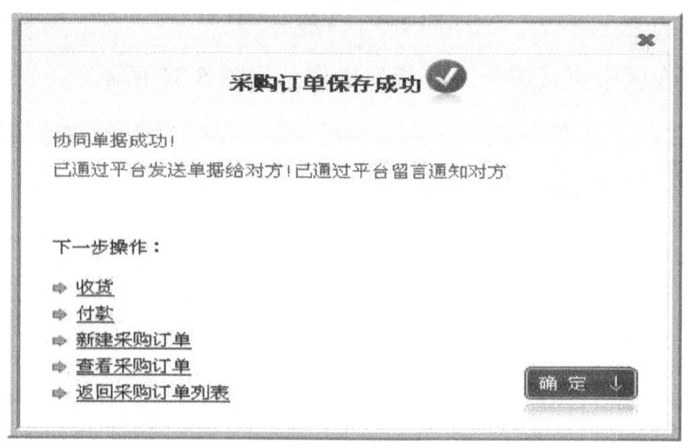

图 5-33　“采购订单保存成功”页面

(2) 订单生成入库单：在订单卡片“相关操作”中通过“收货”操作生成与采购订单对应的采购入库单，如图 5-34 所示。也可以在采购入库单中通过“选择采购订单”操作生成与订单相对应的采购入库单。

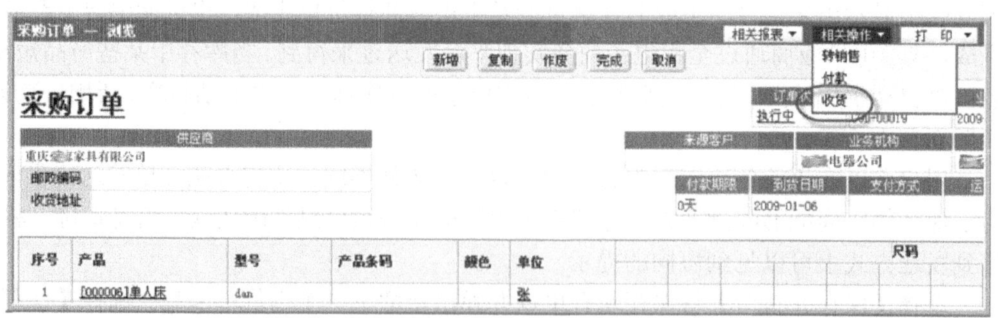

图 5-34　生成采购入库单

(3) 订单生成付款单：在订单卡片的“相关操作”中可以通过“付款”操作生成与采

购订单相对应的采购付款单，如图 5-35 所示。

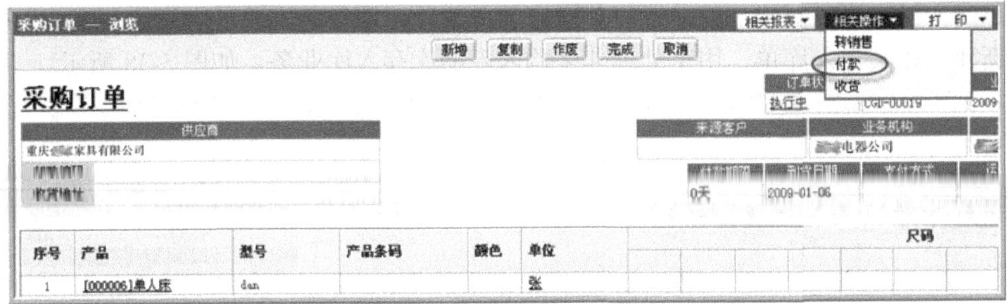

图 5-35　生成采购付款单

(4) 新建采购入库单：入库单列表中的入库单据，可能由采购订单直接生成，也可以手动新建，如图 5-36 所示。由采购订单生成的采购入库单，其“采购订单”栏中的内容全程电子商务实训平台将自动填写。

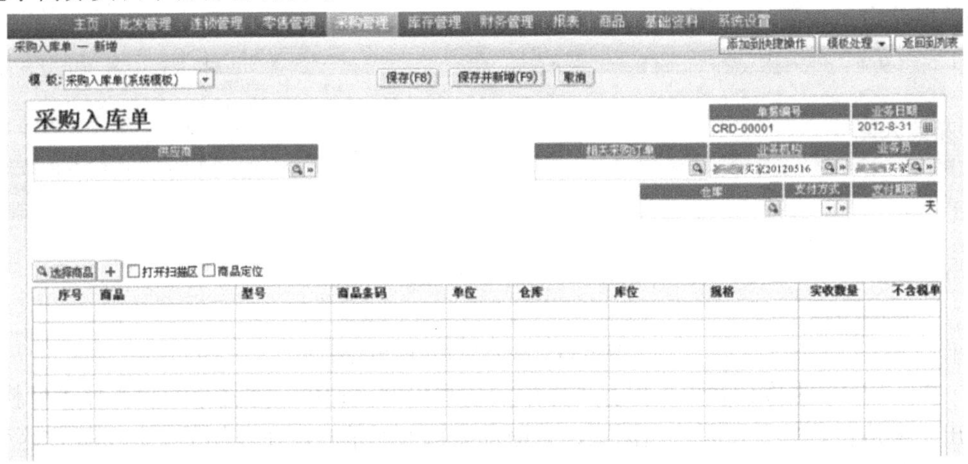

图 5-36　新增采购入库单

用户可以在“业务协同”中通过勾选以最多 4 种不同方式将采购入库单发送给供应商。为了保证供应商能够收到通知，建议点击【供应商联系信息】确认联系信息正确。将鼠标移到发送方式上可以见到协同的提示。选择【保存并新增】将保存现有单据并弹出新增下一个入库单卡片。选择【保存】后弹出保存成功菜单，如图 5-37 所示。

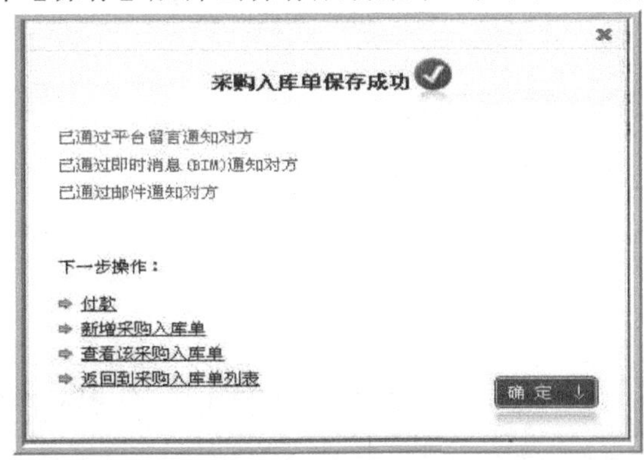

图 5-37　“采购入库单保存成功”页面

(5) 对单个入库单的“相关操作”：在入库单卡片右上角相关操作区，通过“付款”、“退货”操作可以新建与当前入库单对应的付款单、退货单。通过“其他入库单”操作可以新建一张其他入库单，用于处理非采购入库的库存入库业务，如图 5-38 所示。

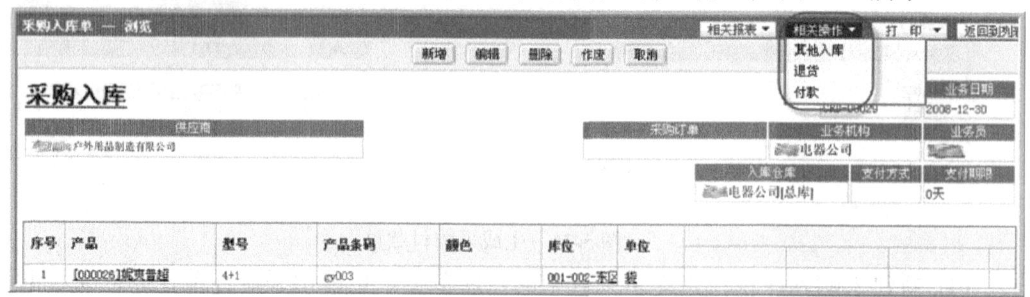

图 5-38　单个入库单的相关操作

(6) 对单个入库单的“相关报表”：在相关报表区中，可以查看与当前入库单相关的一些单据信息，如图 5-39 所示。

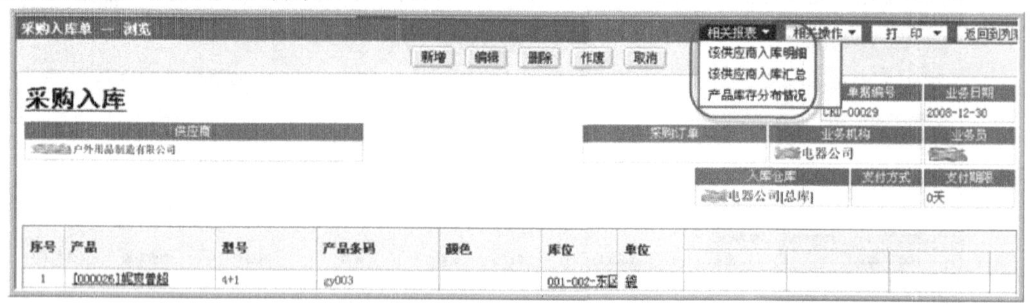

图 5-39　单个入库单的相关报表

(7) 入库单生成付款单：保存入库单后在弹出的窗口中，选择下一步操作“付款”，将弹出“采购付款单”页面；当浏览、新增或编辑入库单时，在左侧的“相关操作区”中可以新增与之相关的付款单。

付款单列表中的付款单据，可能由采购订单直接生成，或者由采购入库单生成，也可以手动新建。由采购订单生成的采购付款单，其“采购订单”栏的内容全程电子商务实训平台将自动填写，如图 5-40 所示。

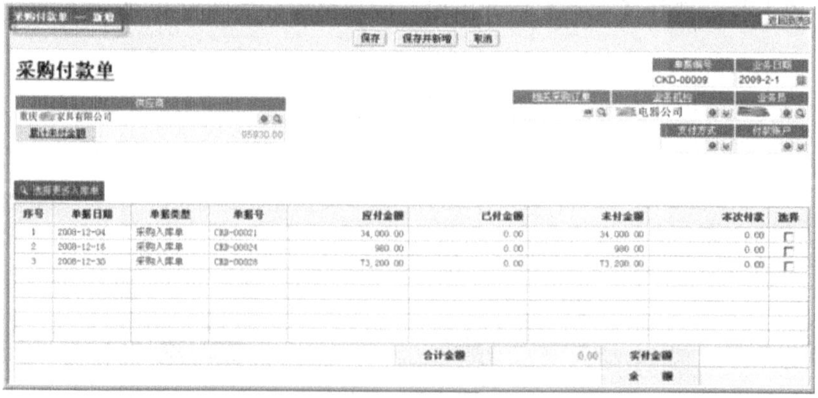

图 5-40　新增采购付款单

采购入库单列表中列出与该供应商相关的入库单，如图 5-41 所示。要对入库单付款首先需勾选对应单据，然后填写“实付金额” (已付清款的入库单不会在表格中再显示出来)。录入实付金额后，如果尚有余额(即尚有入库单未付清)，全程电子商务实训平台会保留该入库单。采购入库单列表中显示的内容可自行添加。

序号	单据日期	单据类型	单据号	应付金额	已付金额	未付金额	[illegible]	[illegible]
1	2008-12-04	采购入库单	CRD-00021	34,000.00	0.00	34,000.00	34,000.00	☑
2	2008-12-16	采购入库单	CRD-00024	980.00	0.00	980.00	980.00	☑
3	2008-12-30	采购入库单	CRD-00028	73,200.00	0.00	73,200.00	73,200.00	☑

合计金额	108180.00	实付金额	108,180.00
		余　额	0.00

备　注

制单人：陈远航　　制单时间：2009-02-01

业务协同：☐ 留言通知　☐ BIM通知　☐ 邮件通知　☐ 短信通知　　供应商联系信息

图 5-41　与具体供应商相关的入库单

用户可以在“业务协同”中通过勾选以最多四种不同方式将采购付款单发送给供应商，如图 5-42 所示。为了保证供应商能够收到通知，建议点击【供应商联系信息】确认联系信息正确。将鼠标移到发送方式上可以见到协同的提示。

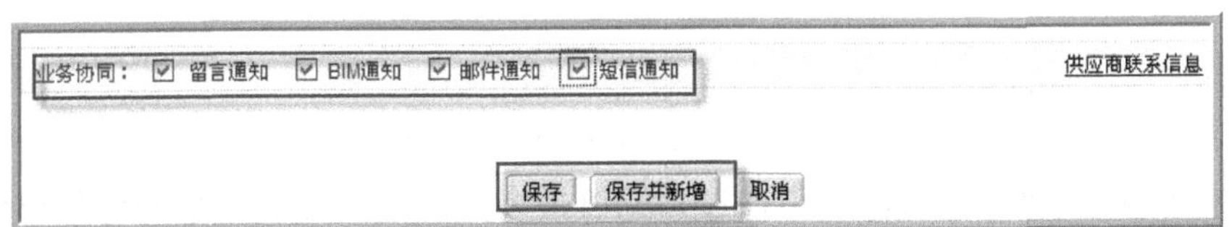

图 5-42　选择业务协同方式

选择【保存并新增】将保存现有单据并弹出新增下一个付款单卡片。选择【保存】后弹出保存成功页面，如图 5-43 所示。

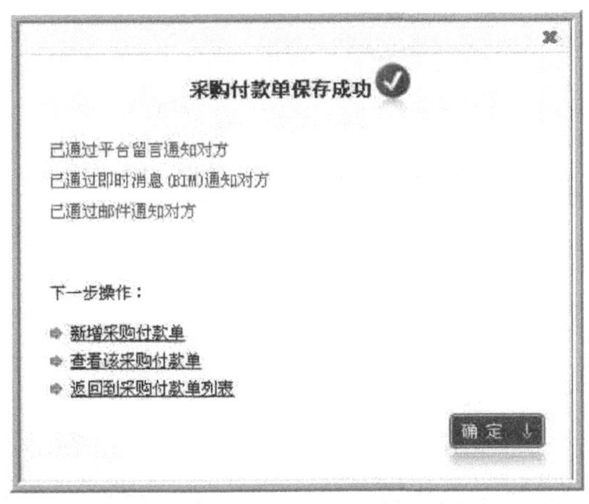

图 5-43　“采购付款单保存成功”页面

(8) 新建采购退货单：当浏览入库单卡片时，可以在右上角的“相关操作区”新增与之相关的退货单。

退货单列表中的退货单据，可能由采购入库单直接生成，也可以手动新建，如图5-44所示。由采购入库单生成的采购退货单，其“采购订单”栏中的内容由全程电子商务实训平台自动填写。

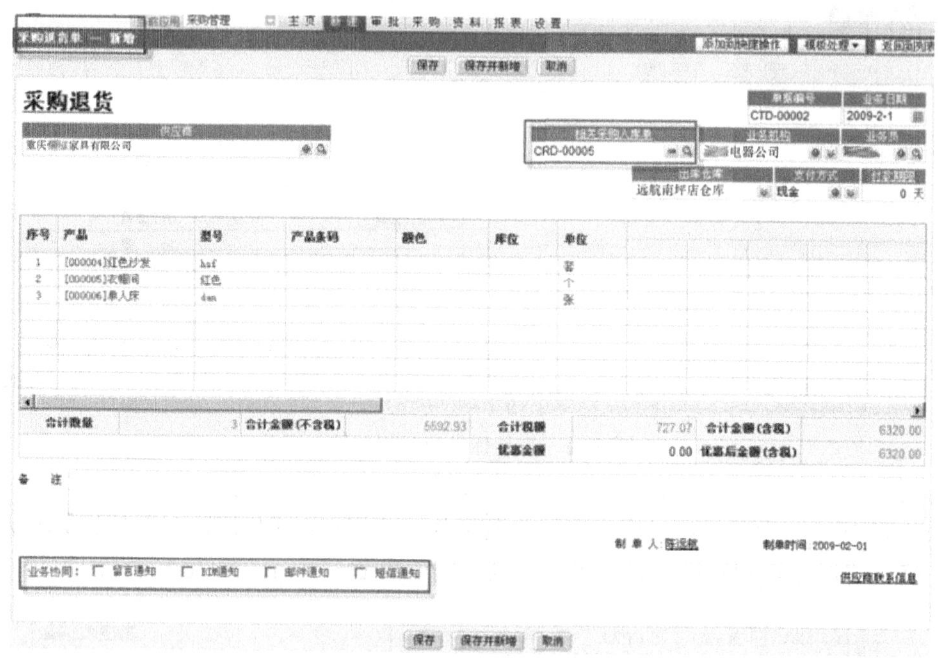

图 5-44　新增采购退货单

用户可以在 “业务协同”中通过勾选以最多四种不同方式将采购退货单发送给供应商。为了保证供应商能够收到通知，建议点击“供应商联系信息”确认联系信息正确。将鼠标移到发送方式上可以见到协同的提示。

选择【保存并新增】将保存现有单据并弹出新增下一个退货单卡片。选择【保存】后弹出保存成功页面，如图5-45所示。

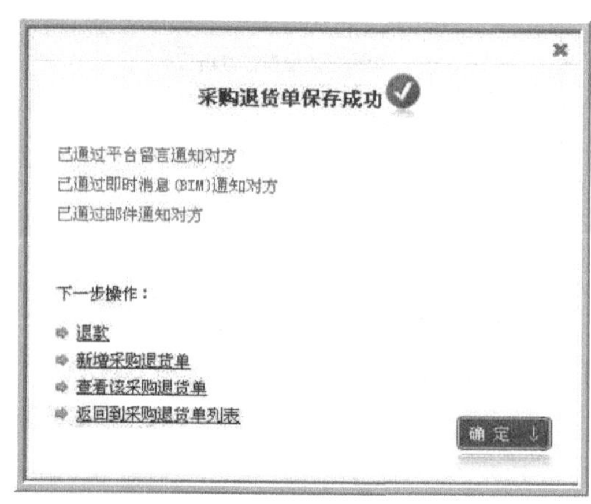

图 5-45　“采购退货单保存成功”页面

(9) 采购退款：退款单列表中的退款单据，可能由采购退货单生成，也可以手动新建。在选择供应商后，点击【累计未付金额】自动计算出当前累计未付给供应商的金额，如图 5-46 所示。

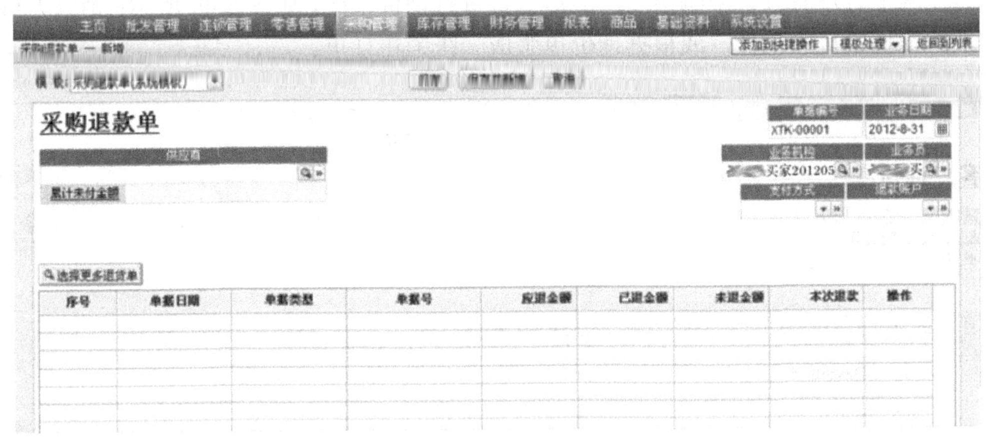

图 5-46　采购退款单

表格中显示的内容可自行添加。

用户可以在“业务协同”中通过勾选以最多四种不同方式将采购退款单发送给供应商。为了保证供应商能够收到通知，建议点击【供应商联系信息】确认联系信息正确。将鼠标移到发送方式上可以见到协同的提示。

选择【保存并新增】将保存现有单据并弹出新增下一个退款单卡片。选择【保存】后弹出保存成功页面，如图 5-47 所示。

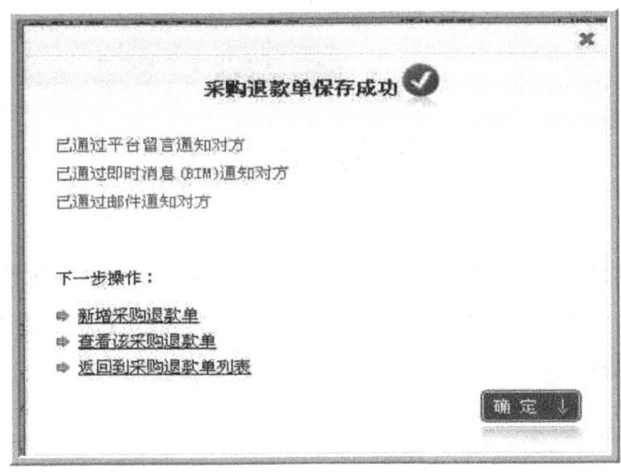

图 5-47　“采购退款单保存成功”页面

5.3.4　销售管理

销售管理主要供销售经理以及销售业务人员使用，可帮助企业实现销售全过程的管理及与客户之间的全程业务协同，快速实现客户的销售询价并进行相应的报价，并能处理从销售订单、销售单、销售出库、销售收款直到销售退货及退款的各种业务。

1. 客户询价

客户询价模块主要是供销售人员查询客户对产品的询价信息，销售人员不能新增客户询价单。客户询价单有两个来源，一是由客户填写的采购询价单所生成，如图 5-48 所示。二是在网上客户看到希望购买的产品后直接进行询价生成，如图 5-49 所示；销售方可根据客户的询价单直接报价，或根据询价单生成一张销售订单。

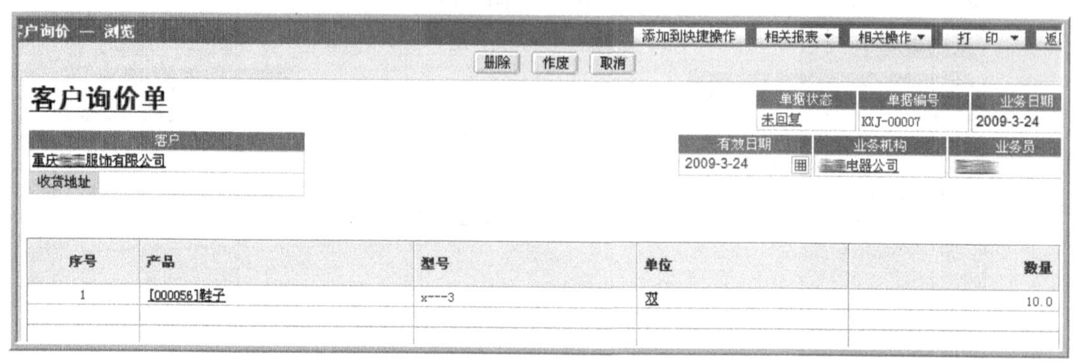

图 5-48　“客户询价单”页面

图 5-49　客户洽谈询价

2. 销售报价

报价时打开客户询价单录入相应的价格即可，也可以直接新建一张报价单，如图 5-50 所示。报价时可对一个客户报价，也可以对多个客户报价(最多 5 个用户)。

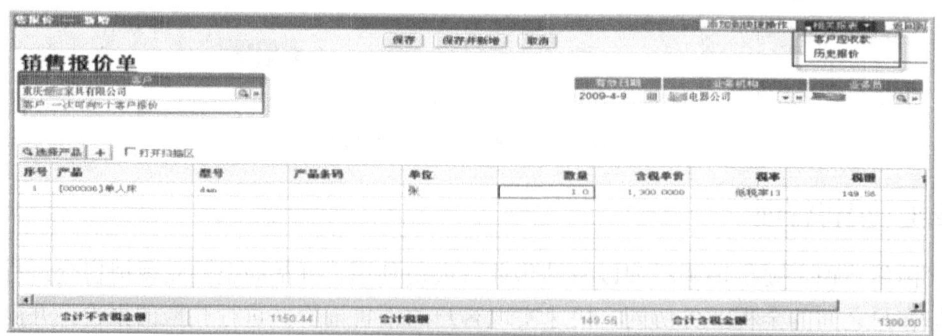

图 5-50　销售报价单

一般来说，销售人员的报价都需要经过相关领导审批，如果需要对报价环节进行审批，就要在基础设置的“业务设置”部分设置审批环节，然后就可以根据设置的审批流程对报价单进行审批。

3. 销售订单

销售订单的来源有两大类：一类由手动新增；另一类是由销售报价单生成销售订单。

新增销售订单时，可在销售订单列表处点击【新增】，填写完毕的销售订单会在列表中显示出来，当需要对某张销售订单进行修改时，可以点击此张销售订单对应的【编辑】按钮进行修改，如图 5-51 所示。

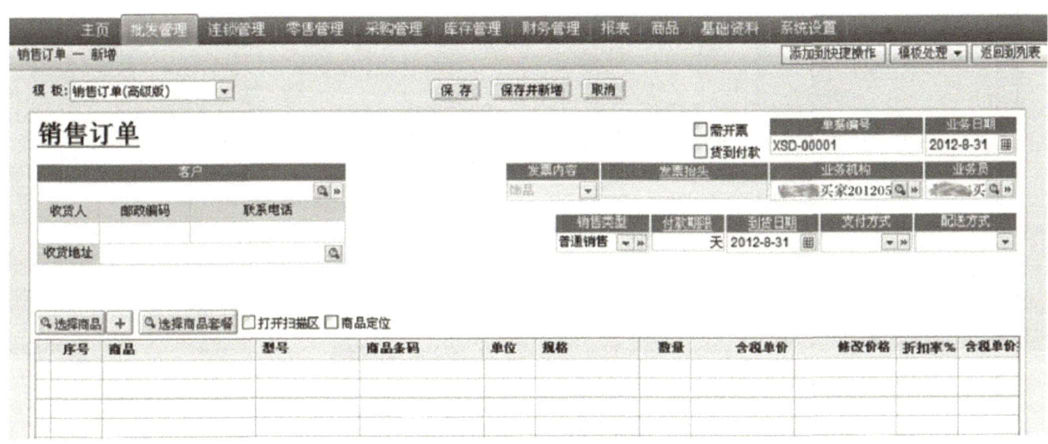

图 5-51　编辑销售订单

4. 销售出库

销售出库的具体内容和流程如下：

(1) 新增销售出库单：出库单列表中的出库单据，可能是由销售订单直接生成，也可以手动新建。由销售订单生成的销售出库单，其“销售订单”栏中的内容由全程电子商务实训平台自动填写，如图 5-52 所示。

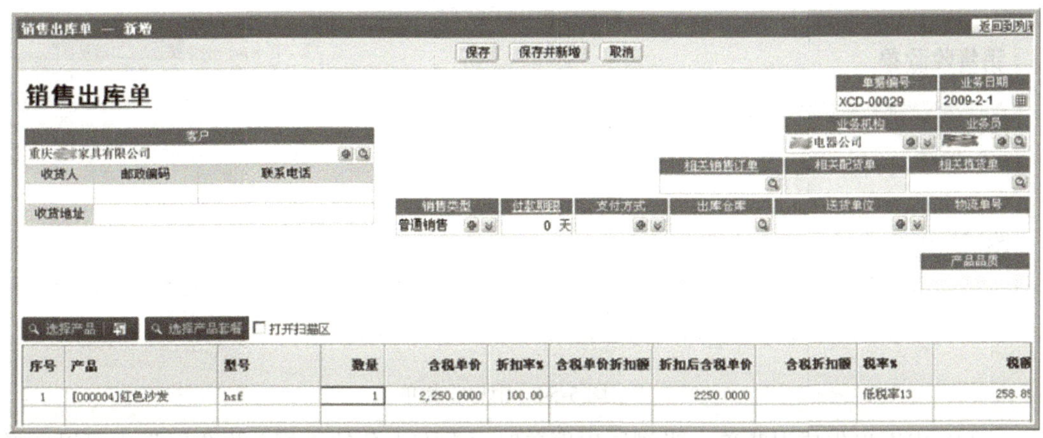

图 5-52　“销售出库单”页面

出库单产品列表中显示的内容可自行添加。在仓库选择方面，可以根据库存的实际情况对不同的产品进行不同的仓库出库，如图 5-53 所示。

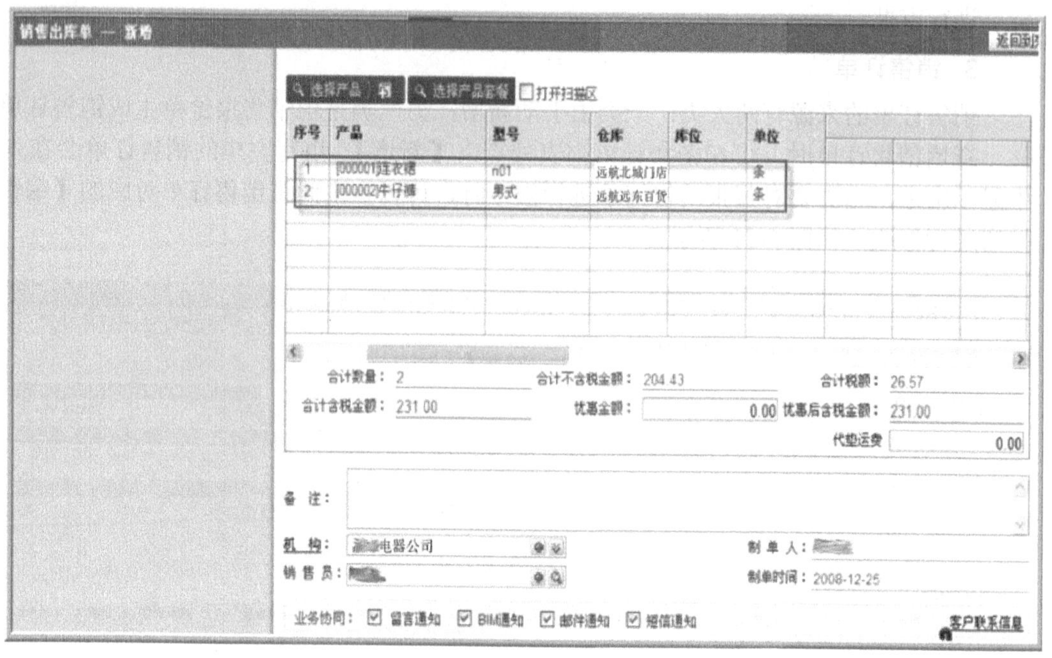

图 5-53　新增销售出库单

(2) 对单个出库单的“相关操作”和“相关报表”的具体内容：在出库单页面右上角相关操作区，“收款”“退货”操作可以新建与当前出库单对应的付款单、退货单。“其他出库单”操作可以新建一张其他出库单，用于处理非销售出库的库存入库业务。

(3) 出库单生成收款单：保存出库单后在弹出的窗口中，选择下一步操作“收款”，将弹出收款单卡片，如图 5-54 所示。

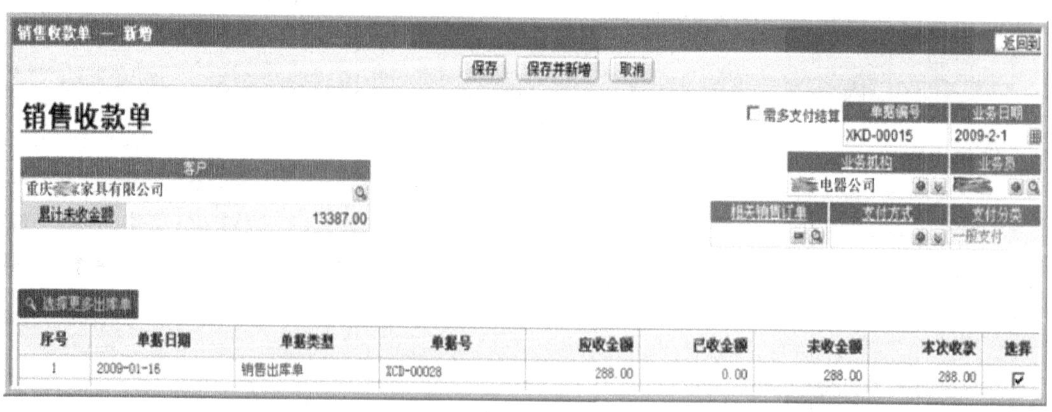

图 5-54　销售收款单

(4) 出库单生成退货单：当浏览出库单时，在右上角的“相关操作区”中可以新增与之相关的退货单，如图 5-55 所示。

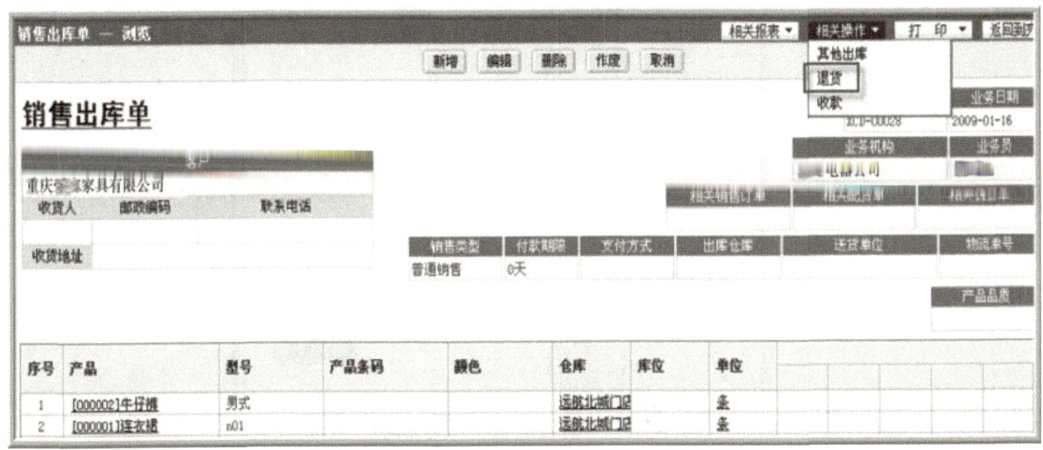

图 5-55　销售出库单相关操作

5. 销售退货

新建销售退货单：退货单列表中的退货单据，可能由销售收款单生成，也可以由手动新建，表格中显示的内容可自行添加，如图 5-56 所示。

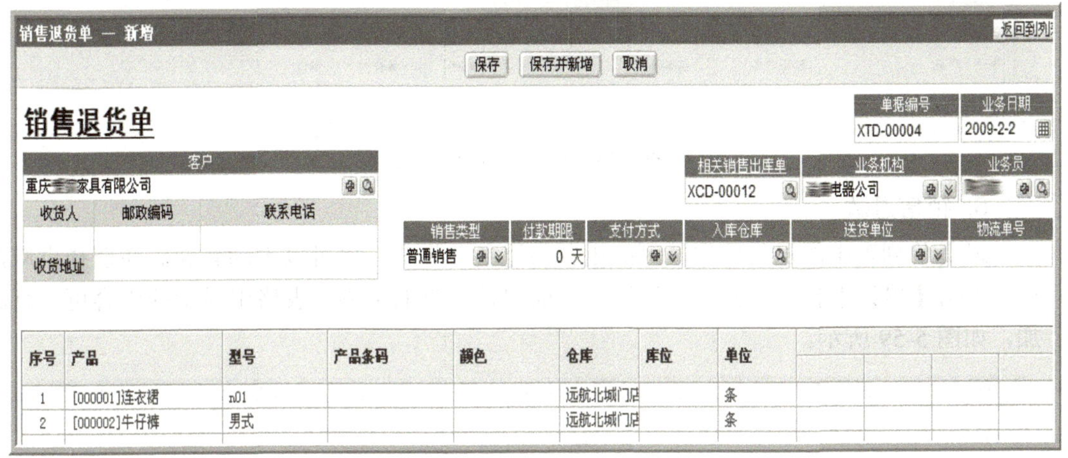

图 5-56　新增销售退货单

用户可以在“业务协同”中通过勾选以最多 4 种不同方式将销售退货单发送给客户。为了保证客户能够收到通知，建议点击【客户联系信息】确认联系信息正确。将鼠标移到发送方式上可以见到协同的提示。

选择【保存并新增】将保存现有单据并弹出“新增下一个退货单”页面。选择【保存】后弹出保存成功页面，如图 5-57 所示。

在“相关操作”区中，可以进行与退货单相关联的一些业务，而不需要跳转到其他的模块，以方便用户使用，如图 5-58 所示。在“相关报表”区可以查看一些相关的报表。 点击【退款】可以新建一个与当前退货单相关的退款单。在相关报表区中，可以查看与当前退货单相关的单据信息。

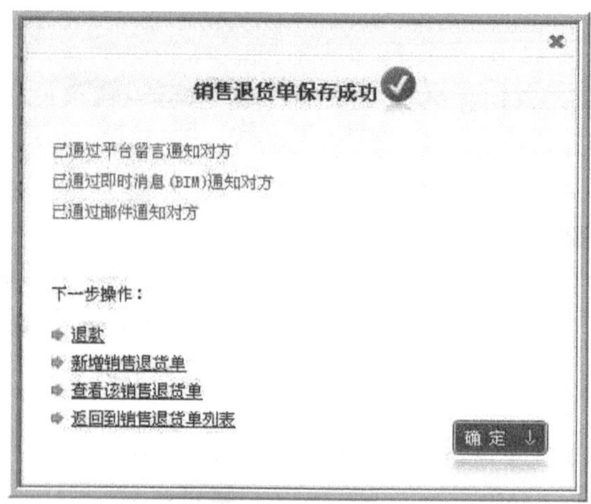

图 5-57　“销售退货单保存成功”页面

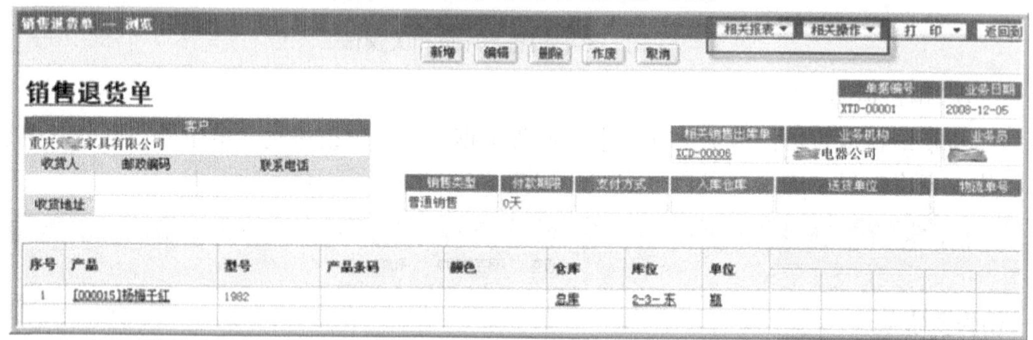

图 5-58　销售退货单相关操作

6. 销售退款

退货单列表中的退货单据，可能由销售退货单生成，也可以手动新建。在选择供应商后，点击【累计未收金额】自动计算出当前累计未收的金额。表格中显示的内容可自行添加，如图 5-59 所示。

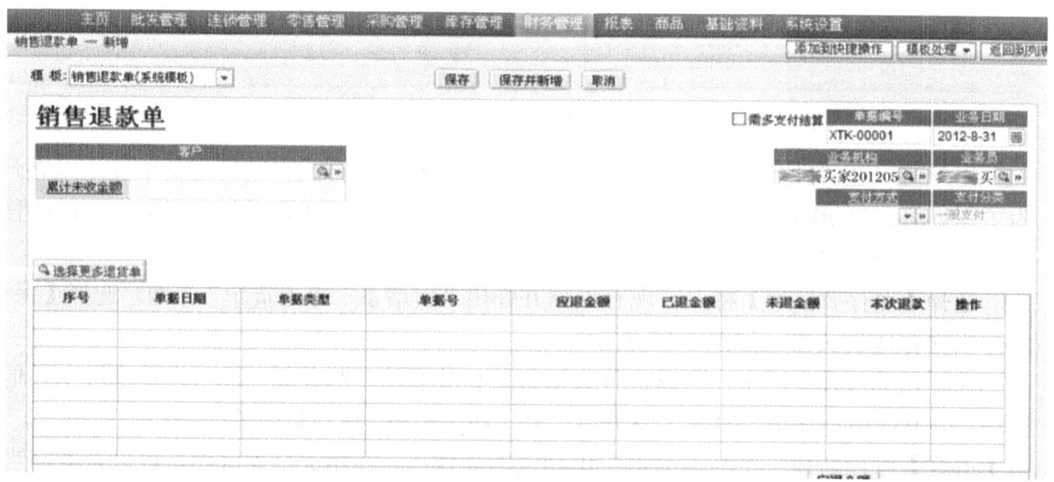

图 5-59　新增销售退款单

用户可以在“业务协同”中通过勾选以最多 4 种不同方式将销售退款单发送给客户。为了保证客户能够收到通知，建议点击“客户联系信息”确认联系信息正确。将鼠标移到发送方式上可以见到协同的提示。

选择【保存并新增】将保存现有单据并弹出“新增下一个退款单”页面。选择【保存】后弹出保存成功页面，如图 5-60 所示。

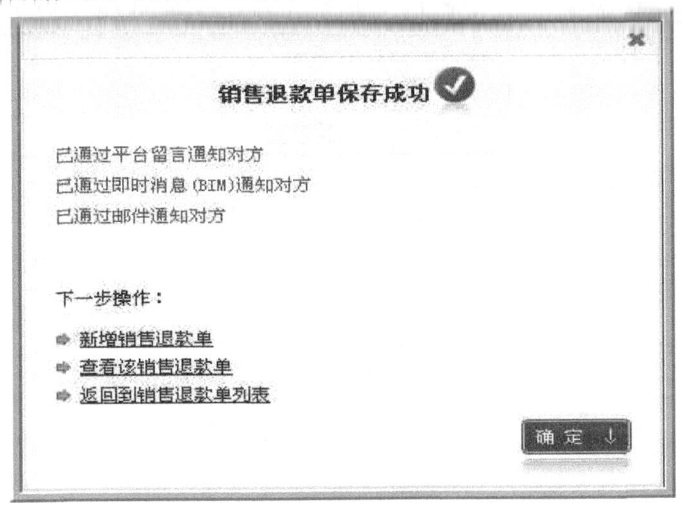

图 5-60　保存销售退款单

在“相关操作”区中，可以进行与退款单相关联的一些业务，而不需要跳转到其他的模块，以方便用户使用。在“相关报表”区可以查看一些相关的报表，如图 5-61 所示。

销售退款单 — 浏览　相关报表　打印　返回到列

新增　编辑　删除　作废　取消

销售退款单

单据编号：ITK-00001　业务日期：2009-02-02

业务机构：电器公司　业务员：

客户：重庆 家具有限公司　累计未收金额：219700.00

支付方式：现金　支付分类：一般支付　退款账户：工商银行

序号	单据日期	单据类型	单据号	应退金额	已退金额	未退金额	本次退款
1	2008-12-24	销售退货单	ITD-00002	224.00	224.00	0.00	224.00
2	2008-12-24	销售退货单	ITD-00003	900.00	900.00	0.00	900.00

图 5-61　销售退款单相关列表

销售退款单的状态与销售收款单状态类似，具体信息请参考销售收款单状态。

7. 调价管理

通过调价单可以同时对多个产品的批发价、零售价和采购价进行调整，并将调整后的价格填入对应的产品卡片中。查询调价单时，可利用调价单的新增时间、回复状态、组织机构几个维度进行查询，也可以通过高级搜索和快速搜索来实现。

8. 折扣管理

可以对某个客户、特定等级的客户(会员)或所有客户(会员)进行某一个产品或多个产品的打折，可以指定折扣率，如图 5-62 所示；同时还可以指定打折的机构，折扣管理非常灵活，设置了折扣规则后，在销售单据中就会出现销售产品对应的折扣。

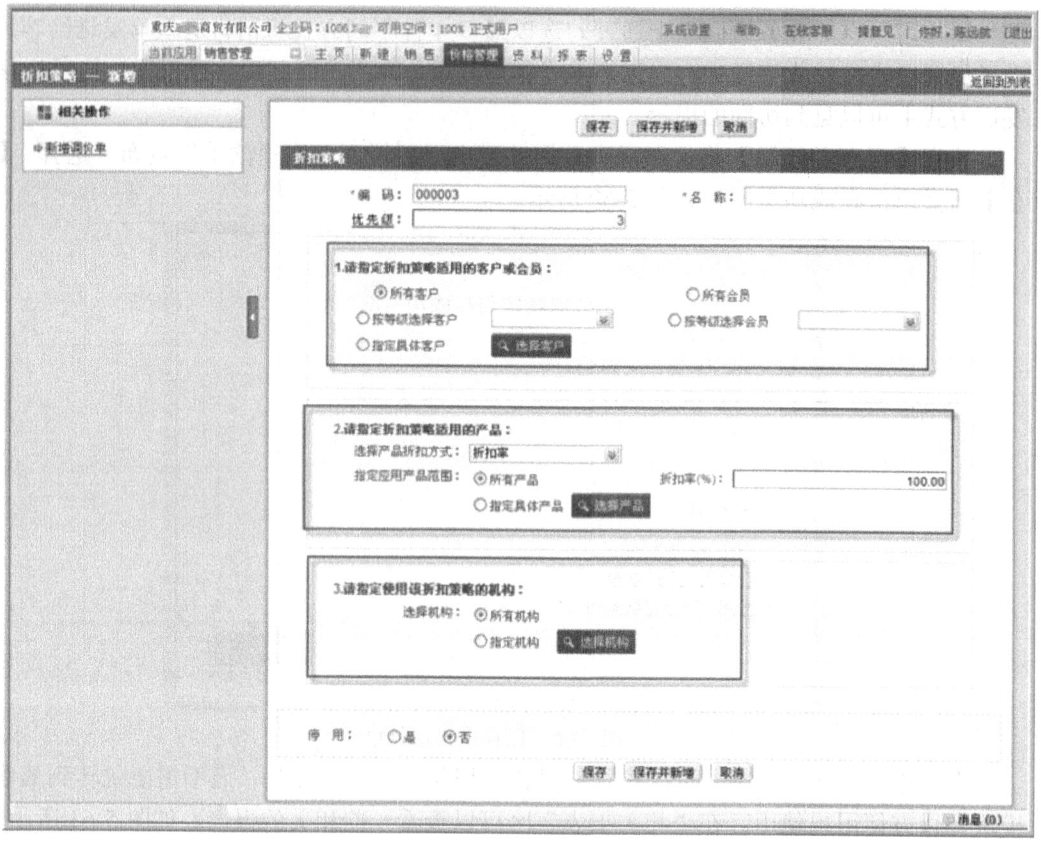

图 5-62　折扣管理

这里需要注意的是：指定打折产品范围时，如果勾选“所有产品”，可以在“折扣率”这一栏里录入统一的折扣率；如果勾选“指定具体产品”，就需要在具体产品里逐一设定产品折扣率，如图 5-63 所示。

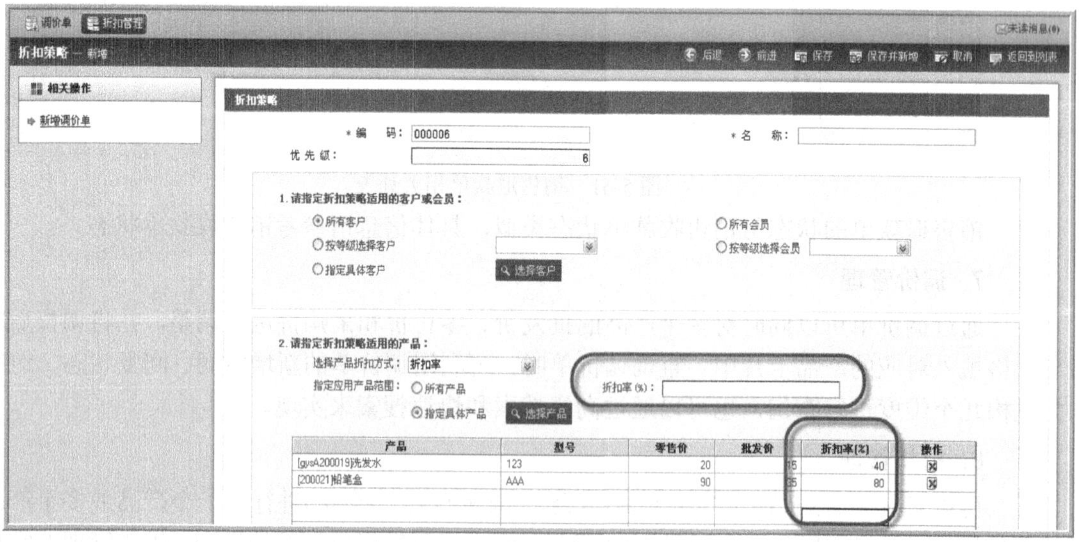

图 5-63　设置打折产品范围

5.3.5　促销管理

1. 促销卡模板

促销卡分为“购物卡”与“礼品卡”两种。在促销卡模板的制作中，需要根据不同的场合、不同的客户制定不同的促销卡模板。

选择新增“促销卡”模板，在“新增促销卡”页面，输入促销卡的“名称”、“面值”、“折扣率”、“失效日期”、“卡类型”等信息，点击【保存】生成促销卡模板，如图 5-64 所示。

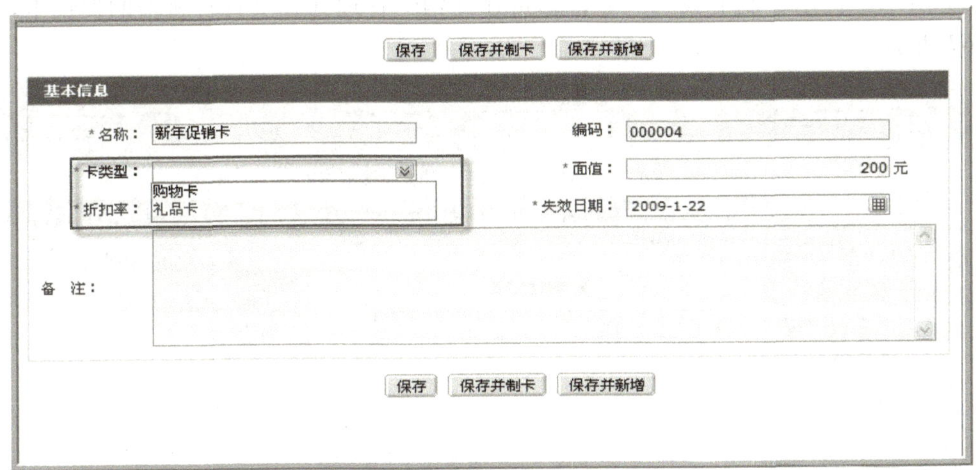

图 5-64　新增“促销卡”模板

如果选择“礼品卡”则出现 “促销卡”模板，如图 5-65 所示。

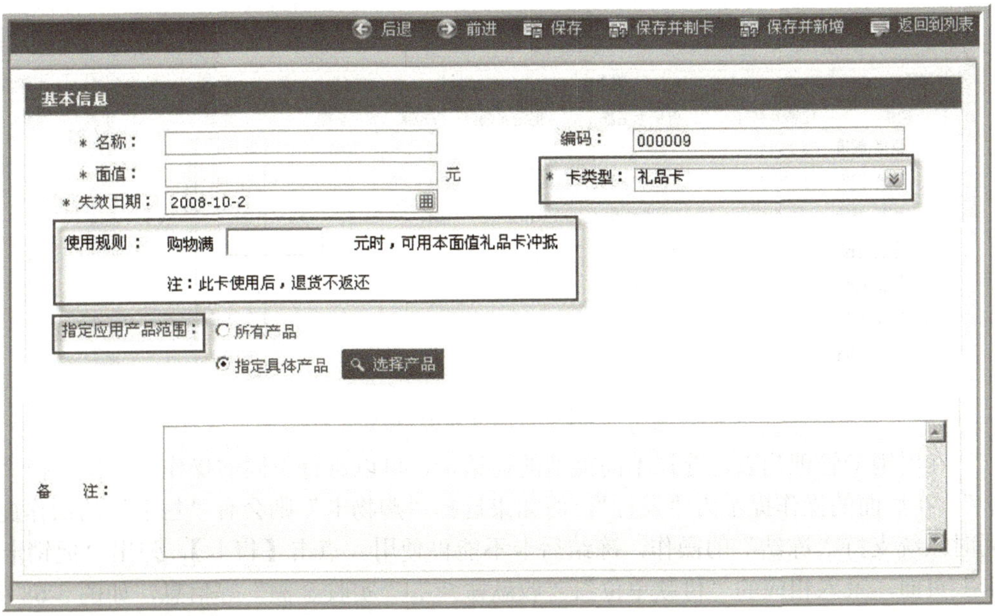

图 5-65　“促销卡”模板

可以根据具体情况设定礼品卡的具体使用规则，也可以给礼品卡设置指定适用的产品范围。

2. 促销卡管理

生成“促销卡”模板后，即可根据不同的“促销卡”模板批量生成不同类型的促销卡，以销售或者发行给不同的客户。客户在得到促销卡后，在购买商品时即可选择使用促销卡进行款项支付。

在促销卡模板管理里，选择不同的模板，点击【立即制卡】，输入需要制作促销卡的数量(最多 10 000 张，建议数量不宜太大，1000 张为宜，否则，易出超时错误)，如图 5-66 所示。提示“制卡成功”后，即可在促销卡管理列表里查看新增的促销卡，如图 5-67 所示。

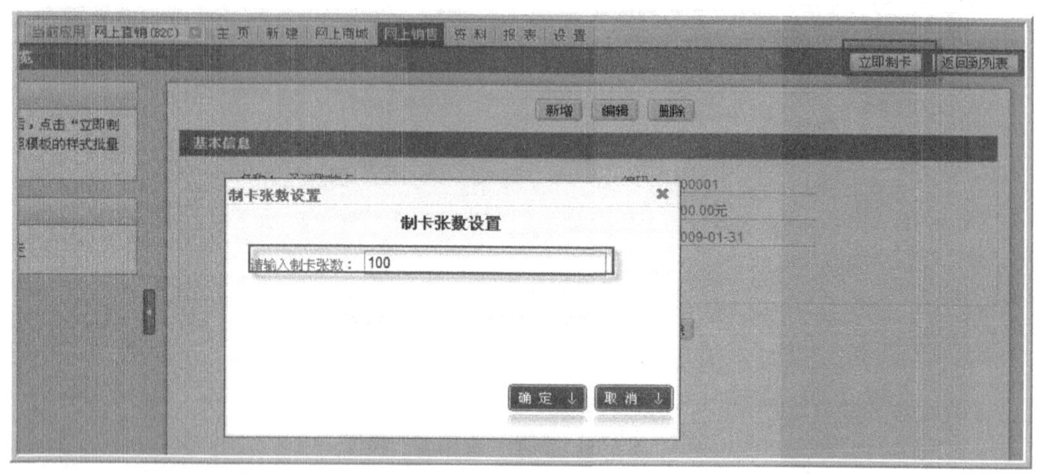

图 5-66　设置制卡张数

购物卡销售　礼品卡发行　冻结　删除　导出礼品卡　导出购物卡

快速搜索 输入编号、名称、面值、余额　搜索　　共14个 1/ 1页 上一页 1 下一页 转到第 页 跳转

□	操作	促销卡编号	促销卡名称	促销卡面值	折扣率	余额	卡类型	状态
□	恢复 编辑	CX-00014	圣诞购物卡	200	80%	200	购物卡	冻结
□	恢复 编辑	CX-00013	圣诞购物卡	200	80%	200	购物卡	冻结
□	恢复 编辑	CX-00012	圣诞购物卡	200	80%	200	购物卡	冻结
□	恢复 编辑	CX-00011	圣诞购物卡	200	80%	200	购物卡	冻结
□	恢复 编辑	CX-00010	圣诞购物卡	200	80%	200	购物卡	冻结
□	恢复 编辑	CX-00009	元旦礼品卡	500		500	礼品卡	冻结
□	恢复 编辑	CX-00008	元旦礼品卡	500		0	礼品卡	冻结

图 5-67　促销卡管理列表

在促销卡管理列表，选择不同类型的促销卡，可以进行不同的操作。如果选择“礼品卡”，在后面的操作提示为“发行”，而如果选择“购物卡”则会有“售卡”的操作提示。同时系统支持“冻结”的操作，冻结后卡不能再使用。点击【售卡】，弹出“促销卡—售卡”页面，录入相应的“付款单位”、“收款账户”、“实收金额”等信息，如图 5-68 所示，即可将该促销卡出售给相应客户。

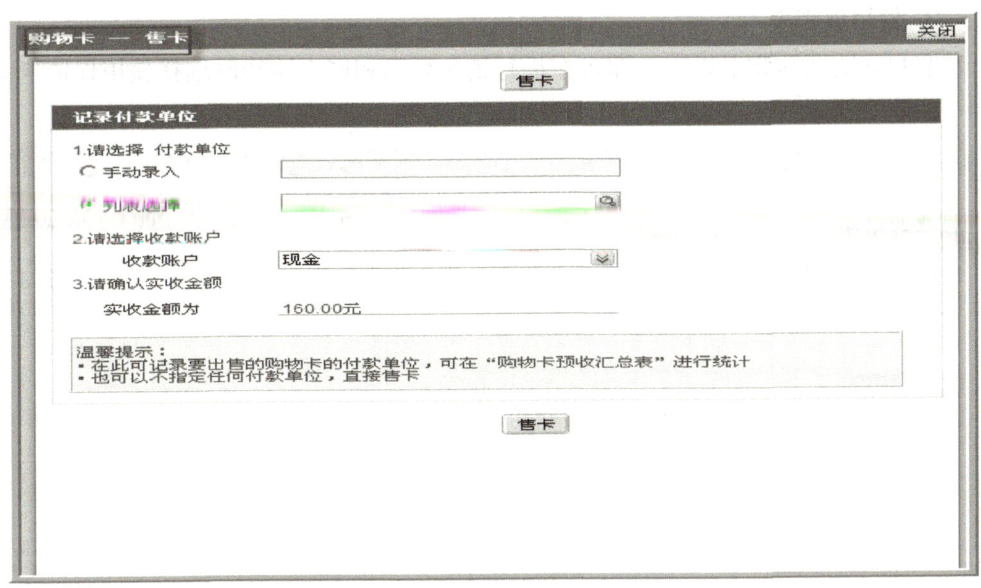

图 5-68　“购物卡—售卡”页面

如果点击礼品卡的【发行】按钮，系统弹出一个“记录收卡单位”对话框，如图 5-69 所示。选择完毕后点击【发行】即可完成设置。

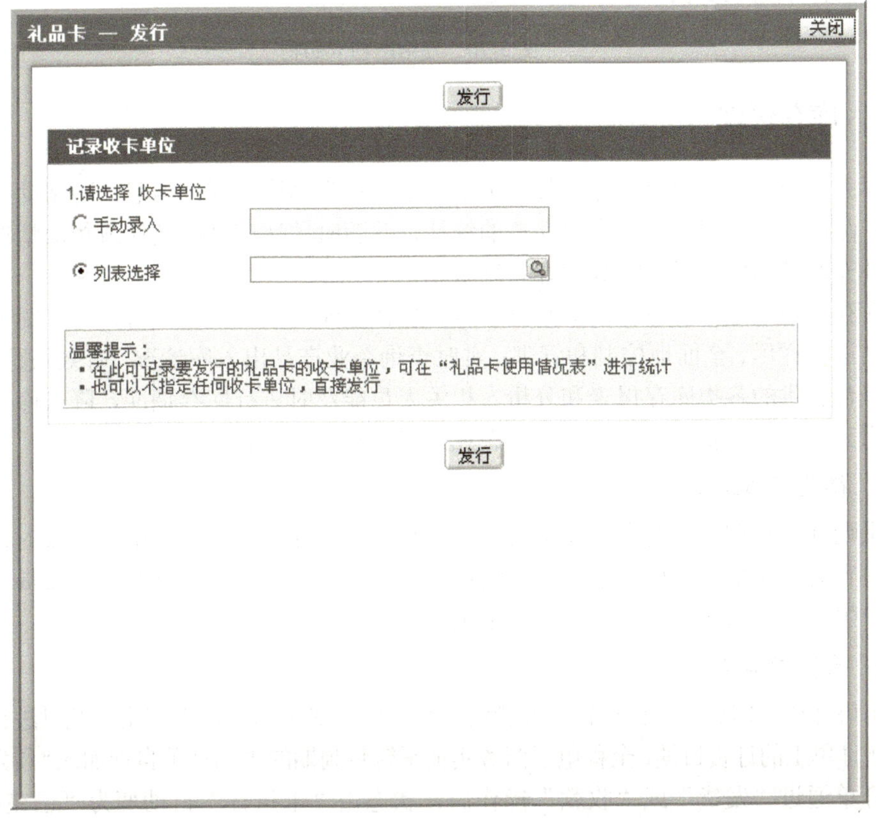

图 5-69　“礼品卡—发行”页面中的“记录收卡单位”对话框

3. 使用促销卡

客户在购买购物卡以后，即可在进行销售付款和网上购物时选择使用促销卡支付金额，如图 5-70 所示。

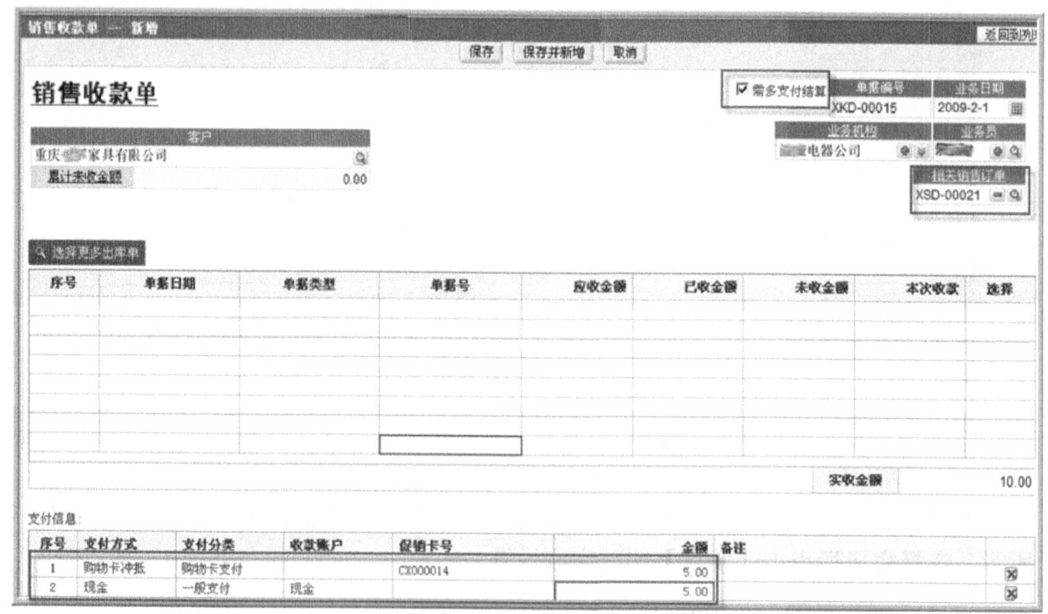

图 5-70　使用购物卡购物

5.3.6　库存管理

库存管理主要面向企业库管员，用于记录企业产品库存详细信息，可帮助企业清楚地管理产品出库、入库以及剩余库存量的统计，并随时关注产品的超储或短缺情况，及时减少或补充产品的库存量，提高库存管理效率。

库存管理中记录的库存商品数据准确，能在超储短缺时报警提醒，可有助于企业对库存商品进行详尽、全面地控制和管理；实时查询企业产品出入库情况，有效跟踪产品流向；通过平台提供的各类库存报表和分析，相关人员能及时进行库存调配，降低库存、减少资金占用，避免物品积压或短缺，保证企业经营活动顺利进行。

1. 待收货清单

采购订单到期后，会自动在待收货清单列表区中显示出来，提醒用户及时进行处理。详细内容请参见采购订单状态；在采购订单的“相关操作”中可以通过“收货”操作将采购订单生成采购入库单，参见采购订单生成入库单。

2. 待发货清单

销售订单到期后，会自动在待发货清单列表区中显示出来，提醒用户及时进行处理。按照销售订单上的订货日期，全程电子商务实训平台将到期的采购订单自动加入“待发货清单”。

订单通过“发货”或“收款”操作后，状态由“未执行”自动变为“已完成”，并在“待发货清单”中消失，如图 5-71 所示，详细内容请参见销售订单状态。

在销售订单的“相关操作”中可以通过“发货”操作将销售订单生成销售出库单，参见销售订单生成出库单。也可以在列表区通过“发货”操作生成销售出库单。

图 5-71　代发货清单

3. 采购入库

采购入库相关内容及操作同采购管理→采购订单→订单生成入库单部分，参见图 5-34。

4. 销售出库

销售出库相关内容及操作同销售管理→销售出库→新增售出库单部分，参见图 5-52 和图 5-53。

5. 仓库调拨

仓库调拨单(如图 5-72 所示)，用于处理产品在单位内部仓库之间的转移业务。表格中显示的内容可自行添加。

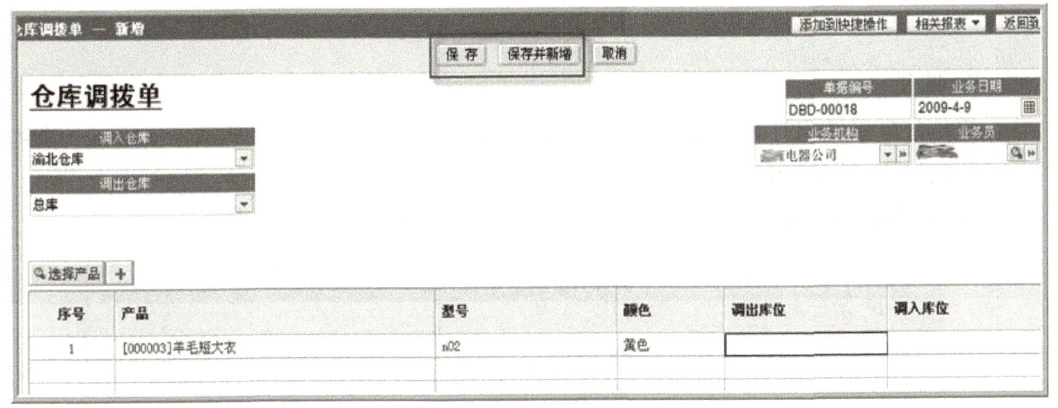

图 5-72　仓库调拨单

选择【保存并新增】将保存现有单据并弹出新增下一个调拨单卡片。选择【保存】后弹出保存成功菜单。

6. 库位调整

库位调整是针对同一个仓库里面不同库位间的调整。库位调整单(如图 5-73 所示)可手动新建。

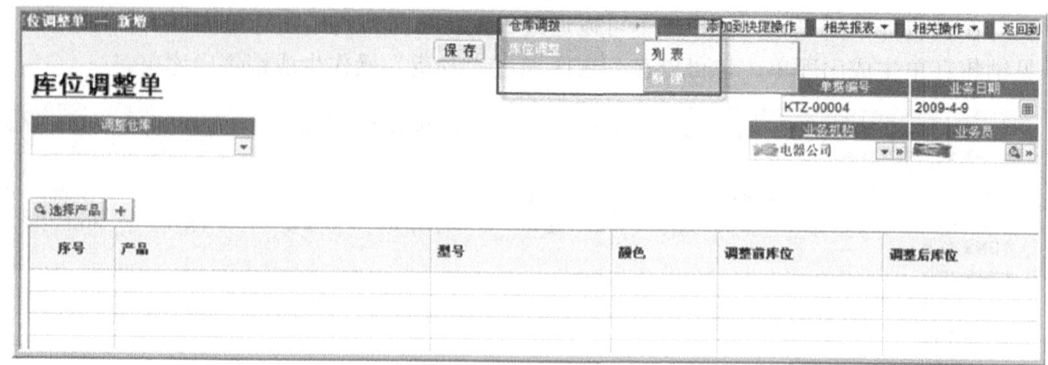

图 5-73　新建库位调整单

选择要进行库位调整的仓库，在表格的空白处根据自己的需要进行自行添加：在表格中选择要进行调整的库位，选择要调整的数量，最后点击【保存】生成一张库位调整单，如图 5-74 所示。

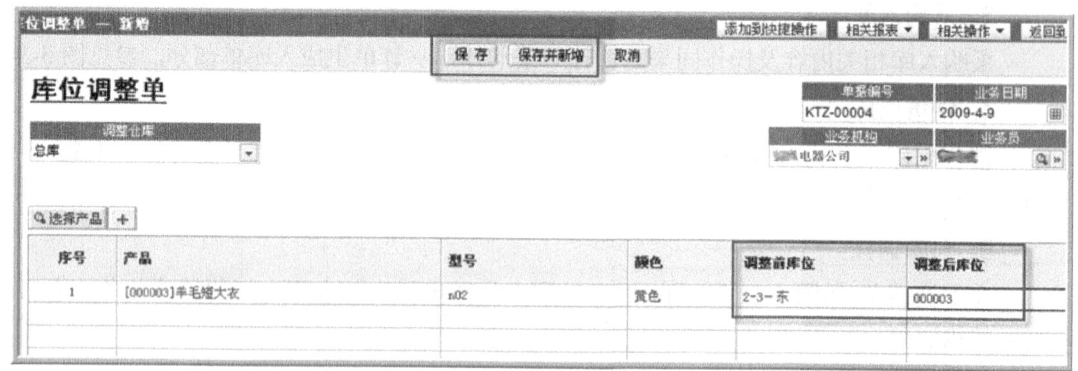

图 5-74　保存库位调整单

7. 拣货

拣货是处于销售订单与销售出库之间、配货与发货之间的一个环节，实现同一仓库中不同库位的产品同时出库。

(1) 根据销售订单生成拣货单：首先选择销售订单，如图 5-75 所示。

选择	订货日期	订单号	产品信息	订货数量
选择	2008-09-24	XSD-00002	休闲裤等	13.0000
选择	2008-09-24	XSD-00003	测试新产品等	1.0000
选择	2008-09-25	XSD-00004	测试产品等	1.0000
选择	2008-09-28	XSD-00006	长款双排扣防水风衣等	1.0000
选择	2008-09-28	XSD-00009	长款双排扣防水风衣等	1.0000
选择	2008-09-28	XSD-00010	长款双排扣防水风衣等	1.0000
选择	2008-09-28	XSD-00011	女式凉鞋等	1.0000
选择	2008-09-28	XSD-00012	长款双排扣防水风衣等	1.0000
选择	2008-09-28	XSD-00013	韩国 魅の夏等	1.0000

图 5-75　选择销售订单

在选择了销售订单之后，点击【下一步】进入“请选择拣货仓库和库位信息”对话框，选择仓库以及要拣入的库位，进行拣货，如图 5-76 所示。

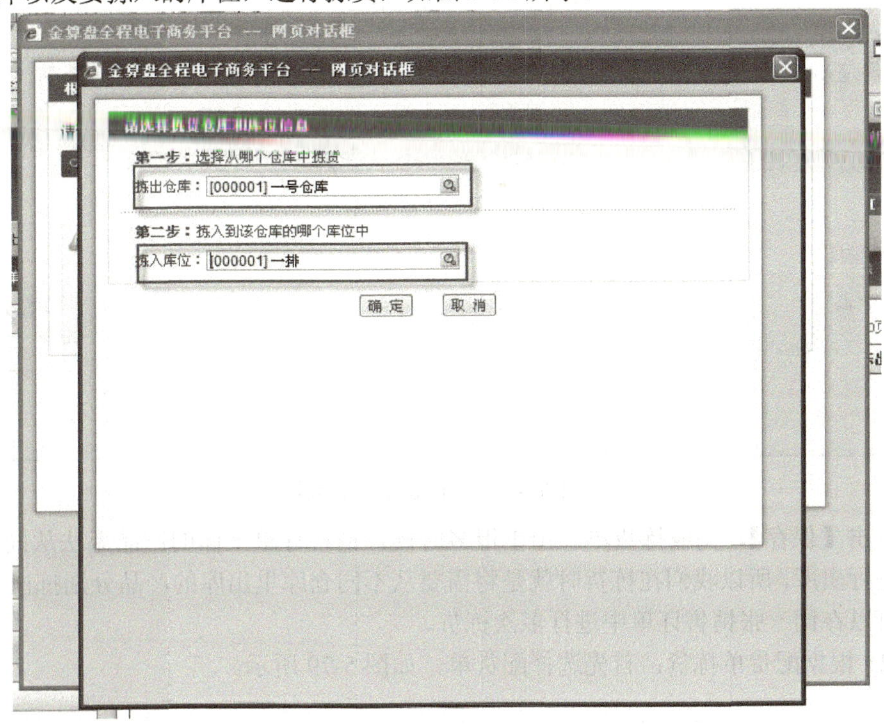

图 5-76　选择仓库及拣入的库位

点击【确定】后选择生成拣货单，立即提示生成拣货单，这里会提示对拣货单进行编辑，点击【点击编辑】，进入“编辑拣货单”页面，如图 5-77 所示，对拣货数量进行选择。

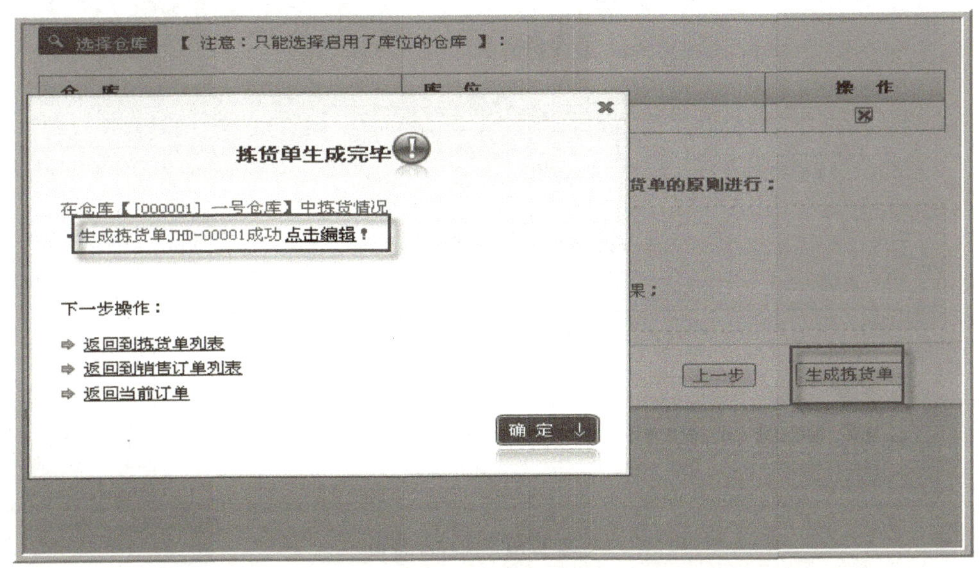

图 5-77　编辑拣货单

用户可以在“编辑拣货单”页面里，修改要拣货的产品数量，如图 5-78 所示。

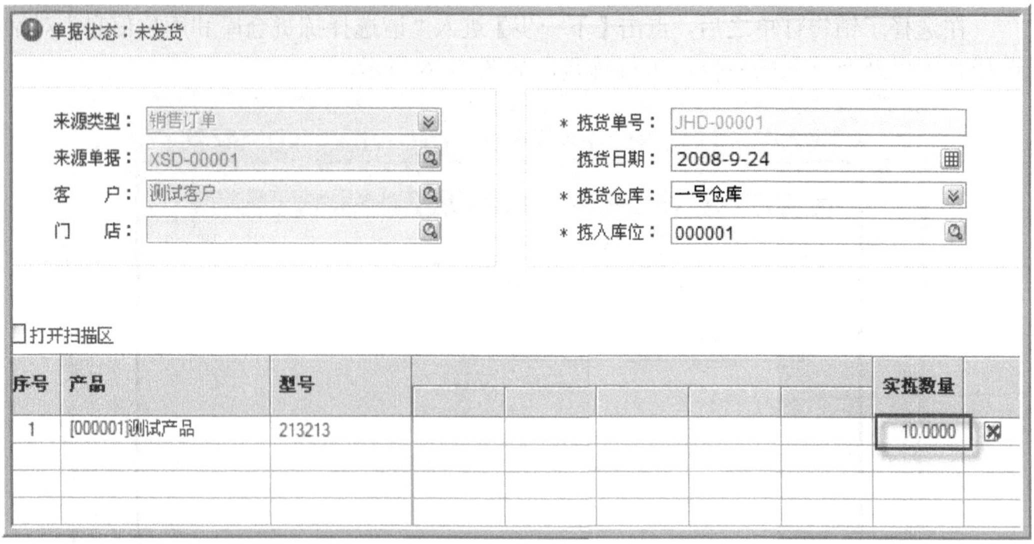

图 5-78　修改拣货产品数量

点击【保存】，完成拣货单。由于很多时候，销售订单上面的产品无法从同一个仓库里面进行出库，所以我们在拣货时就是将需要从不同仓库里出库的产品分别拣出来，因此，我们可以在同一张销售订单中进行多次拣货。

(2) 根据配货单拣货：首先选择配货单，如图 5-79 所示。

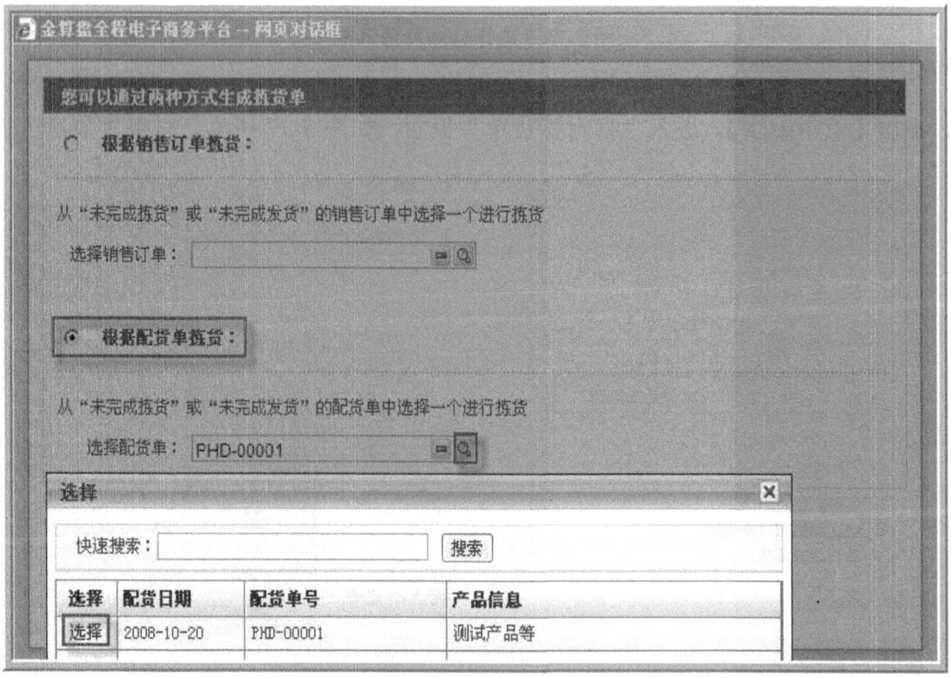

图 5-79　选择配货单

在选择了配货单之后，点击【下一步】进入“根据配货单【×××】拣货”页面，选择要拣入的库位，如图 5-80 所示，进行拣货。

金算盘全程电子商务平台 -- 网页对话框

根据配货单【PHD-00001】拣货

将最多生成 1 张拣货单，按每个"客户或门店"、每个"来源订单"、每个"配货仓库"生成一张拣货单

即将生成的拣货单如下：

序号	配货客户/门店	来源订单	从哪个仓库中拣货	拣入到该仓库哪个库位中
1	门店	无	000001 一号仓库	

选择

快速搜索： 搜索

选择	库位编码	库位名称	库区名称
选择	000001	一排	东区
选择	000002	二排	东区
选择	000005	a1	西区

图 5-80　选择拣入库位

接下来点击【生成拣货单】，拣货单即生成完毕，系统会提示对拣货单进行编辑，点击【点击编辑】，进入“编辑拣货单”页面，如图 5-81 所示，可以对拣货数量进行选择。

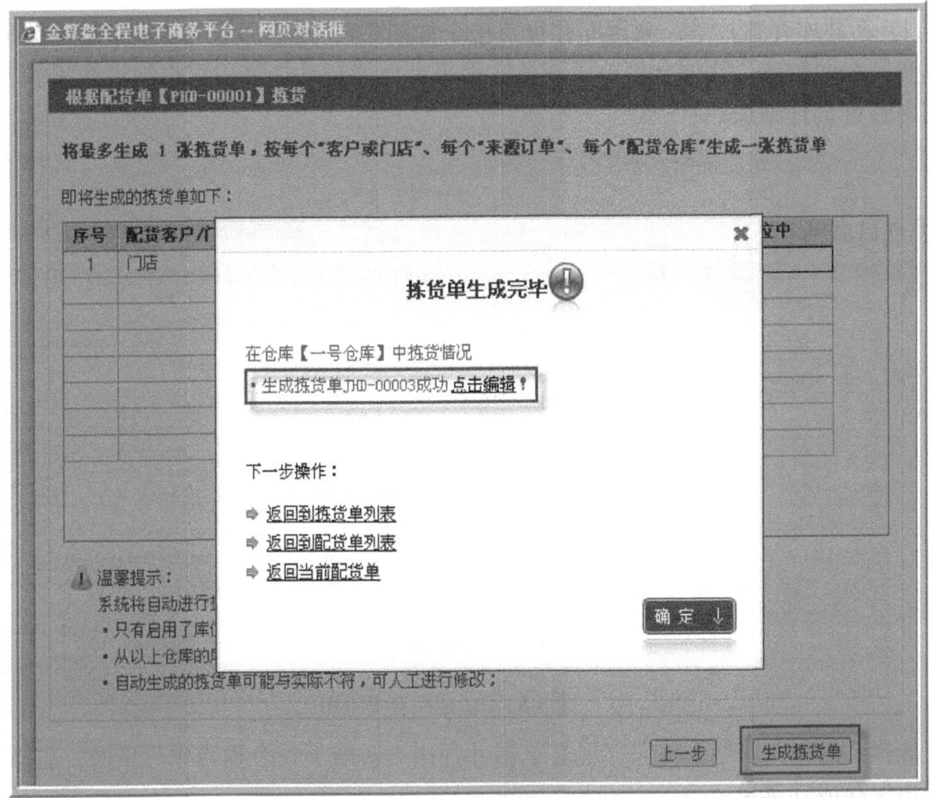

图 5-81　编辑拣货单

用户可以在“编辑拣货单”页面里，修改要拣货的产品数量，如图 5-82 所示。

单据状态：未发货

来源类型：配货计划单
来源单据：PHD-00001
客　户：
门　店：门店

* 拣货单号：JHD-00003
拣货日期：2008-10-20
* 拣货仓库：一号仓库
* 拣入库位：000005

☐ 打开扫描区

序号	产品	型号			应拣数量	S	M	L	X
1	[000001]测试产品	213213			40.0000				

图 5-82　修改拣货数量

8. 库存盘点

库存盘点在一级菜单的“盘点”功能中，用于仓库盘点，可根据盘点结果直接生成报损单和报溢单。

(1) 新建库存盘点单：新建库存盘点单，如图 5-83 所示，使用“重算账面数量”操作计算产品账面数量，此外全程电子商务实训平台还能自动计算出报损报溢数据。表格中显示的内容可自行添加。

图 5-83　新建库存盘点单

选择【保存并新增】将保存现有单据并弹出“新增下一个盘点单”页面。选择【保存】后弹出保存成功菜单。

(2) 盘点生成报损、报溢：新建报损单(报溢的相关操作类似报损，以下以报损为例)，如图 5-84 所示。

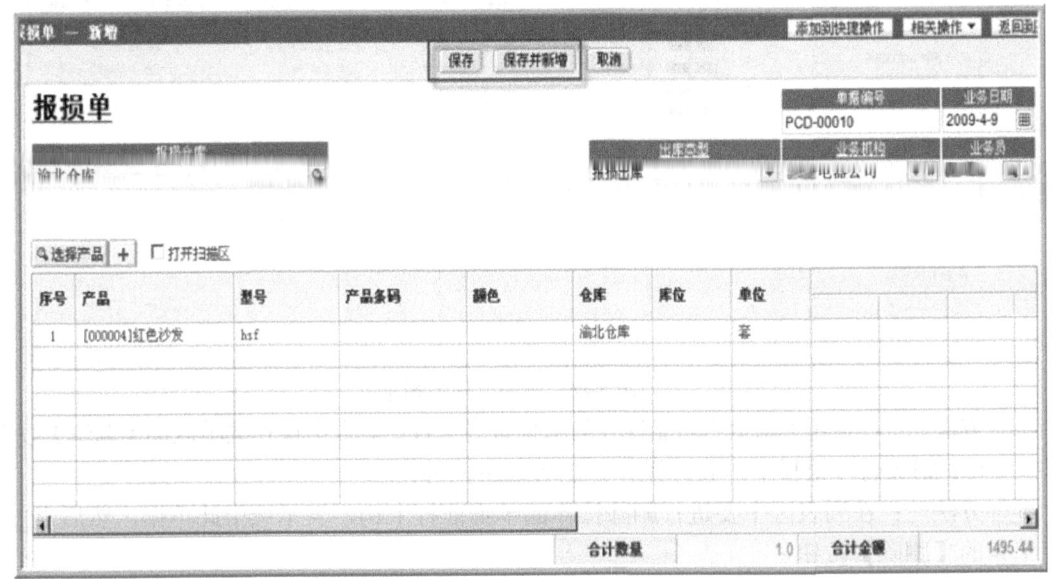

图 5-84　新建报损单

选择【保存并新增】保存现有单据并弹出“新增下一个报损单”页面。选择【保存】后弹出保存成功菜单。

(3) 查看仓库报损单：了解其他报损单状态可以使用查看其他报损单功能，如图 5-85 所示。在列表区中点击【浏览】即可弹出单据资料卡片，如图 5-85 所示。查看时不能对报损单进行编辑，若想编辑请参考编辑仓库报损单。

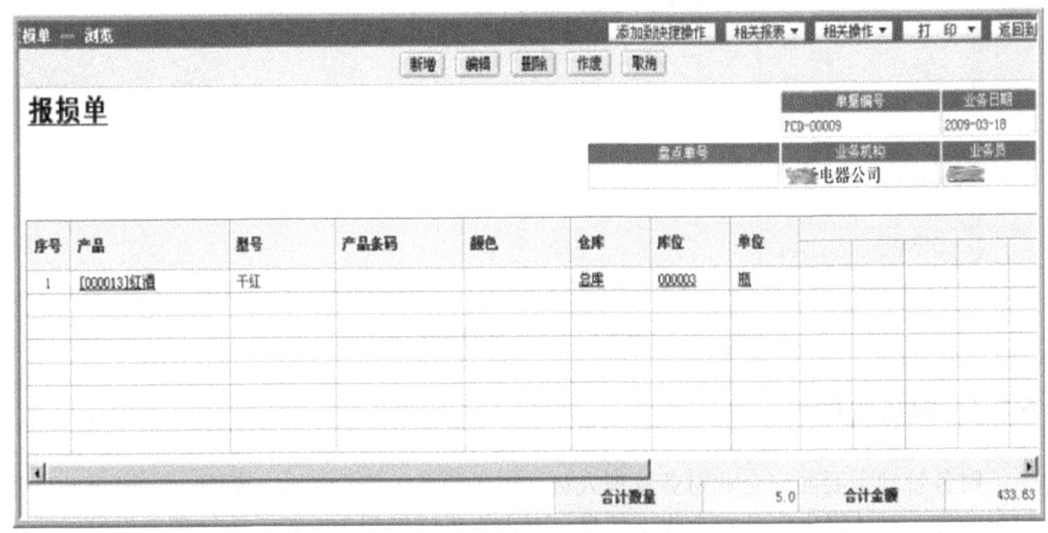

图 5-85　报损单

(4) 编辑仓库报损单：由盘点单据生成的报损、报溢单不能进行“编辑”操作，但手动新建的可以进行“编辑”操作，具体操作方法有以下两种：

方法一：在列表区中点击【编辑】按钮，如图 5-86 所示。

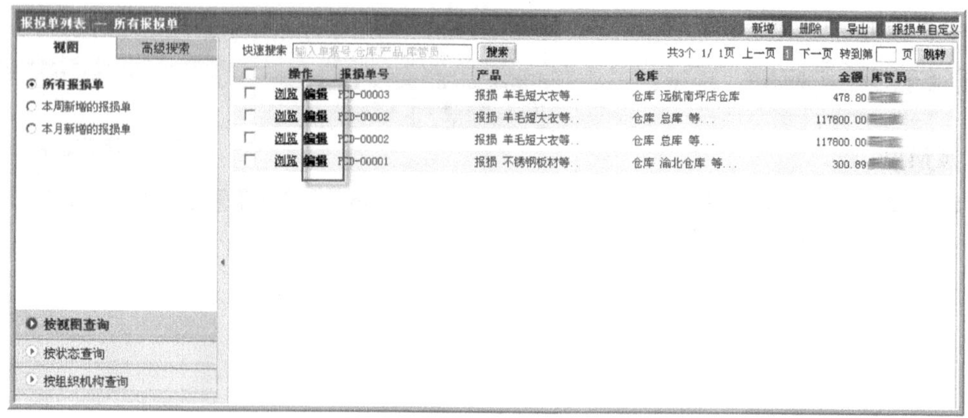

图 5-86　编辑仓库报损单

方法二：在使用“浏览”功能打开的单据资料卡片中，点击操作菜单区的【编辑】按钮。

(5) 删除仓库报损单：具体操作方法有以下两种：

方法一：在列表区中要进行删除操作的单据前打上钩，表示选中此单据。然后点击右上角的【删除】按钮。

方法二：在使用“查看”功能打开的单据资料卡片中，点击操作菜单区的【删除】按钮。

(6) 查询报损单：使用左侧查询区域的分类功能，可以从多个维度进行查询，显示出符合要求的盘点单。红色方框中的标题区对应显示查询状态，如图 5-87 所示。

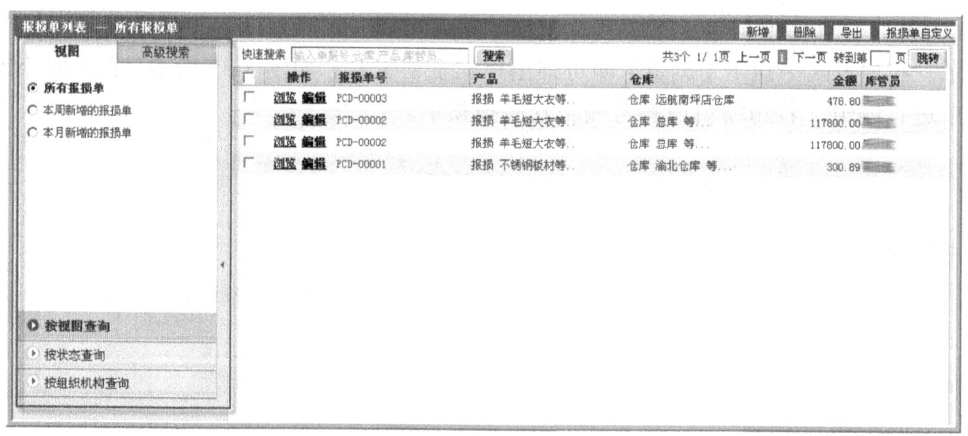

图 5-87　多维度查询报损单

5.3.7　财务管理

财务管理主要面向企业财务管理人员，提供简单的资金流收支管理，完成企业日常的财务收支，对外提供账务资金收支信息，对内提供详细报表分析，为管理者提供经营决策支持信息，并帮助其作出科学决策。

财务管理有以下四个特点：一是规范和强化了企业内部的财务管理，及时反映企业内的财务资金收支信息，保障财务信息准确性、及时性，提供决策依据；二是全面动态地透视企业资金业务状态，确保企业决策依据数据化、全面化，保证决策结果的科学性和准确性，提升企业战略管理能力；三是实时的集中应用，强化企业监控能力，提高企业整体反应能力，辅助企业实现敏捷商务，实现企业资金集中管理，通过整体运作提高资金运作效益；四是提升企业运作的效率，改善及转变管理模式，降低综合应用成本，提升企业竞争力，实现企业利益最大化，辅助企业的长远发展。

1. 到期应收款

当销售出库单的付款期限到后，自动会在“到期应收款”列表区中显示出来，如图 5-88 所示。当出库单的状态为“已完成”时，表明该出库单已付款完毕，该出库单在列表中消失。

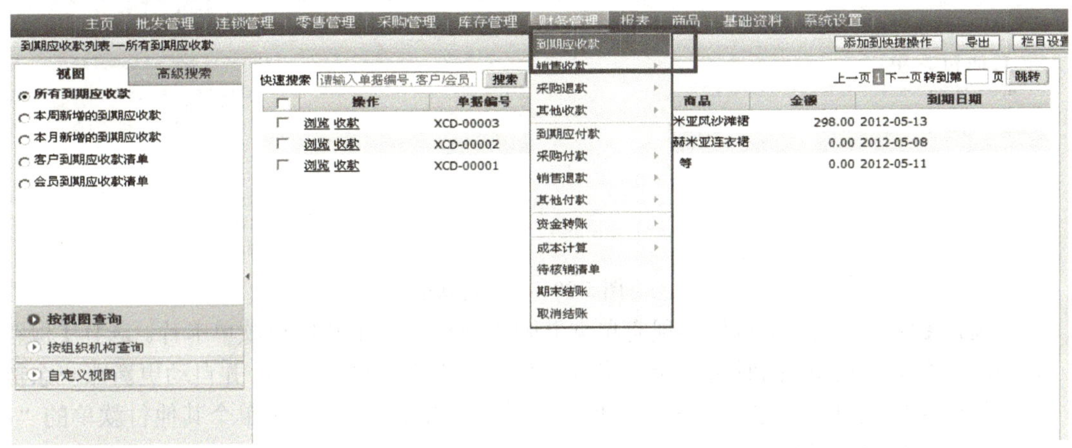

图 5-88　到期应收款

2. 销售收款

销售收款相关内容及操作请参考销售—销售收款部分。

3. 销售退款

销售退款相关内容及操作请参考销售—销售退款部分。

4. 到期应付款

当采购入库单的付款期限到后，会自动在“到期应付款”列表区中显示出来，如图 5-89 所示。当入库单的状态为“已完成”时，表明该入库单已付款完毕，该入库单在列表中消失。

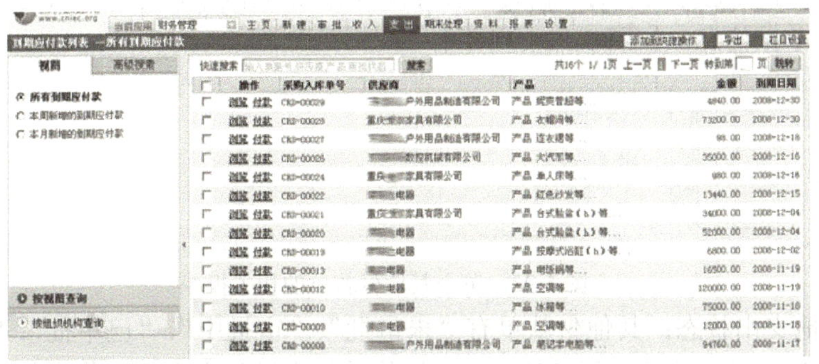

图 5-89　到期应付款

5. 采购付款

采购付款相关内容及操作请参见采购—采购付款部分。

6. 采购退款

采购退款相关内容及操作请参考采购—采购退款部分。

7. 其他支出

其他支出用于处理与往来单位间的非采购的付款业务，其他付款单由用户手动新建，如图 5-90 所示。表格中显示的内容可自添加，其中带“*”为必填项。

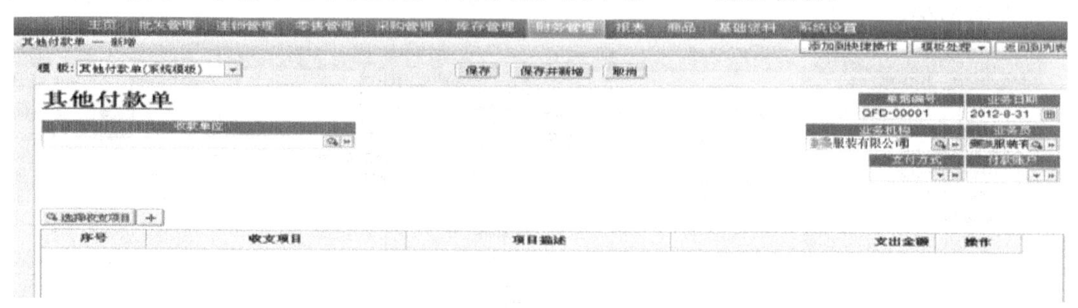

图 5-90　其他付款单

选择【保存并新增】将保存现有单据并弹出新增下一个其他付款单卡片。选择【保存】后弹出保存成功菜单，同时记录企业资金账户下的支出项目及金额，并自动更新账户余额。

其他支出项目主要包含对单个其他付款单的“相关操作”，对单个其他付款单的“相关报表”及其他支付状态。

(1) 对单个其他付款单的“相关操作”：在“相关操作”区中，可以进行当前账户的“管理收支项目”、“采购付款”、“销售退款”操作，如图 5-91 所示。

相关操作
管理收支项目
采购付款
销售退款
收款单位：
联 系 人：邓先生
电子邮件：
公司电话：
付款单号：QFD-00005
付款日期：2008-07-15
付款方式：
付款账户：现金

图 5-91　单个其他付款单的相关操作

(2) 对单个其他付款单的“相关报表”：在相关报表区中，可以查看与当前其他付款单相关的一些单据信息，如图 5-92 所示。

相关报表
查看收支明细
该账户付款汇总
该账户付款明细
公司地址：
单据自定义扩展
单位：

图 5-92　单个其他付款单的相关报表

(3) 其他支出状态：其他付款单有“未审批”、“审批中”、“已审批”、“已驳回”、“已作废”几种状态。审批状态可以参见采购询价单的审批状态介绍，作废其他支出单只能手动实现并填写作废原因。

5.3.8　报表分析

报表分析是指对企业进销存等数据报表的统计分析，满足企业管理层了解财务、业务数据，作出相应决策分析的需要。全程电子商务实训平台提供了 6 种报表菜单，分别为财务报表、销售报表、采购报表、库存报表、配送报表、总经理报表。每个报表页面划分为报表查询条件区、报表内容区、报表操作区及相关报表区，如图 5-93 所示。

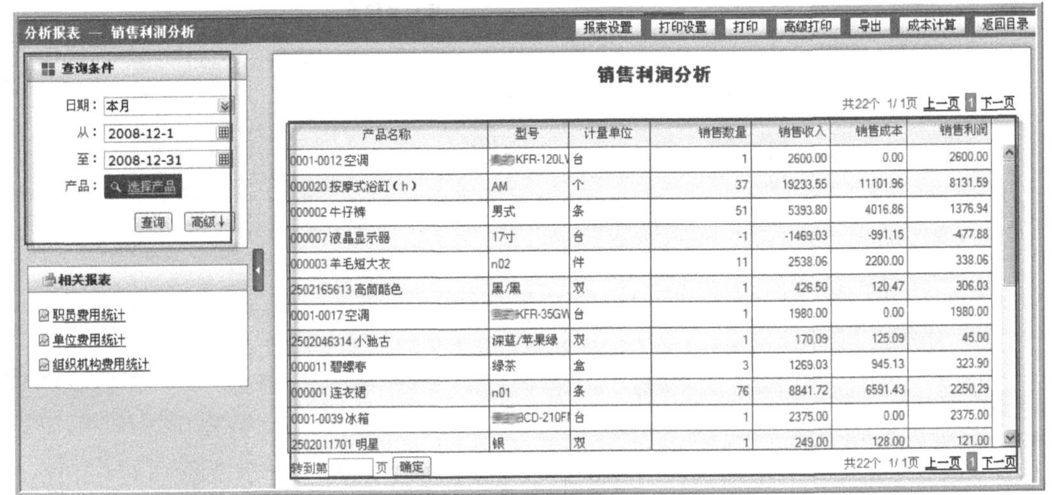

产品名称	型号	计量单位	销售数量	销售收入	销售成本	销售利润
0001-0012 空调	KFR-120LV	台	1	2600.00	0.00	2600.00
000020 按摩式浴缸（h）	AM	个	37	19233.55	11101.96	8131.59
000002 牛仔裤	男式	条	51	5393.80	4016.86	1376.94
000007 液晶显示器	17寸	台	-1	-1469.03	-991.15	-477.88
000003 羊毛短大衣	n02	件	11	2538.06	2200.00	338.06
2502165613 高简酷色	黑/黑	双	1	426.50	120.47	306.03
0001-0017 空调	KFR-35GW	台	1	1980.00	0.00	1980.00
2502046314 小驰古	深蓝/苹果绿	双	1	170.09	125.09	45.00
000011 碧螺春	绿茶	盒	3	1269.03	945.13	323.90
000001 连衣裙	n01	条	76	8841.72	6591.43	2250.29
0001-0039 冰箱	BCD-210F	台	1	2375.00	0.00	2375.00
2502011701 明星	银	双	1	249.00	128.00	121.00

图 5-93　报表页面内容划分

1. 财务报表

财务报表的功能主要是对财务收支方面的报表进行管理，主要包括收支明细账、账户余额表、销售收款汇总表、销售退款汇总表、采购付款汇总表、采购退款汇总表、应收款汇总表、销售收款明细表、销售退款明细表、采购付款明细表、采购退款明细表、应收明细表、应付明细表、销售出库成本分析表等。

(1) 收支明细账：该表是统计企业日常收入及支出金额的账表，如图 5-94 所示。

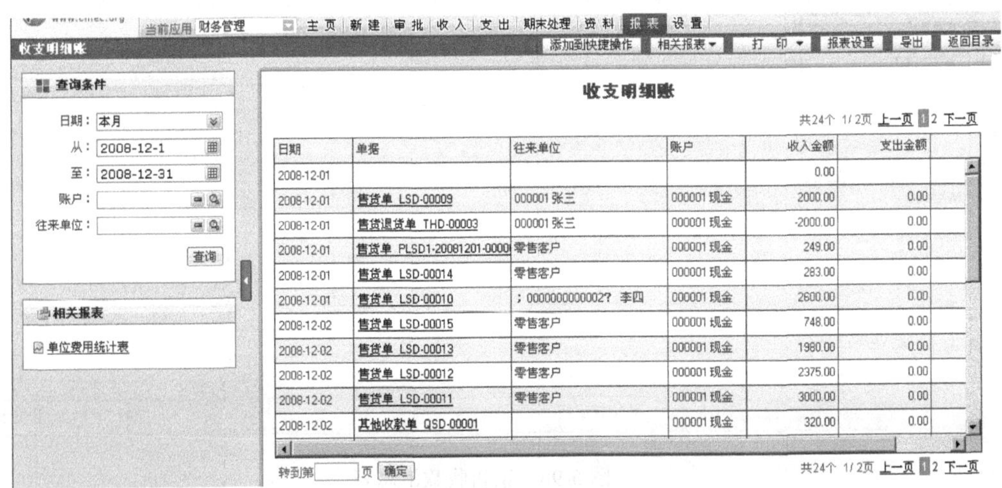

日期	单据	往来单位	账户	收入金额	支出金额
2008-12-01				0.00	
2008-12-01	售货单 LSD-00009	000001 张三	000001 现金	2000.00	0.00
2008-12-01	售货退货单 THD-00003	000001 张三	000001 现金	-2000.00	0.00
2008-12-01	售货单 PLSD1-20081201-0000	零售客户	000001 现金	249.00	0.00
2008-12-01	售货单 LSD-00014	零售客户	000001 现金	283.00	0.00
2008-12-01	售货单 LSD-00010	；0000000000002? 李四	000001 现金	2600.00	0.00
2008-12-02	售货单 LSD-00015	零售客户	000001 现金	748.00	0.00
2008-12-02	售货单 LSD-00013	零售客户	000001 现金	1980.00	0.00
2008-12-02	售货单 LSD-00012	零售客户	000001 现金	2375.00	0.00
2008-12-02	售货单 LSD-00011	零售客户	000001 现金	3000.00	0.00
2008-12-02	其他收款单 QSD-00001		000001 现金	320.00	0.00

图 5-94　收支明细账

收支明细账默认包括“日期”、“单据”、“往来单位”、“账户”、“收入金额”、“支出金额”6 个内容。用户可以在查询条件区对某时段的账户和往来单位的收支明细账进行查询，点击【报表设置】可以进行报表栏目设置，也可以导出和打印相关收支明细账。

(2) 账户余额表：该表是针对不同账户余额进行查询的报表，如图 5-95 所示。

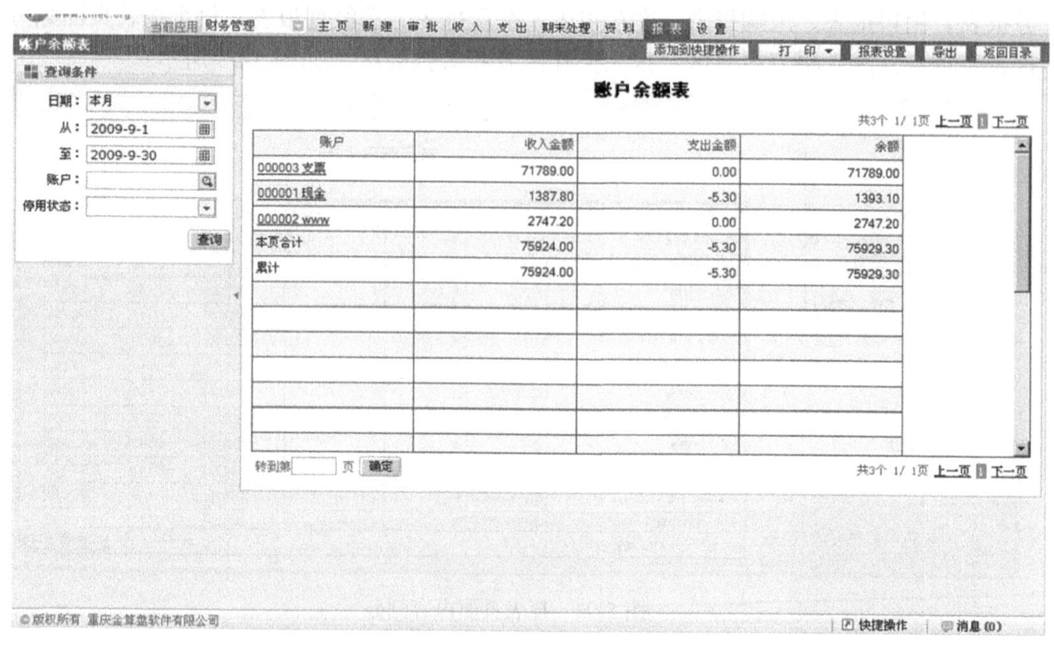

图 5-95　账户余额表

(3) 销售收款汇总表：该表是对销售业务中的回款金额进行统计的报表。销售收款汇总表默认包括“客户”、“销售金额”、“收款金额”等内容，在“收款金额”内容中可对购物卡冲抵、礼品卡冲抵和商业汇票等内容进行统计分析。用户可以点击【报表设置】进行报表栏目设置，也可以进行需要导出和进行打印的相关操作，如图 5-96 所示。

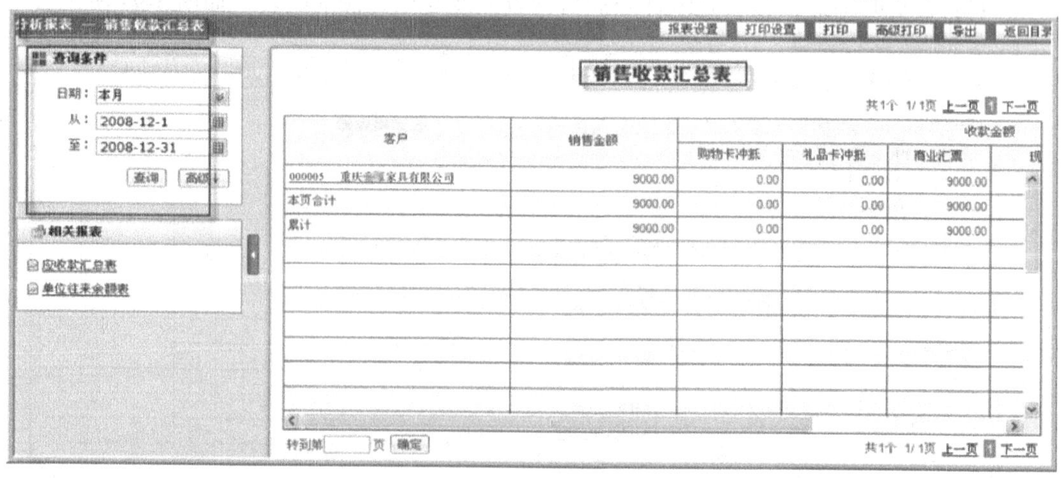

图 5-96　销售收款汇总表

(4) 销售退款汇总表：该表是对销售中进行退款的汇总查询的报表。销售退款汇总表默认包括各项退款的形式，以及单位和合计。用户可以打开“报表”栏目进行设置，选择购物卡冲抵、礼品卡冲抵、商业汇票、现金、银行汇票、支票等具体内容进行分析并根据需要进行导出与打印，如图 5-97 所示。

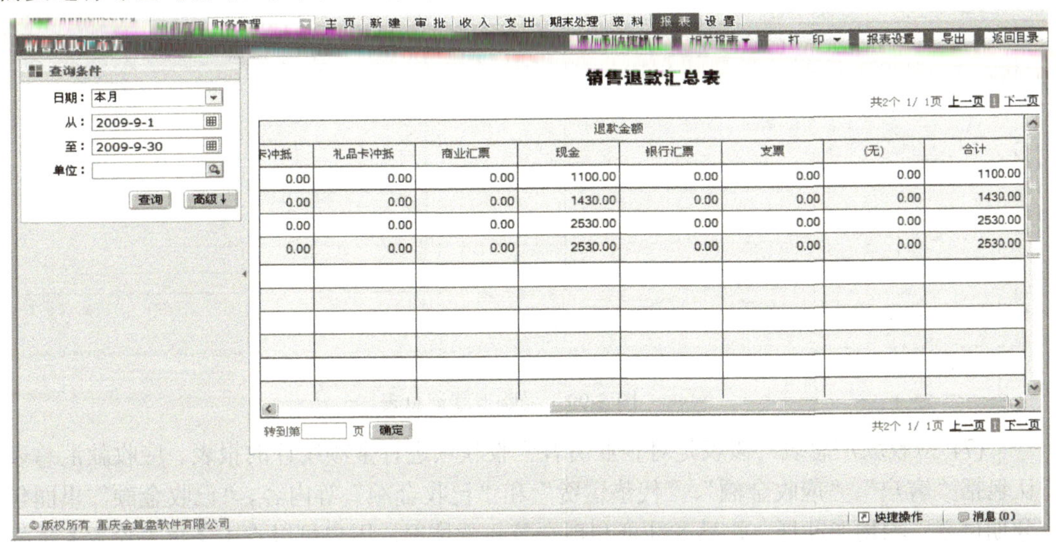

图 5-97　销售退款汇总表

(5) 采购付款汇总表：该表是对采购业务中的付款金额进行统计的报表，采购付款汇总表默认包括“单位”、“采购金额”、“优惠金额”、“应付金额”和“付款金额”五个内容。用户可以根据需要进行导出与打印，如图 5-98 所示。

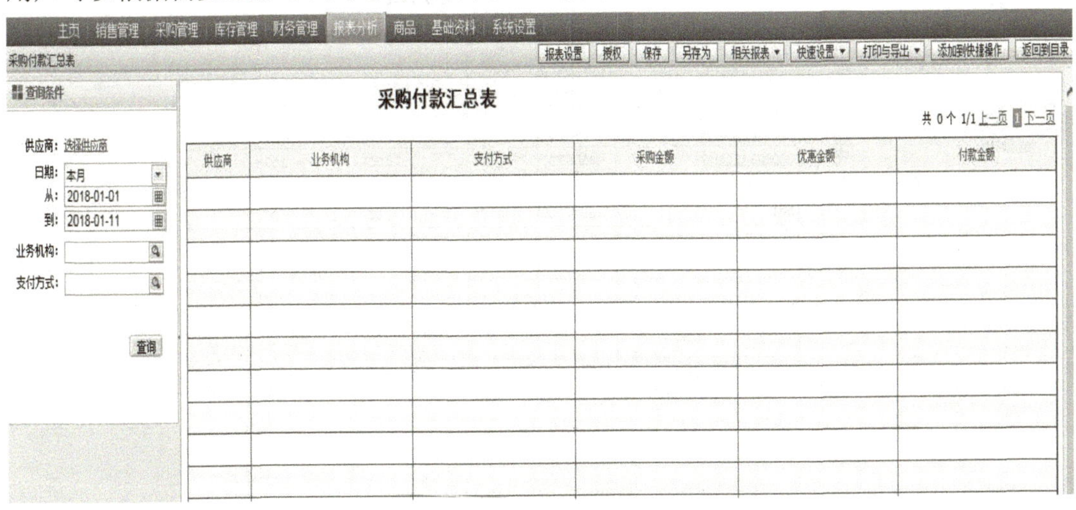

图 5-98　采购付款汇总表

(6) 采购退款汇总表：该表是对采购后进行的退款查询的报表。采购退款汇总表主要包括退款的“单位”、“采购退货金额”及“退款金额”三项，用户可以点击【报表设置】选择其他栏目至已选栏目框以及其他相关操作，根据需要进行导出与打印，如图 5-99 所示。

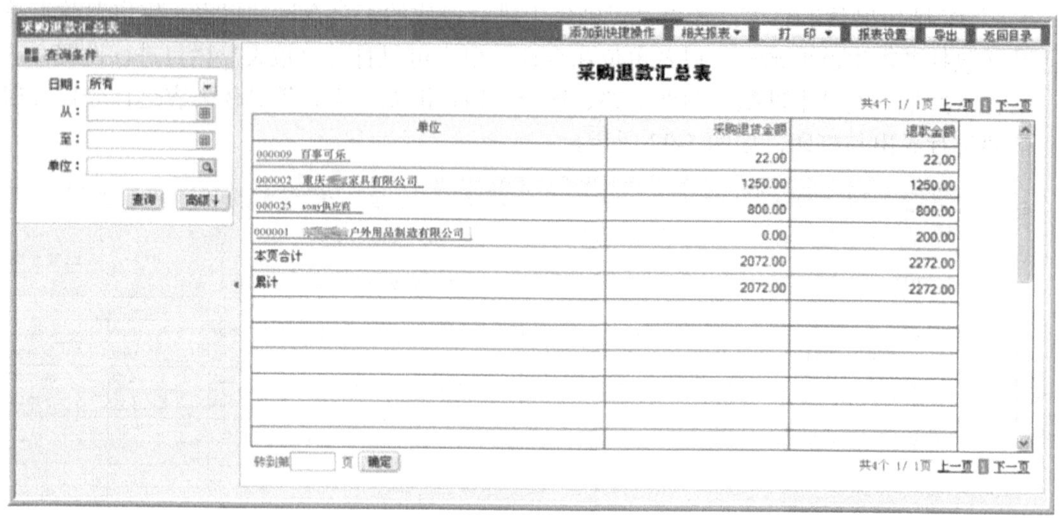

图 5-99　采购退款汇总表

(7) 应收款汇总表：该表是对企业所有应收款项进行金额统计的报表。应收款汇总表默认包括“客户”、“应收金额”、“代垫运费”和“已收金额”等内容。“已收金额”里面包含分期付款、购物卡冲抵、礼品卡冲抵和现金等收款情况。用户可以点击【报表设置】选择其他栏目至已选栏目框以及其他相关操作，根据需要进行导出与打印，如图 5-100 所示。

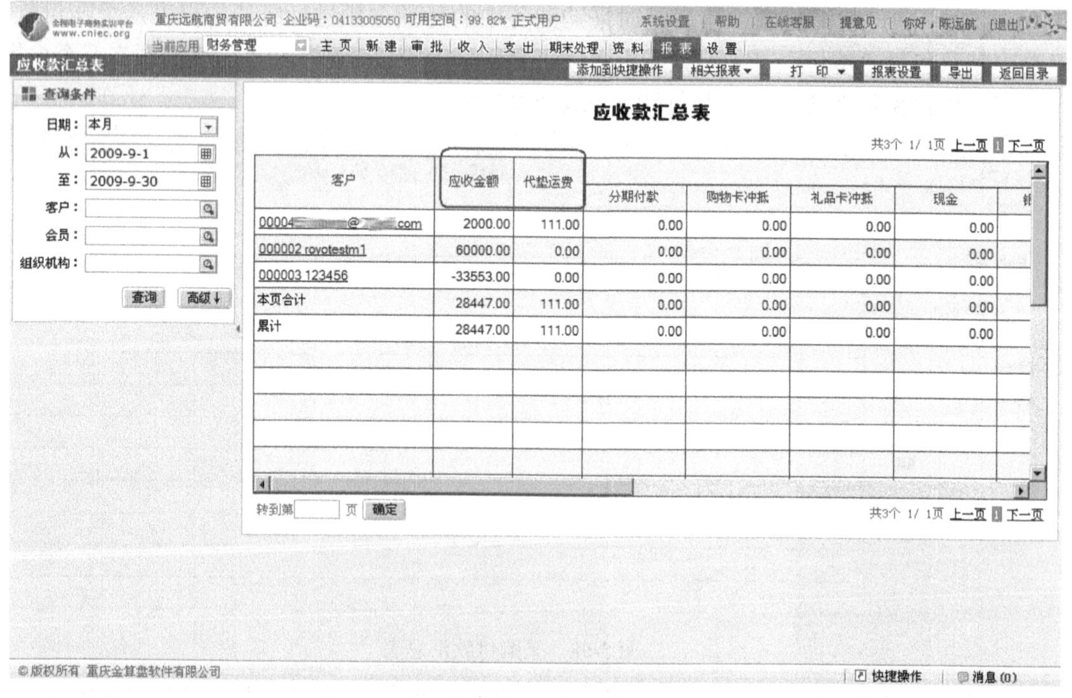

图 5-100　应收款汇总表

(8) 销售收款明细表：该表是对企业的收款明细的记录的报表，销售收款明细表包括

“日期”、“单据”、“应收金额”、“收款金额”、“经手人”、“备注” 等默认栏目，用户可以点击【报表设置】选择其他栏目至已选栏目框以及进行其他相关操作，并根据需要进行导出与打印，如图 5-101 所示。

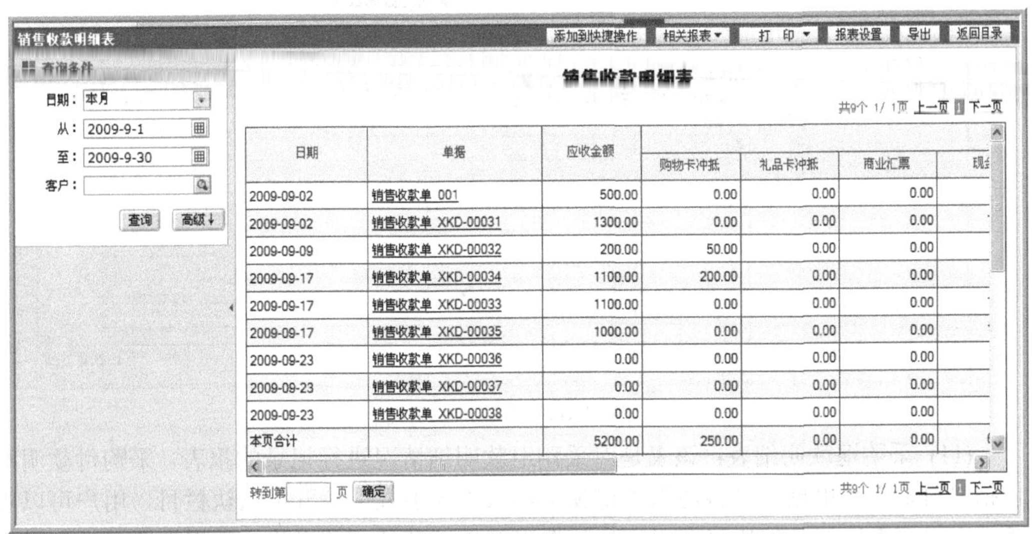

图 5-101　销售收款明细表

(9) 销售退款明细表：该表是对销售退款的明细记录的报表。销售退款明细表包括“日期”、“单据”、“应退金额”、“经手人”、“备注” 等默认栏目，用户可以点击【报表设置】选择其他栏目至已选栏目框以及其他相关操作，根据需要进行导出与打印，如图 5-102 所示。

销售退款明细表　添加到快捷操作　相关报表　打 印　报表设置　导出　返回目录

查询条件

日期：本月

从：2009-9-1

至：2009-9-30

单位：

查询　高级

销售退款明细表

共3个 1/ 1页 上一页 1 下一页

日期	单据	应退金额	购物卡冲抵	礼品卡冲抵	商业汇票
2009-09-17	销售退款单 XTK-00006	1100.00	0.00	0.00	0.00
2009-09-23	销售退款单 XTK-00007	0.00	0.00	0.00	0.00
2009-09-23	销售退款单 XTK-00008	0.00	0.00	0.00	0.00
本页合计		1100.00	0.00	0.00	0.00
累计		1100.00	0.00	0.00	0.00

转到第 页 确定　　共3个 1/ 1页 上一页 1 下一页

图 5-102　销售退款明细表

(10) 采购付款明细表：该表是对采购付款明细情况的记录的报表。采购付款明细表包括“日期”、“单据”、“备注”、“付款金额”、“经手人” 等五项默认栏目，用户可以点击【报表设置】选择其他栏目至已选栏目框以及其他相关操作，根据需要进行导出与打印，如图 5-103 所示。

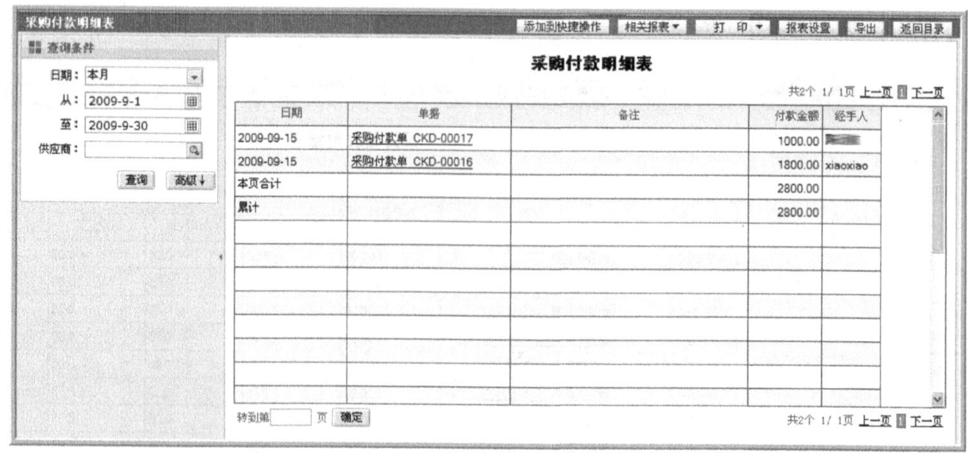

图 5-103　采购付款明细表

(11) 采购退款明细表：该表是对采购退款明细情况进行记录的报表。采购付款明细表包括“日期”、“单据”、“备注”、“退款金额”、“经手人”等五项默认栏目，用户可以点击【报表设置】选择其他栏目至已选栏目框以及进行其他相关操作，并根据需要进行导出与打印，如图 5-104 所示。

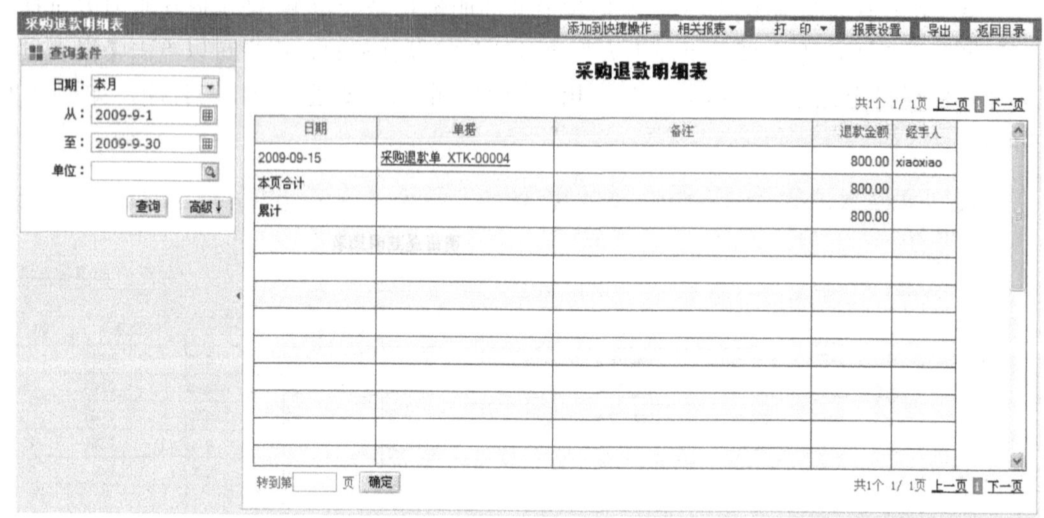

图 5-104　采购退款明细表

(12) 应收明细表：该表是对企业每天发生的应收款项进行统计的报表。应收明细表默认包括“日期”、“单据”、“应收金额”、“代垫运费”、“已收金额”、“余额”、“备注”七项内容。用户可以点击【报表设置】选择其他栏目至已选栏目框以及进行其他相关操作，并根据需要进行导出与打印，如图 5-105 所示。

(13) 应付明细表：该表是对企业每天发生的应付款项进行统计的报表。应付明细表默认包括“日期”、“单据”、“应付金额”、“已付金额”、“备注”五项内容。用户可以点击【报表设置】选择其他栏目至已选栏目框以及进行其他相关操作，并根据需要进行导出与打印，如图 5-106 所示。

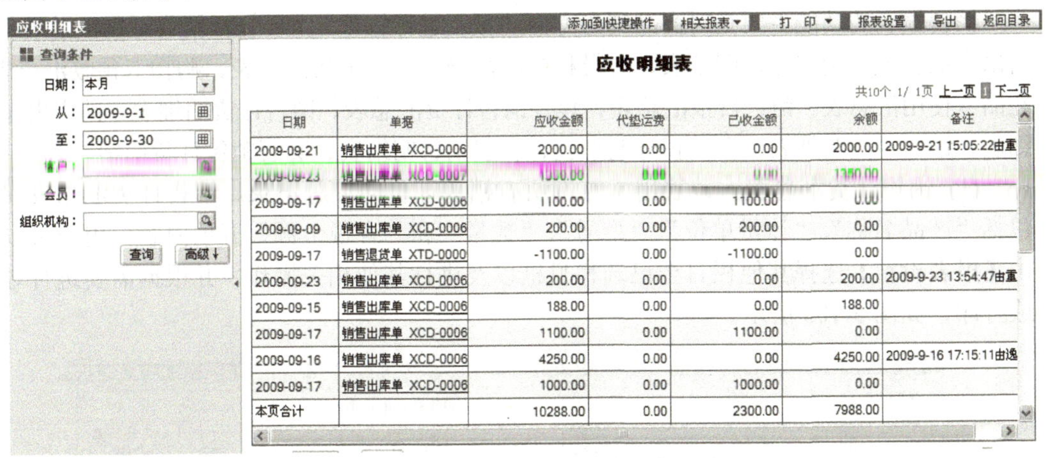

应收明细表

日期	单据	应收金额	代垫运费	已收金额	余额	备注
2009-09-21	销售出库单 XCD-0006	2000.00	0.00	0.00	2000.00	2009-9-21 15:05:22由重
2009-09-23	[illegible]	[illegible]	[illegible]	[illegible]	[illegible]	
2009-09-17	销售出库单 XCD-0006	1100.00	0.00	1100.00	0.00	
2009-09-09	销售出库单 XCD-0006	200.00	0.00	200.00	0.00	
2009-09-17	销售退货单 XTD-0000	-1100.00	0.00	-1100.00	0.00	
2009-09-23	销售出库单 XCD-0006	200.00	0.00	0.00	200.00	2009-9-23 13:54:47由重
2009-09-15	销售出库单 XCD-0006	188.00	0.00	0.00	188.00	
2009-09-17	销售出库单 XCD-0006	1100.00	0.00	1100.00	0.00	
2009-09-16	销售出库单 XCD-0006	4250.00	0.00	0.00	4250.00	2009-9-16 17:15:11由逸
2009-09-17	销售出库单 XCD-0006	1000.00	0.00	1000.00	0.00	
本页合计		10288.00	0.00	2300.00	7988.00	

图 5-105　应收明细表

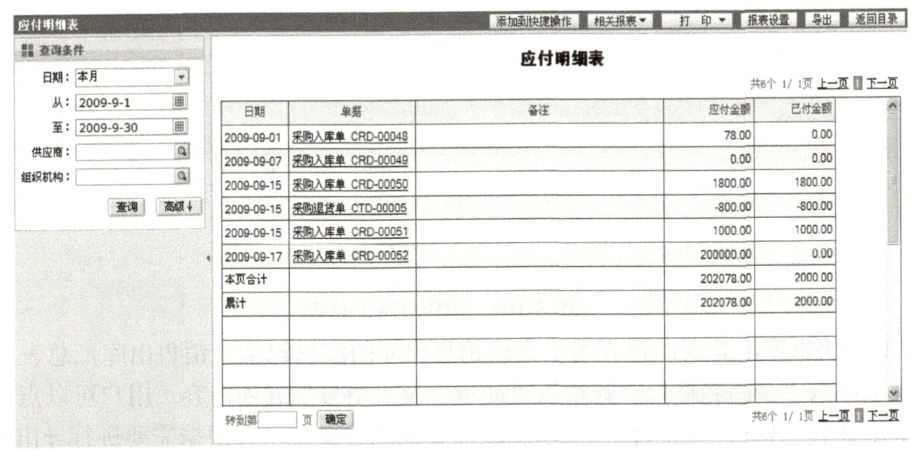

应付明细表

日期	单据	备注	应付金额	已付金额
2009-09-01	采购入库单 CRD-00048		78.00	0.00
2009-09-07	采购入库单 CRD-00049		0.00	0.00
2009-09-15	采购入库单 CRD-00050		1800.00	1800.00
2009-09-15	采购退货单 CTD-00005		-800.00	-800.00
2009-09-15	采购入库单 CRD-00051		1000.00	1000.00
2009-09-17	采购入库单 CRD-00052		200000.00	0.00
本页合计			202078.00	2000.00
累计			202078.00	2000.00

图 5-106　应付明细表

(14) 销售出库成本分析表：该表是在销售出库明细表的基础上增加了“成本价”和“销售成本”报表栏目，以实现对销售出库单的单据销售成本的核算需要的报表。“销售成本”为默认报表栏目，“成本价”默认不显示，如图 5-107 所示。

报表设置　授权　保存　另存为　成本计算　相关报表　快速设置

销售出库成本分析表

单据日期	单据	客户	商品名	型号	计量单	数量	销售金	销售成	税额	不含税	含税单	折扣率	商品分	销售类	税率	含税单	不含税	不含税

图 5-107　销售出库成本分析表

2. 销售报表

销售报表的功能主要是对商品销售方面的报表进行管理，主要包括销售订货汇总表、销售出库汇总表、销售退货明细表、会员积分汇总表、套餐销售汇总表、购物卡预收汇总表、礼品卡使用汇总表、销售日报汇总表、套餐销售订货汇总表、销售订货明细表、销售出库明细表、销售退货明细表、会员积分明细表、套餐销售明细表、套餐销售订货明细表等。

(1) 销售订货汇总表：该表用于查询所有销售订货的汇总记录。销售订货汇总表默认包括“产品名称”、“计量单位”、“型号”、“数量”和“含税金额”五项内容。用户可以点击【报表设置】选择其他栏目至已选栏目框以及进行其他相关操作，并根据需要进行导出或打印，如图 5-108 所示。

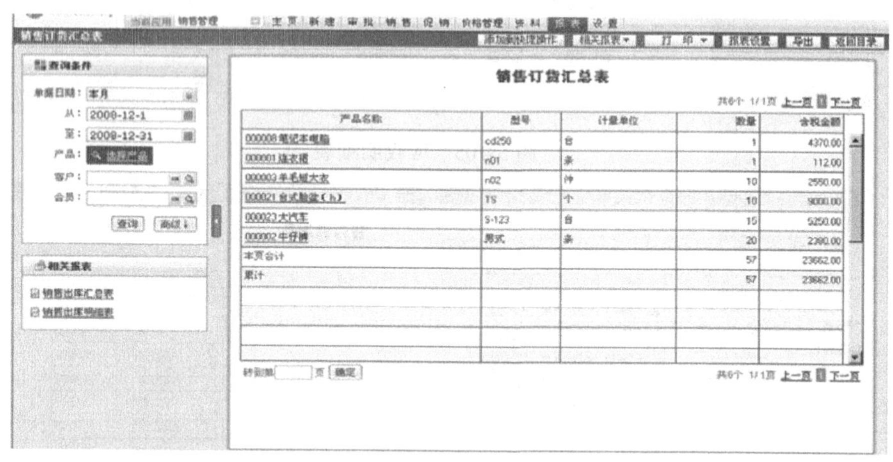

销售订货汇总表

产品名称	型号	计量单位	数量	含税金额
000008 笔记本电脑	cd250	台	1	4370.00
000001 连衣裙	n01	条	1	112.00
000003 羊毛呢大衣	n02	件	10	2550.00
000021 台式脸盆（h）	TS	个	10	9000.00
000023 大汽车	S-123	台	15	5250.00
000002 牛仔裤	男式	条	20	2380.00
本页合计			57	23662.00
累计			57	23662.00

图 5-108　销售订货汇总表

(2) 销售出库汇总表：该表用于查询销售出库的汇总记录。销售出库汇总表默认包括“含税金额”、“产品名称”、“数量”、“计量”及“型号”五项内容。用户可以点击【报表设置】选择其他栏目至已选栏目框以及进行其他相关操作，并根据需要进行导出或打印，如图 5-109 所示。

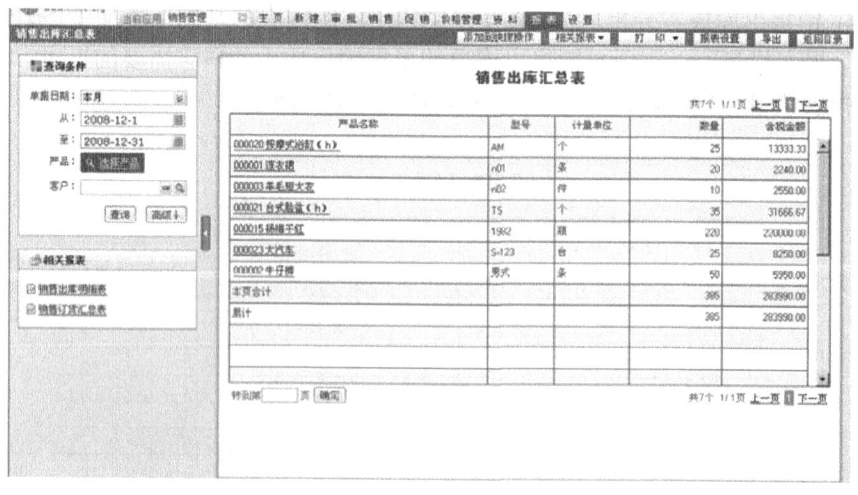

销售出库汇总表

产品名称	型号	计量单位	数量	含税金额
000020 按摩式浴缸（h）	AM	个	25	13333.33
000001 连衣裙	n01	条	20	2240.00
000003 羊毛呢大衣	n02	件	10	2550.00
000021 台式脸盆（h）	TS	个	35	31666.67
000015 [illegible]干红	1982	瓶	220	220000.00
000023 大汽车	S-123	台	25	8250.00
000002 牛仔裤	男式	条	50	5950.00
本页合计			385	283990.00
累计			385	283990.00

图 5-109　销售出库汇总表

(3) 销售退货明细表：该表用于查询销售退货的明细记录。销售退货明细表默认包括

“产品名称”、“单据日期”、“数量”、“单据”、“客户”、“型号”、“不含税金额”等内容。用户可以点击【报表设置】选择其他栏目至已选栏目框以及进行其他相关操作，并根据需要进行导出或打印，如图 5-110 所示。

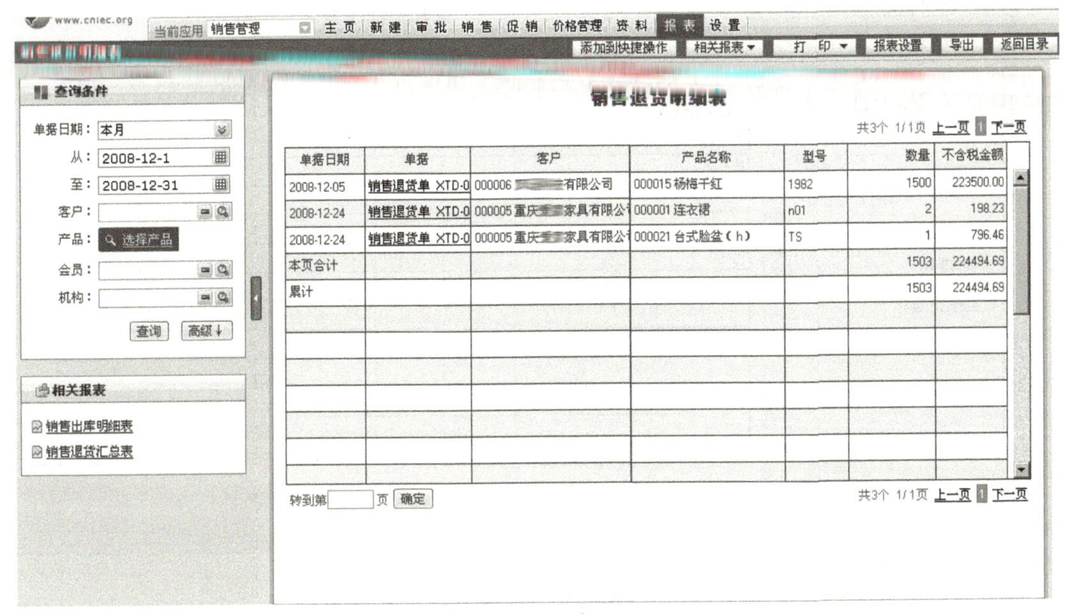

单据日期	单据	客户	产品名称	型号	数量	不含税金额
2008-12-05	销售退货单 XTD-0	000006 [illegible]有限公司	000015 杨梅干红	1982	1500	223500.00
2008-12-24	销售退货单 XTD-0	000005 重庆[illegible]家具有限公	000001 连衣裙	n01	2	198.23
2008-12-24	销售退货单 XTD-0	000005 重庆[illegible]家具有限公	000021 台式脸盆（h）	TS	1	796.46
本页合计					1503	224494.69
累计					1503	224494.69

图 5-110　销售退货明细表

(4) 会员积分汇总表：该表用于对会员的消费情况进行查询。会员积分汇总表默认“会员”、“消费金额”、“消费积分”、“累计积分”、“调整积分”、“累计消费次数”、“单笔消费最大金额”等内容，用户可以点击【报表设置】选择其他栏目至已选栏目框以及进行其他相关操作，并根据需要进行导出或打印，如图 5-111 所示。

主页 销售管理 采购管理 库存管理 财务管理 报表分析 商品 基础资料 系统设置

会员积分汇总表　报表设置 授权 保存 另存为 相关报表 快速设置 打印与导出 添加到快捷操作 返回到目录

查询条件
会员：
业务机构：
日期：本月
从：2018-01-01
到：2018-01-11
注册时间：
从：
到：
发展机构：

会员积分汇总表

共 0 个 1/1 上一页 1 下一页

会员	消费金额	累计积分	消费积分	调整积分	累计消费次数	单笔消费最大金额

图 5-111　会员积分汇总表

(5) 套餐销售汇总表：该表是对系统设置的套餐销售情况进行汇总统计的报表。套餐销售汇总表包括“销售套餐编码名称”、“计量单位”、“数量”、“金额”等四项默认栏目。用户可以点击【报表设置】选择其他栏目至已选栏目框以及进行其他相关操作，并根据需要进行导出或打印，如图 5-112 所示。

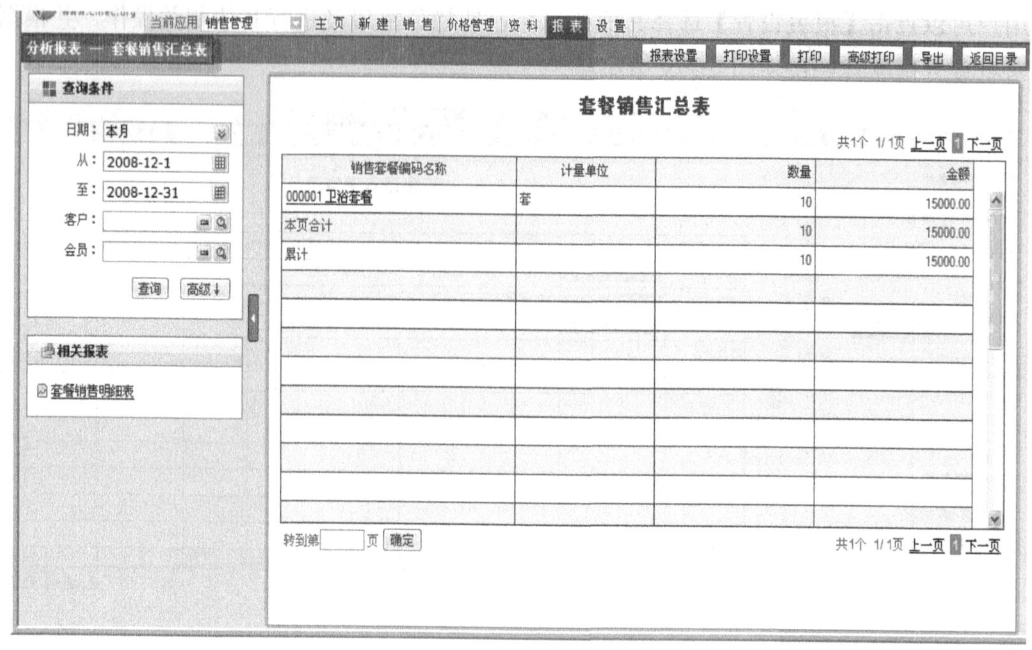

图 5-112　套餐销售汇总表

(6) 购物卡预收汇总表：该表是对购物卡销售收款的一个汇总查询的报表。购物卡预收汇总表包括“模板名称”、“售卡数量”、“售卡金额”、“折扣额”等四项默认栏目。用户可以点击【报表设置】选择其他栏目至已选栏目框以及进行其他相关操作，并根据需要进行导出或打印，如图 5-113 所示。

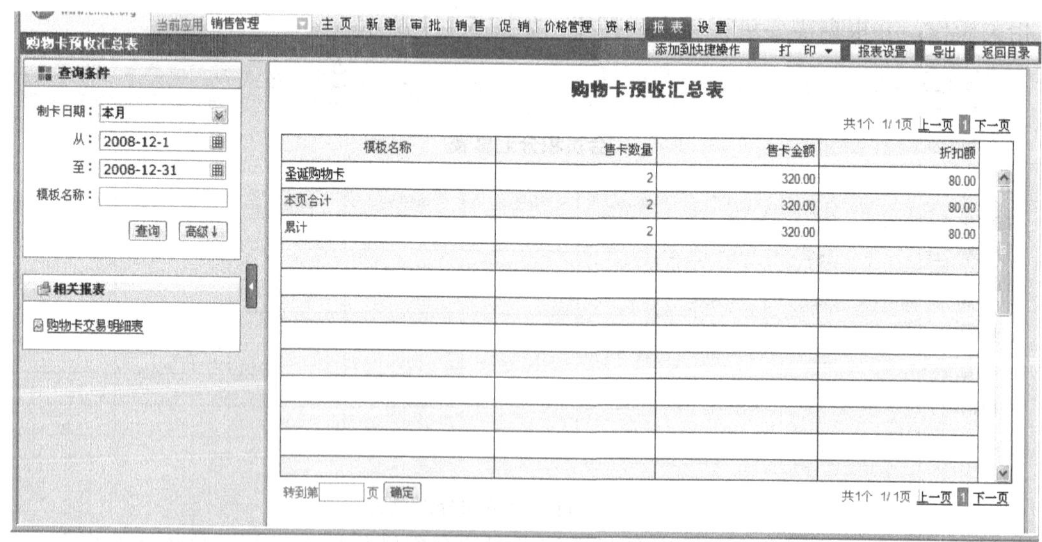

图 5-113　购物卡预收汇总表

(7) 礼品卡使用汇总表：该表用于对在销售中客户的礼品卡使用的情况进行汇总的查询。礼品卡使用汇总表包括“模板名称”、“制卡面值”、“发行数量”、“发行金额”、“已使用数量”、“已使用金额”、“未使用数量”、“未使用金额”等默认栏目。用户可以点击【报表设置】选择其他栏目至已选栏目框以及进行其他相关操作，并根据需要进行导出或打印，如图 5-114 所示。

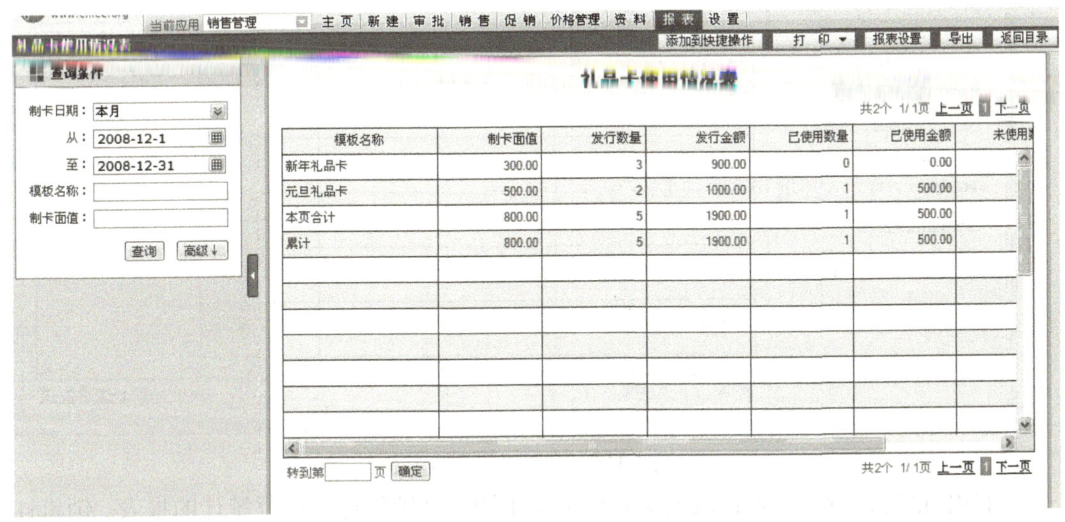

模板名称	制卡面值	发行数量	发行金额	已使用数量	已使用金额	未使用数
新年礼品卡	300.00	3	900.00	0	0.00	
元旦礼品卡	500.00	2	1000.00	1	500.00	
本页合计	800.00	5	1900.00	1	500.00	
累计	800.00	5	1900.00	1	500.00	

图 5-114　礼品卡使用汇总表

(8) 销售日报汇总表：该表是对每日销售情况进行汇总的报表。销售日报汇总表包括“客户”、“产品”、“型号”、“计量单位”、“出库数量”、“不含税出库单”、“退货数量”、“不含税退货金额”、“其他支出金额”等默认栏目。用户可以点击【报表设置】选择其他栏目至已选栏目框以及进行其他相关操作，并根据需要进行导出或打印，如图 5-115 所示。

客户	产品	型号	计量单位	出库数量	不含税出库
000007 零售客户	000023 大汽车	S-123	台	1	
000008 钱潜	000001 连衣裙	n01	条	55	
本页合计				56	
累计				56	

图 5-115　销售日报汇总表

(9) 套餐销售订货汇总表：该表是对套餐销售情况进行计汇总的报表。套餐销售订货汇总表包括“套餐名称”、“计量单位”、“数量”、“含税金额”等默认栏目。用户可以点击【报表设置】选择其他栏目至已选栏目框以及进行其他相关操作，并根据需要进行导出或打印，如图 5-116 所示。

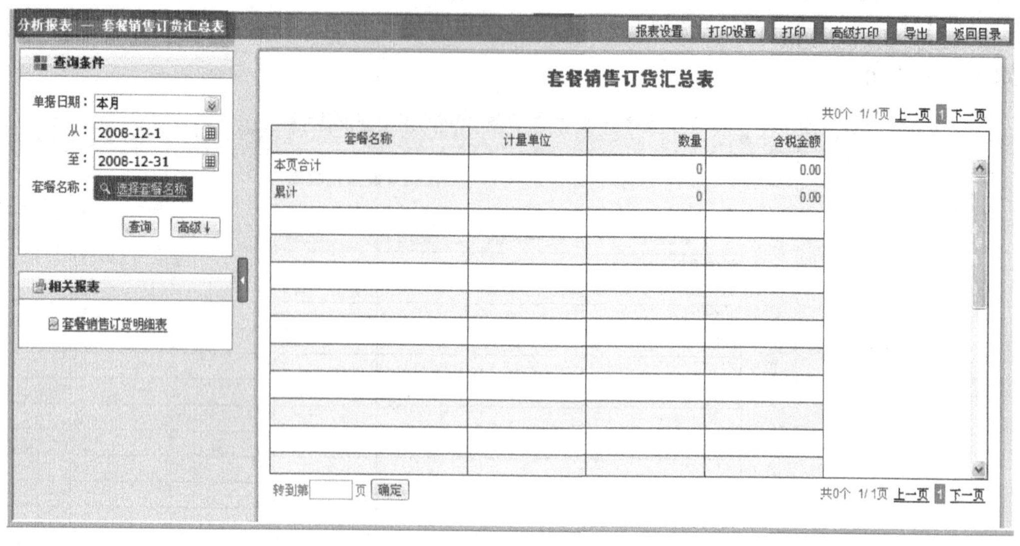

图 5-116　套餐销售订货汇总表

(10) 销售订货明细表：该表是对日常发生的商品销售订单进行统计的报表。销售订货明细表默认包括“单据”、“单据日期”、“客户”、“产品名称”、“型号”、“数量”、“含税金额”等内容。用户可以点击【报表设置】选择其他栏目至已选栏目框以及进行其他相关操作，并根据需要进行导出或打印，如图 5-117 所示。

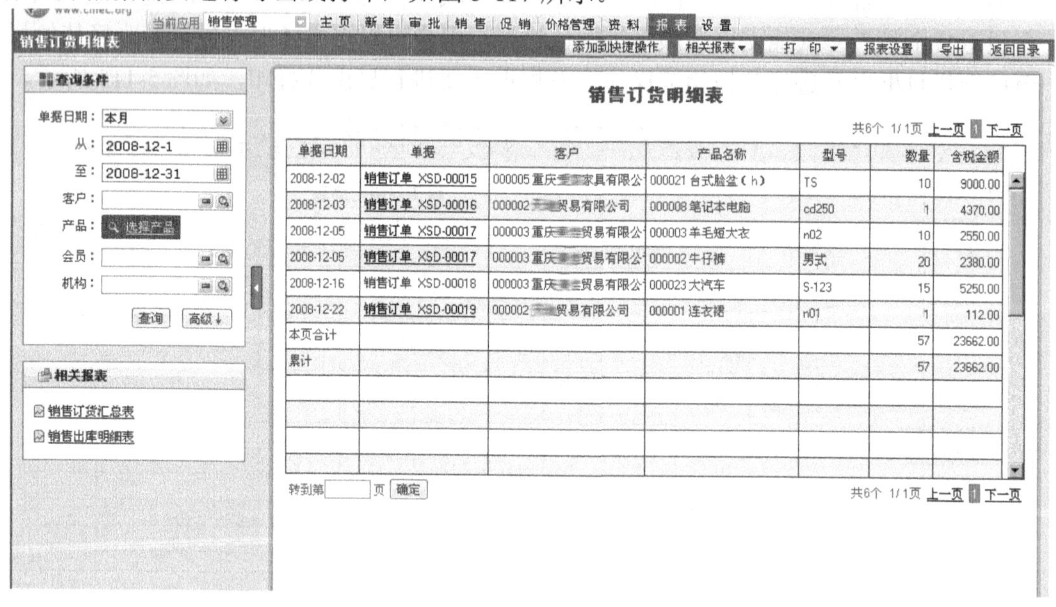

图 5-117　销售订货明细表

(11) 销售出库明细表：该表用于查询销售出库的明细记录。销售出库明细表默认包括“单据日期”、“单据”、“客户”、“产品名称”、“型号”、“计量单位”、“数量”和“含税金额”等内容。用户可以打开“报表设置”选择其他栏目至已选栏目框以及进行其他相关操作，并根据需要进行导出或打印，如图 5-118 所示。

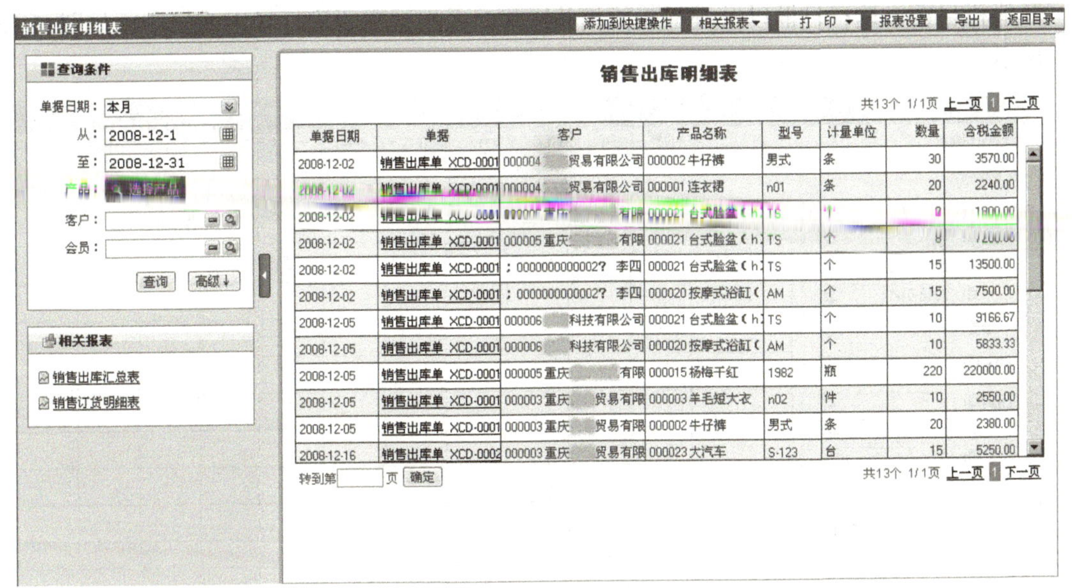

图 5-118 销售出库明细表

(12) 销售退货明细表：该表用于查询销售退货的明细记录。销售退货明细表默认包括“单据日期”、“单据”、“客户”、“产品名称”、“型号”、“数量”及“不含税金额”等内容。用户可以打开“报表设置”选择其他栏目至已选栏目框以及进行其他相关操作，并根据需要进行导出或打印，如图 5-119 所示。

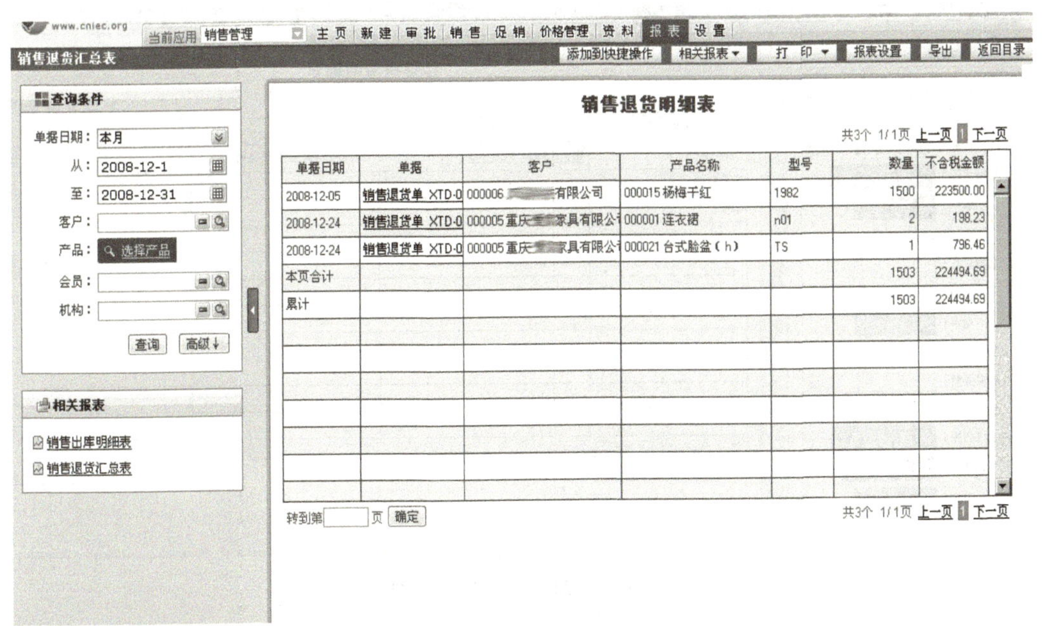

图 5-119 销售退货明细表

(13) 会员积分明细表：该表是对会员消费的明细进行统计的报表。会员积分明细表默认“单据日期”、“单据”、“会员”、“积分变动”、“变动类型”、“消费金额”、“业务机构”、“销售类型”、“业务员”、“会员编码”、“会员卡号”等内容。用户可以点击【报表设置】选择其他栏目至已选栏目框以及进行其他相关操作，并根据需要进行导出或打印，如图 5-120 所示。

图 5-120　会员积分明细表

(14) 套餐销售明细表：该表是对套餐销售的明细情况进行统计的报表。套餐销售明细表默认包括“单据日期”、“单据”、“客户”和“套餐名称”等内容。用户可以点击【报表设置】选择其他栏目至已选栏目框以及进行其他相关操作，并根据需要进行导出或打印，如图 5-121 所示。

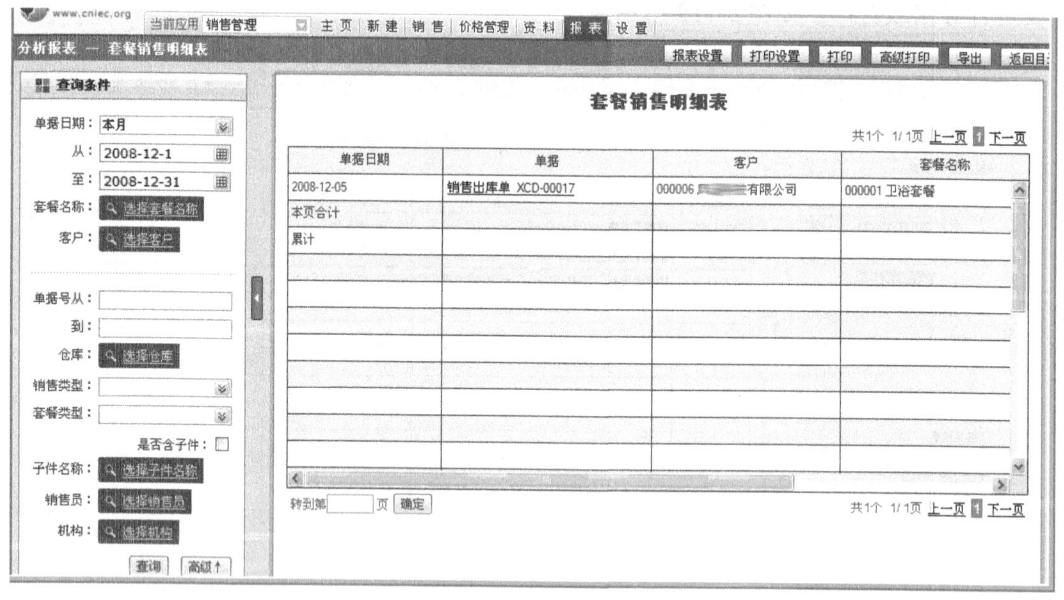

图 5-121　套餐销售明细表

(15) 套餐销售订货明细表：该表是对套餐销售的每笔业务进行查询的报表。套餐销售订货明细表默认包括“单据日期”、“单据”、“客户”、“产品套餐”、“计量单位”等内容。用户可以点击【报表设置】选择其他栏目至已选栏目框以及进行其他相关操作，并根据需要进行导出或打印，如图 5-122 所示。

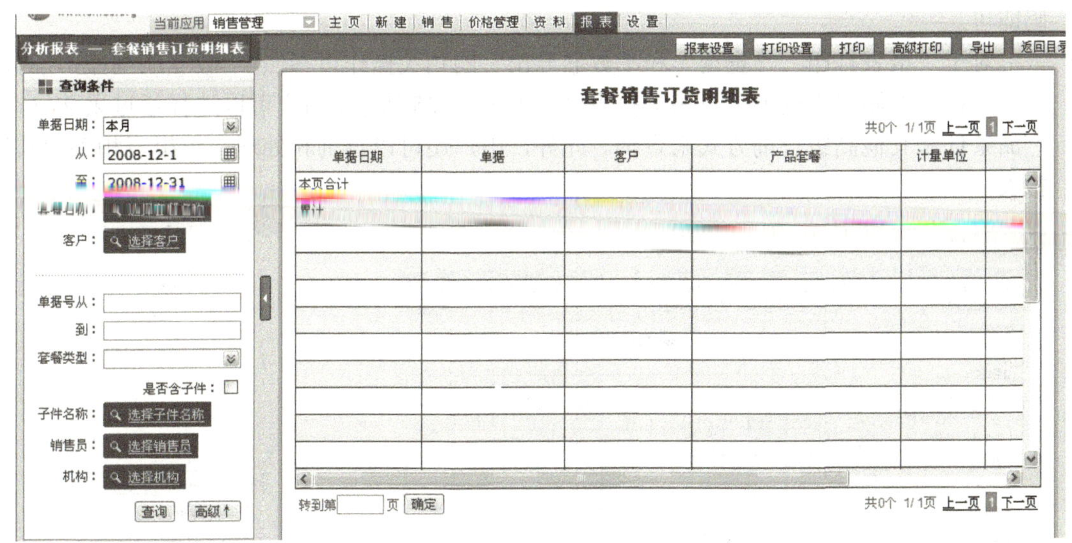

图 5-122　套餐销售订货明细表

3. 采购报表

采购报表的功能主要是对商品采购方面的报表进行管理，主要包括采购订货汇总表、采购入库汇总表、采购退货汇总表、采购订货明细表、采购入库明细表、采购退货明细表、建议采购统计汇总表等。

(1) 采购订货汇总表：该表用于查询采购订货的汇总记录。采购订货汇总表默认包括“商品”、“计量单位”、“型号”、“数量”、“不含税金额”及“含税金额”等内容。用户可以打开“报表设置”选择其他栏目至已选栏目框以及进行其他相关操作，并根据需要进行导出或打印，如图 5-123 所示。

主页 | 批发管理 | 连锁管理 | 零售管理 | 采购管理 | 库存管理 | 财务管理 | 报表 | 商品 | 基础资料 | 系统设置

采购订货汇总表　报表设置 | 授权 | 保存 | 另存为 | 相关报表 | 快速设置 | 打印与导出 | 添加到快捷操作 | 返回到目录

查询条件
业务日期：本月
从：2012-08-01
到：2012-08-31
商品：选择商品
供应商：选择供应商
型号：
业务机构：
商品分类：
查询

采购订货汇总表

共 0 个 1/1 上一页 1 下一页

商品	型号	计量单位	不含税金额	数量	含税金额

图 5-123　采购订货汇总表

用户在采购过程中若选择了不同尺码的该商品，在采购报表中也可以显示该商品不同尺码的数量。点击报表上方操作菜单的“相关报表”栏后，出现采购订货汇总表的“报表设置”对话框，用户可以在尺码报表栏目中增添用户设置的商品尺码，如图 5-124 所示。若不想显示尺码，则点击采购订货汇总表上方【报表设置】中的相关操作，隐藏尺码即可。

对于“报表打印”、“查询”和“数据导出”的相关操作可参照 “收支明细账”部分。

在报表左侧提供查询区及相关报表区，如图 5-125 所示。用户可以选择通过采购日期、产品条件和其他高级查询方式来查询。此外，用户还可以查询和处理与该报表相关的其他报表。

图 5-124　显示商品尺码

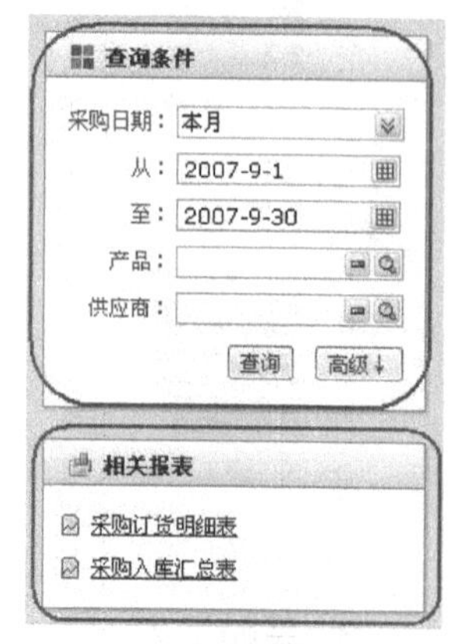

图 5-125　报表左侧查询区及相关报表区

(2) 采购入库汇总表：该表用于查询采购入库的汇总记录，采购入库汇总表默认包括“产品名称”、“计量单位”、“数量”“型号”、“含税金额”等内容。用户可以点击【报表设置】选择其他栏目至已选栏目框以及进行其他相关操作，并根据需要进行导出或打印，如图 5-126 所示。

产品名称	型号	计量单位	数量	含税金额
000006 单人床	dan	张	1	980.00
000020 按摩式浴缸（h）	AM	个	74	29600.00
000001 连衣裙	n01	条	1	98.00
000021 台式脸盆（h）	TS	个	85	64010.00
000023 大汽车	S-123	台	128	42000.00
000004 红色沙发	hsf	套	8	13440.00
本页合计			297	150128.00
累计			297	150128.00

图 5-126　采购入库汇总表

(3) 采购退货汇总表：该表用于查询采购退货的汇总记录。采购退货汇总表默认包括“计量单位”、“型号”、“含税金额”、“不含税金额”、“数量”及“商品”等内容。用户可以点击【报表设置】选择其他栏目至已选栏目框以及进行其他相关操作，并根据需要进行导出或打印，如图 5-127 所示。

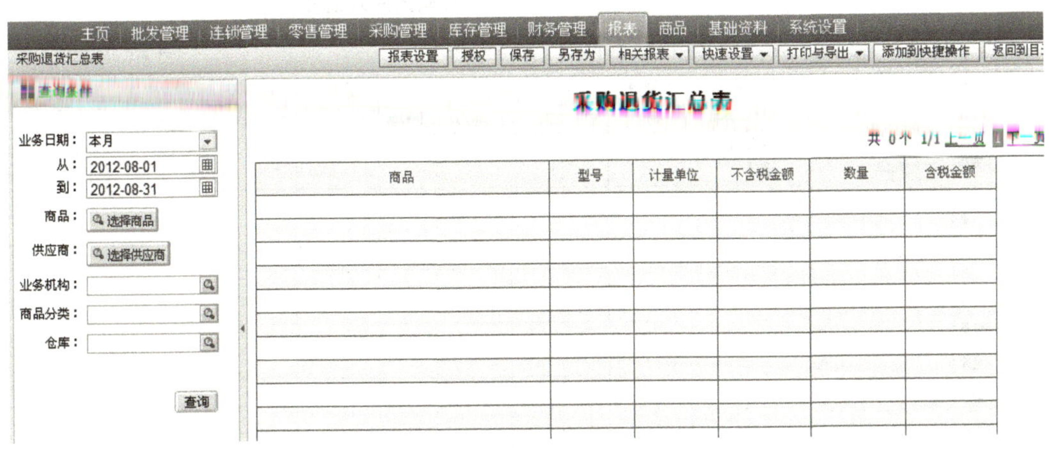

图 5-127　采购退货汇总表

(4) 采购订货明细表：该表用于查询采购订货的明细记录。采购订货明细表默认包括“业务日期”、“单据类型”、“单据编号”、“数量”、“型号”、“计量单位”、“含税金额”和“不含税金额”等内容。用户可以点击【报表设置】选择其他栏目至已选栏目框以及进行其他相关操作，并根据需要进行导出或打印，如图 5-128 所示。

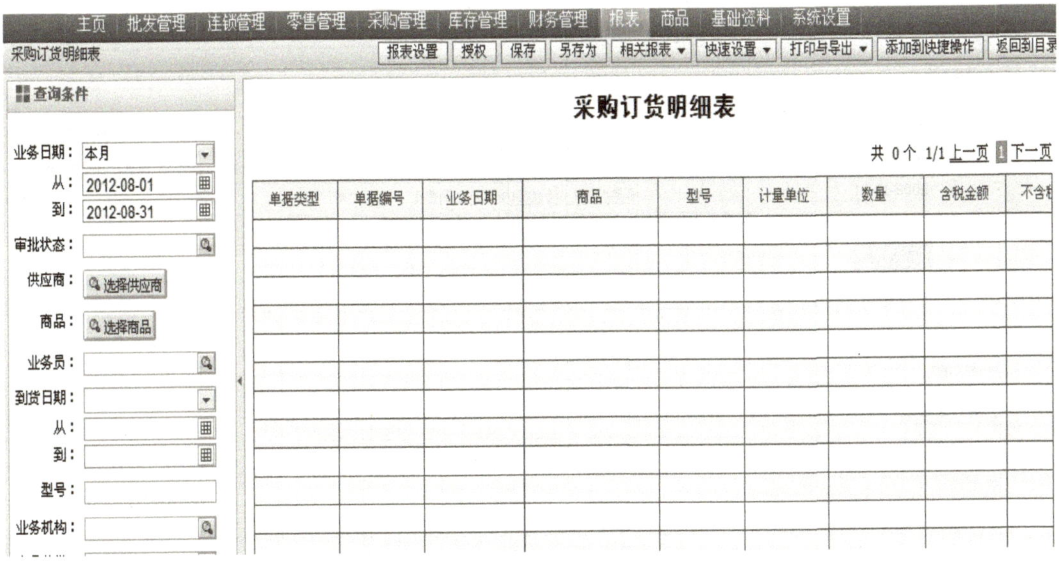

图 5-128　采购订货明细表

(5) 采购入库明细表：该表用于查询采购入库的明细记录。采购入库明细表默认包括“单据类型”、“单据编号”、“业务日期”、“商品”、“型号”、“计量单位”、“含税金额”、“数量”以及“不含税金额”等内容。用户可以点击【报表设置】选择其他栏目至已选栏目框以及进行其他相关操作，并根据需要进行导出或打印，如图 5-129 所示。

主页　批发管理　连锁管理　零售管理　采购管理　库存管理　财务管理　报表　商品　基础资料　系统设置

采购入库明细表　　报表设置　授权　保存　另存为　相关报表　快速设置　打印与导出　添加到快捷操作　返回到目录

查询条件

业务日期：本月
从：2012-08-01
到：2012-08-31
供应商：选择供应商
商品：选择商品
相关采购订单：
付款期限
从：
到：
业务员：
仓库：
型号：
业务机构：
商品分类：

采购入库明细表

共 3个 1/1 上一页 1 下一页

单据类型	单据编号	业务日期	商品	型号	计量单位	含税金额	数量	不含税
采购入库单	CRD-00002	2012-08-31	000002 粉红色蝴蝶结		件	298.00	1.0000	
本页合计						求和: 298.00	求和: 1.0000	求和:
累计						求和: 298.00	求和: 1.0000	求和:

图 5-129　采购入库明细表

(6) 采购退货明细表：该表用于查询采购退货的明细记录，采购退货明细表默认包括“单据日期”、“单据”、“产品名称”、“型号”、“计量单位”、“数量”以及“不含税金额”等内容。用户可以点击【报表设置】选择其他栏目至已选栏目框以及进行其他相关操作，并根据需要进行导出或打印，如图 5-130 所示。

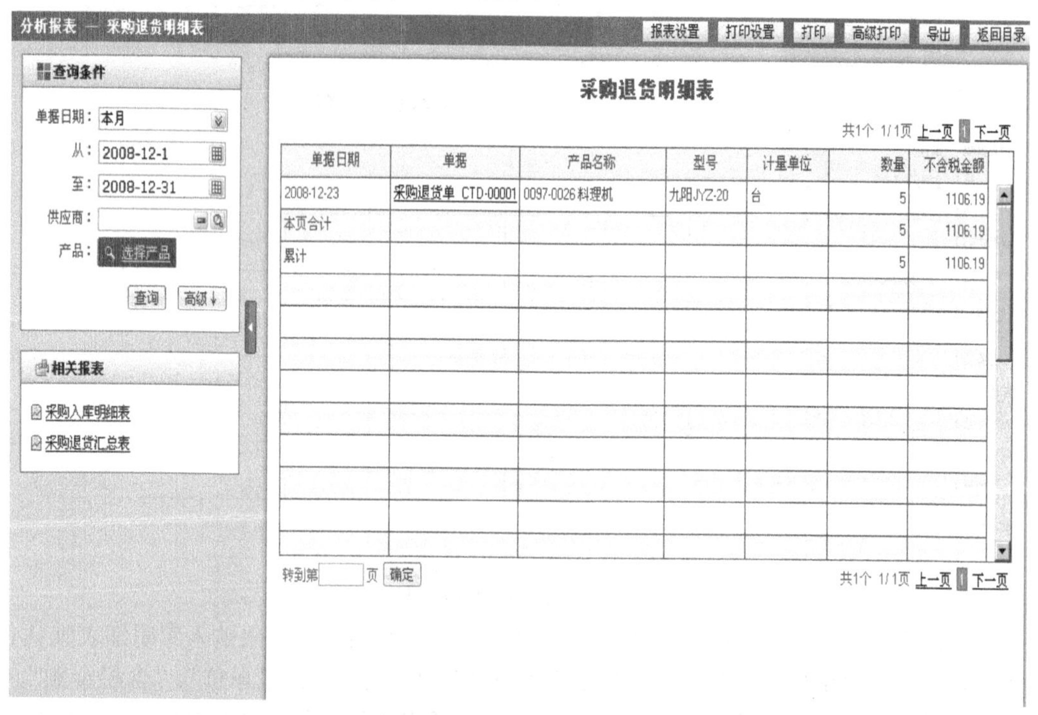

图 5-130　采购退货明细表

(7) 建议采购统计汇总表：系统会根据采购订单数量及库存余额的实际数量生成建议

采购汇总表，用于建议企业对所下订单的产品进行采购的数量。建议采购统计汇总表默认包括“计量单位”、“到货日期”、“商品”、“型号”、“商品分类”、“订货数量”、“已执行数量”以及“订货未执行数量”等内容。用户可以点击【报表设置】选择其他栏目至已选栏目框以及进行其他相关操作，并根据需要进行导出或打印，如图 5-131 所示。

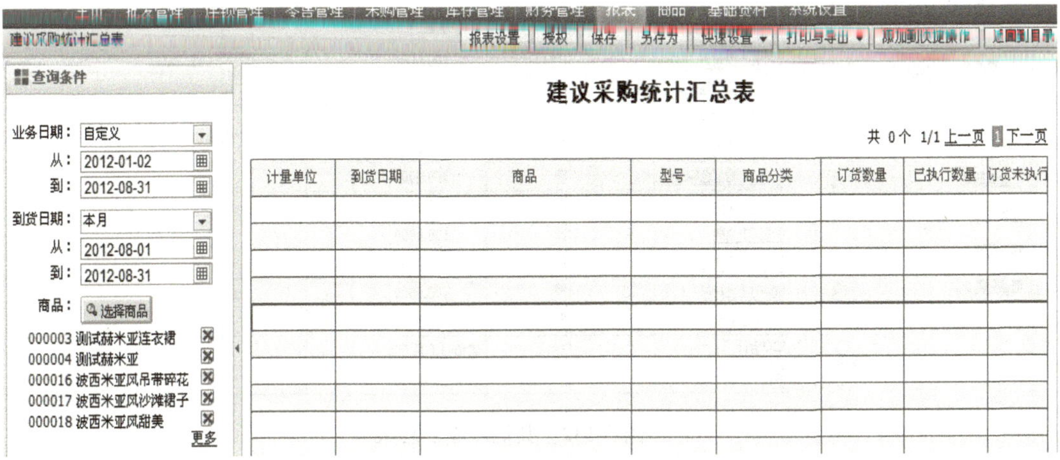

图 5-131　建议采购汇总表

建议采购数量 = 订货未执行数量 + 手工配货未执行数量 − 库存数量

订货未执行数量 = Σ销售订单数量 − (Σ与销售订单关联的销售出库单的数量 − Σ与该销售订单相关的销售退货单数量)

手工配货未执行数量 = Σ手工配货单数量 − (Σ与其相关的销售出库单 − Σ与该配货单相关的销售退货单)

库存数量 = 库存余额表中库存数量

采购在途数量 = 采购订单数量 − 与采购订单关联采购入库单数量(该栏目只作为一个项目，不参与建议采购数量的计算)

相关操作：添加到快捷操作、打印、显示尺码、报表设置、导出、返回目录。

查询条件：业务日期、到货日期、产品、型号、产品分类、组织机构、产品规格、主供应商等。

4. 库存报表

库存报表的功能主要是对商品库存方面的报表进行管理，主要包括其他入库汇总表、其他出库汇总表、商品进销存汇总表、库存余额表、其他入库明细表、其他出库明细表、产品库位明细表、商品出入明细表、库存分布状况、库存超储短缺报警。

(1) 其他入库汇总表：该表用于查询企业非采购入库的入库汇总记录。其他入库汇总表默认包括“商品”、“计量单位”、“数量”、“金额”、“型号”、“单价”等内容。用户可以点击【报表设置】选择其他栏目至已选栏目框以及进行其他相关操作，并根据需要进行导出或打印，如图 5-132 所示。

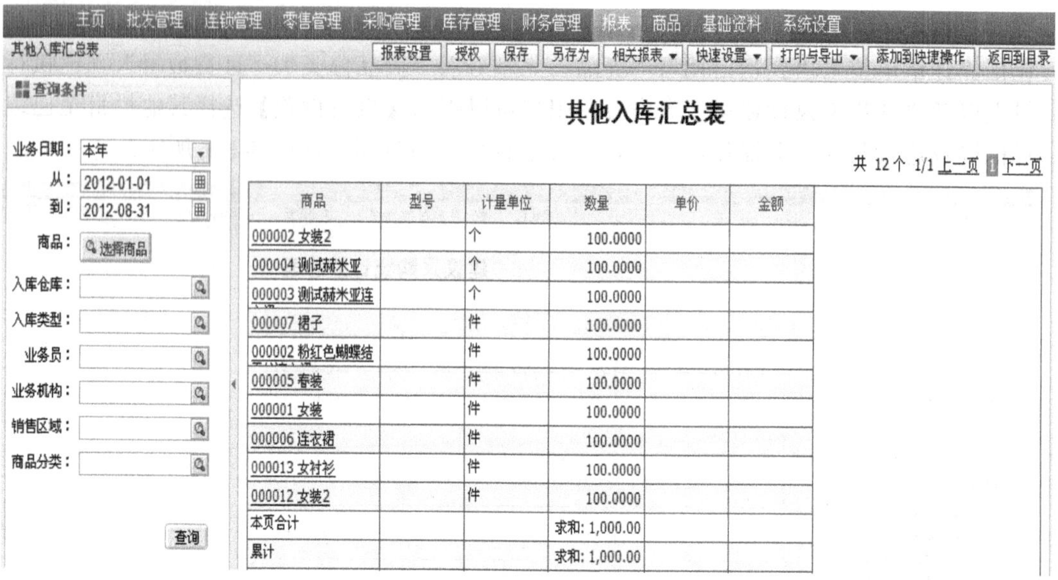
主页 批发管理 连锁管理 零售管理 采购管理 库存管理 财务管理 报表 商品 基础资料 系统设置
其他入库汇总表
报表设置 授权 保存 另存为 相关报表 快速设置 打印与导出 添加到快捷操作 返回到目录
查询条件
业务日期：本年
从：2012-01-01
到：2012-08-31
商品：选择商品
入库仓库：
入库类型：
业务员：
业务机构：
销售区域：
商品分类：
查询
其他入库汇总表
共 12 个 1/1 上一页 1 下一页
商品 型号 计量单位 数量 单价 金额
000002 女装2 个 100.0000
000004 测试赫米亚 个 100.0000
000003 测试赫米亚连 个 100.0000
000007 裙子 件 100.0000
000002 粉红色蝴蝶结 件 100.0000
000005 春装 件 100.0000
000001 女装 件 100.0000
000006 连衣裙 件 100.0000
000013 女衬衫 件 100.0000
000012 女装2 件 100.0000
本页合计 求和: 1,000.00
累计 求和: 1,000.00

图 5-132　其他入库汇总表

用户在做其他入库业务的过程中若选择了不同尺码的该商品，在此报表中也可以显示该商品不同尺码的数量。在“其他入库汇总表”中，可以根据报表栏目中对应的不同尺码，增添用户设置的商品尺码，如图 5-133 所示。若不想显示尺码，则点击报表上方操作菜单中的【报表设置】按钮，隐藏尺码即可，操作与图 5-123 采购订货汇总表所示相同。

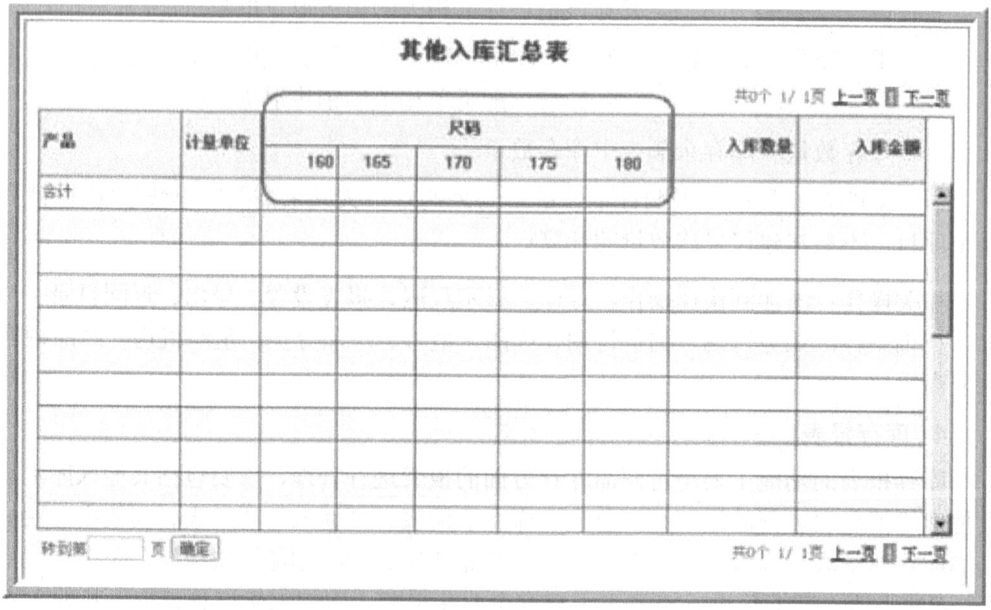
其他入库汇总表
上一页 下一页
产品 计量单位 尺码 入库数量 入库金额
160 165 170 175 180
合计
确定
上一页 下一页

图 5-133　显示商品尺码

若需要打印该表，可先填写打印的页面范围和每页面行数，如图 5-134 所示。打印设置完成后，点击【确认】按钮即可。打印出来的报表显示的打印人为当前登录用户，打印时间为当前服务器时间。

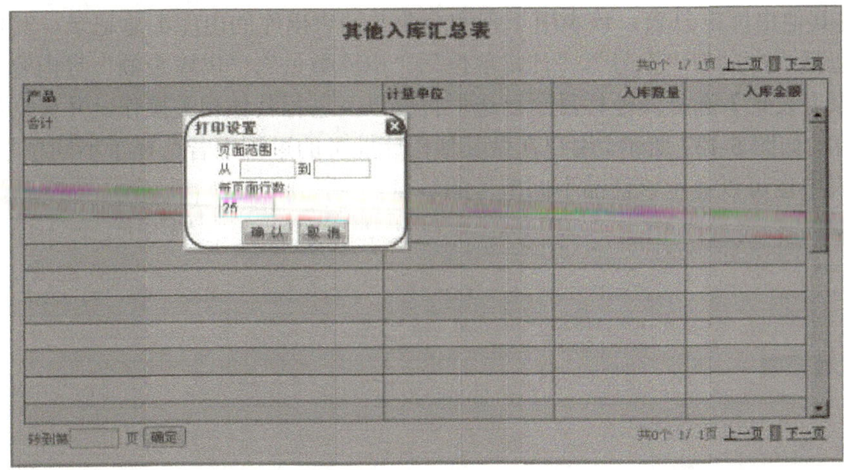

图 5-134　打印设置

报表还可以导出到 Excel 表里，点击【打印与导出】，出现文件下载提示框，如图 5-135 所示；在报表左侧提供的条件查询区及相关报表区，用户可以通过“日期”、“仓库”、“产品”等维度及其他高级查询方式来查询，如图 5-136 所示。用户还可以查询和处理与该报表相关的其他报表。

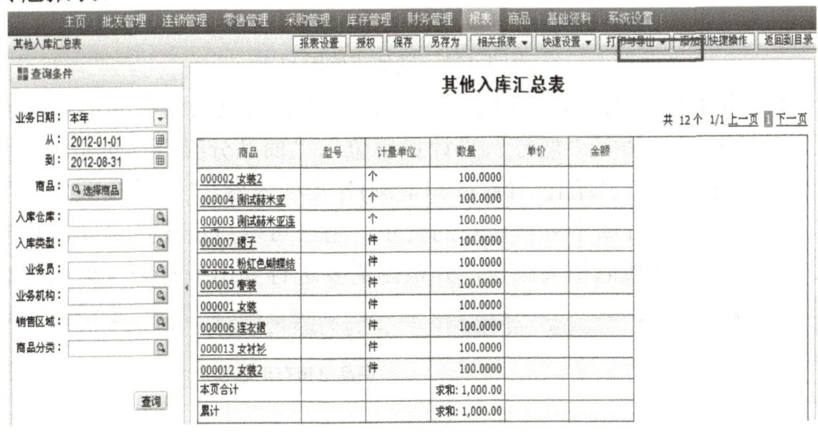

图 5-135　报表导出

图 5-136　报表左侧条件查询区及相关报表区

(2) 其他出库汇总表：该表用于查询企业非销售出库的出库汇总记录。其他出库汇总表默认包括“产品”、“型号”、“计量单位”、“出库数量”、“出库金额”等内容。用户可以点击【报表设置】选择其他栏目至已选栏目框以及进行其他相关操作，并根据需要进行导出或打印，如图 5-137 所示。用户在做其他出库业务的过程中若选择了不同型号的该商品，在此报表中也可以显示该商品不同型号的数量。

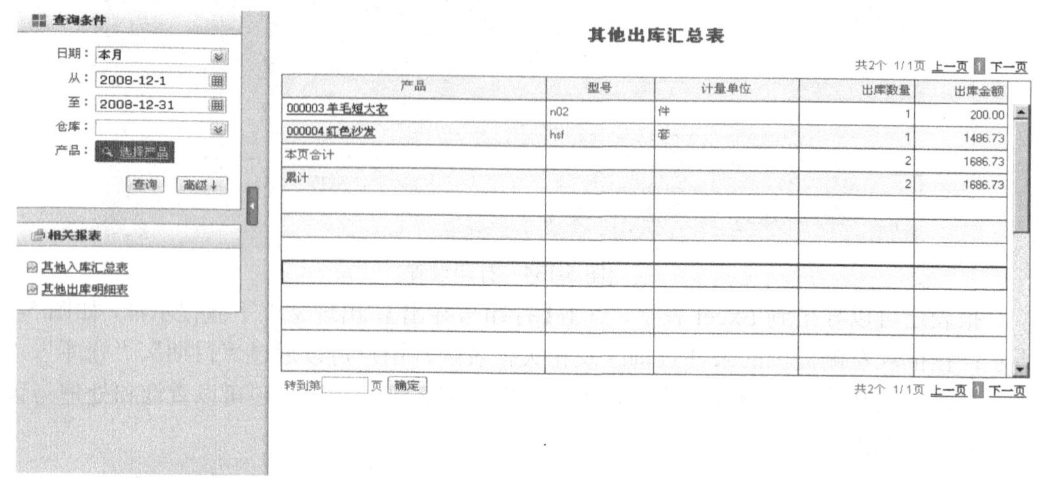

查询条件

日期：本月
从：2008-12-1
至：2008-12-31
仓库：
产品：选择产品
查询　高级

相关报表
其他入库汇总表
其他出库明细表

其他出库汇总表

共2个 1/1页 上一页 1 下一页

产品	型号	计量单位	出库数量	出库金额
000003 羊毛短大衣	n02	件	1	200.00
000004 红色沙发	hsf	套	1	1486.73
本页合计			2	1686.73
累计			2	1686.73

转到第　页 确定　　共2个 1/1页 上一页 1 下一页

图 5-137　其他出库汇总表

(3) 商品进销存汇总表：该表用于查询产品进货、销货及结存的汇总记录。商品进销存汇总表默认包括“商品”、“型号”、“计量单位”、“商品分类”、“进货(数量和金额)”以及“出货”(数量和金额)、“结存”(数量和金额)等几项内容。“商品金额异常”可以对产品成本出现异常的情况进行成本重新计算的提示。用户可以点击【报表设置】选择其他栏目至已选栏目框以及进行其他相关操作，并根据需要进行导出或打印，如图 5-138 所示。

主页　批发管理　连锁管理　零售管理　采购管理　库存管理　财务管理　报表　商品　基础资料　系统设置

商品进销存汇总表　报表设置　授权　保存　另存为　成本计算　相关报表　快捷设置　打印与导出　添加到快捷操作　返回到目录

查询条件

业务日期：本月
从：2012-08-01
到：2012-08-31
商品：选择商品
仓库：
商品分类：
销售区域：
业务机构：
查询

商品进销存汇总表

商品金额异常?

共 22 个 1/2 上一页 1 2 下一页

商品	型号	计量单位	商品分类	进货		出货	
				数量	金额	数量	金额
000006 连衣裙		件	000001 女装				
000012 女装2		件	000001 女装				
000001 女装1		件	_default_produc				
000020 波西米亚海边		件	000001 女装				
000018 波西米亚风甜		件	000001 女装				
000016 波西米亚风吊		件	000001 女装				
000014 雪纺衫1		件	_default_produc				
000013 女衬衫		件	_default_produc				
000002 女装2		个	_default_produc				
000017 波西米亚风纱		件	000001 女装				
000002 鞋子		个	_default_produc				
000015 轻盈女装		个	_default_produc				
000001 女装		件	000001 女装				

图 5-138　商品进销存汇总表

(4) 库存余额表：该表用于查询企业产品的各库存余额的统计记录。库存余额表默认包括“产品”、“型号”、“计量单位”、“库存数量”、“库存金额”以及“成本单价”等内容。用户可以点击【报表设置】选择其他栏目至已选栏目框以及进行其他相关操作，并根据需要进行导出或打印，如图 5-139 所示。

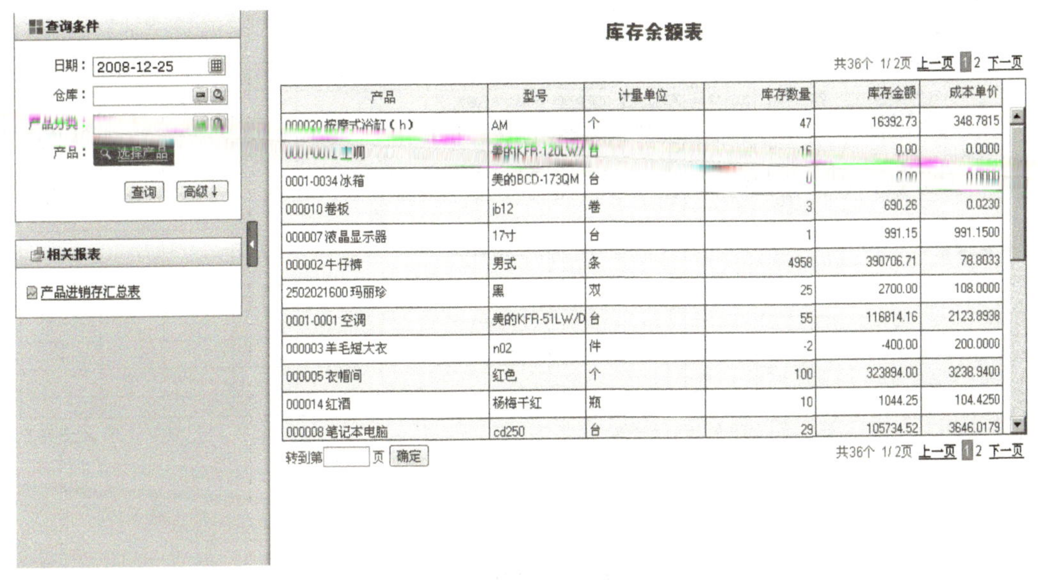

产品	型号	计量单位	库存数量	库存金额	成本单价
000020 按摩式浴缸（h）	AM	个	47	16392.73	348.7815
0001-0012 空调	美的KFR-120LW/	台	16	0.00	0.0000
0001-0034 冰箱	美的BCD-173QM	台	0	0.00	0.0000
000010 卷板	jb12	卷	3	690.26	0.0230
000007 液晶显示器	17寸	台	1	991.15	991.1500
000002 牛仔裤	男式	条	4958	390706.71	78.8033
2502021600 玛丽珍	黑	双	25	2700.00	108.0000
0001-0001 空调	美的KFR-51LW/D	台	55	116814.16	2123.8938
000003 羊毛短大衣	n02	件	-2	-400.00	200.0000
000005 衣帽间	红色	个	100	323894.00	3238.9400
000014 红酒	杨梅干红	瓶	10	1044.25	104.4250
000008 笔记本电脑	cd250	台	29	105734.52	3646.0179

图 5-139　库存余额表

(5) 其他入库明细表：该表用于查询企业非采购入库的入库明细记录。其他入库明细表默认包括“产品”、“单据”、“型号”、“计量单位”、“数量”、“单价”、“金额”等内容。用户可以点击【报表设置】选择其他栏目至已选栏目框以及进行其他相关操作，并根据需要进行导出或打印，如图 5-140 所示。

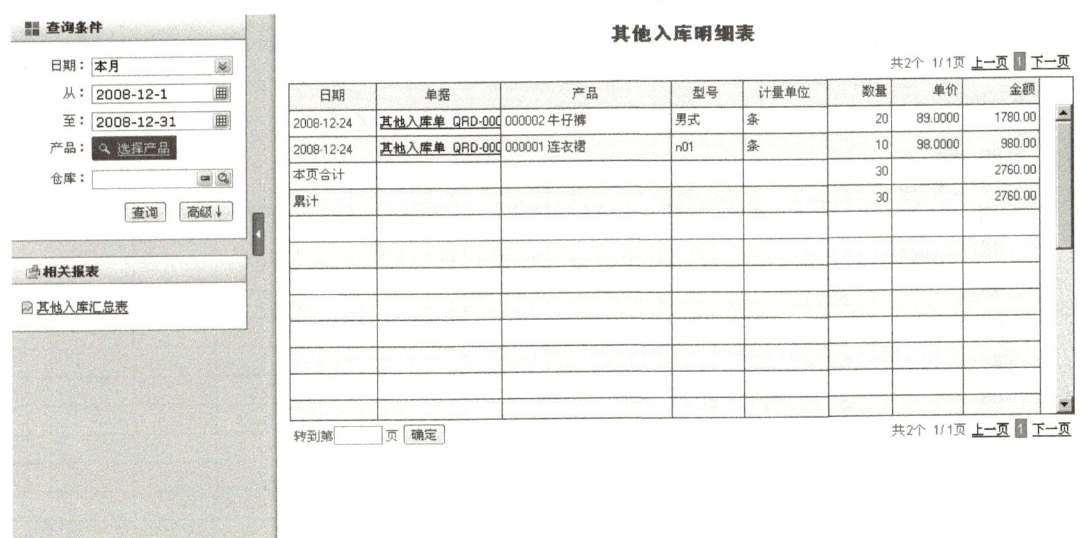

日期	单据	产品	型号	计量单位	数量	单价	金额
2008-12-24	其他入库单 QRD-000	000002 牛仔裤	男式	条	20	89.0000	1780.00
2008-12-24	其他入库单 QRD-000	000001 连衣裙	n01	条	10	98.0000	980.00
本页合计					30		2760.00
累计					30		2760.00

图 5-140　其他入库明细表

(6) 其他出库明细表：该表用于查询企业非销售出库的出库明细记录。其他出库明细表默认包括“日期”、“单据”、“产品”、“计量单位”、“数量”、“单价”、“金额”以及“型号”等内容。用户可以点击【报表设置】选择其他栏目至已选栏目框以及进行其他相关操作，并根据需要进行导出或打印，如图 5-141 所示。

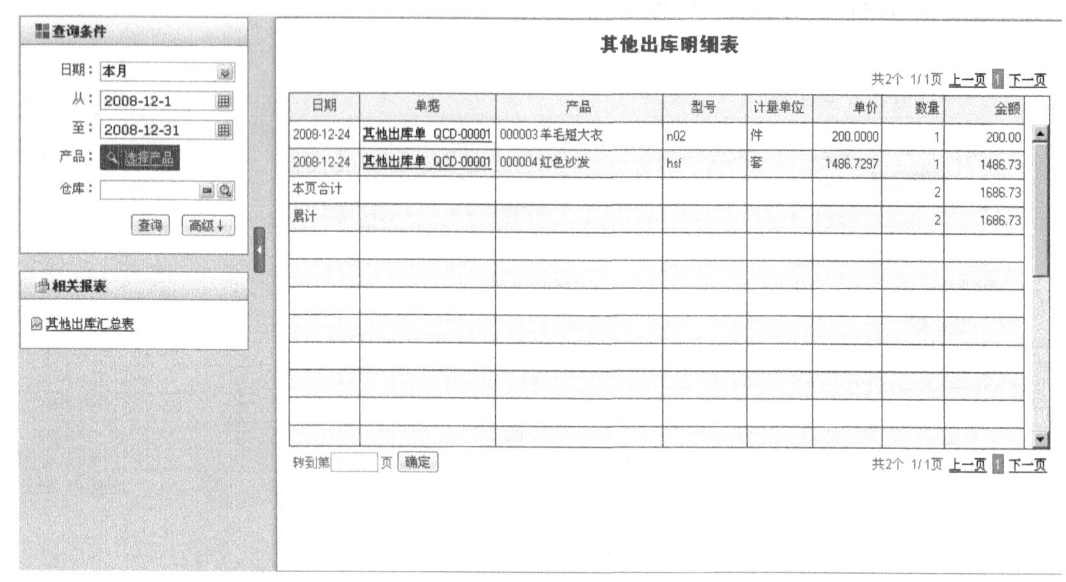

图 5-141　其他出库明细表

(7) 产品库位明细表：该表是对产品库位详细情况进行查询的报表，用于帮助用户迅速查找到产品对应的库位。产品库位明细表默认“日期”、“单据”、“计量单位”、“数量”、“型号”、“商品”、“含税单价”、“含税金额”等内容。用户可以点击【报表设置】选择其他栏目至已选栏目框以及进行其他相关操作，并根据需要进行导出或打印，如图 5-142 所示。

图 5-142　产品库位明细表

(8) 商品出入明细表：该表是对产品的进销存进行明细查询的报表。商品出入明细表默认包括“出入库类型”、“单据编号”、“业务日期”、“商品”、“型号”、“仓库”、“计量单位”、“进货(数量和金额)”以及“出货(数量和金额)”等内容。用户可以点击【报表设置】选择其他栏目至已选栏目框以及进行其他相关操作，并根据需要进行导出或打印，如图 5-143 所示。

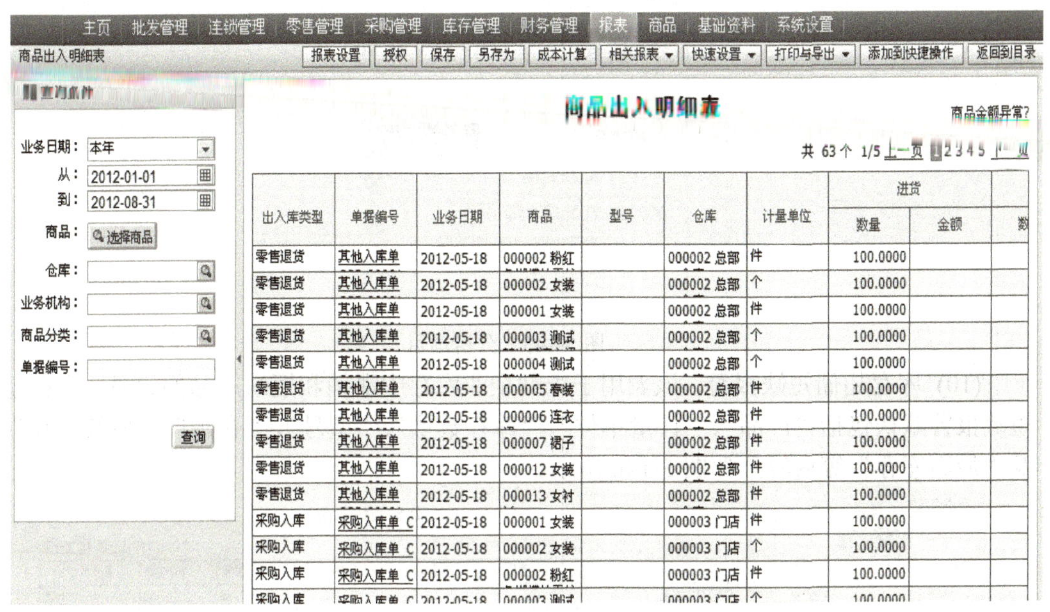

图 5-143　商品出入明细表

(9) 库存分布状况：该表用于查询企业各仓库中产品的当前库存记录，如图 5-144 所示。

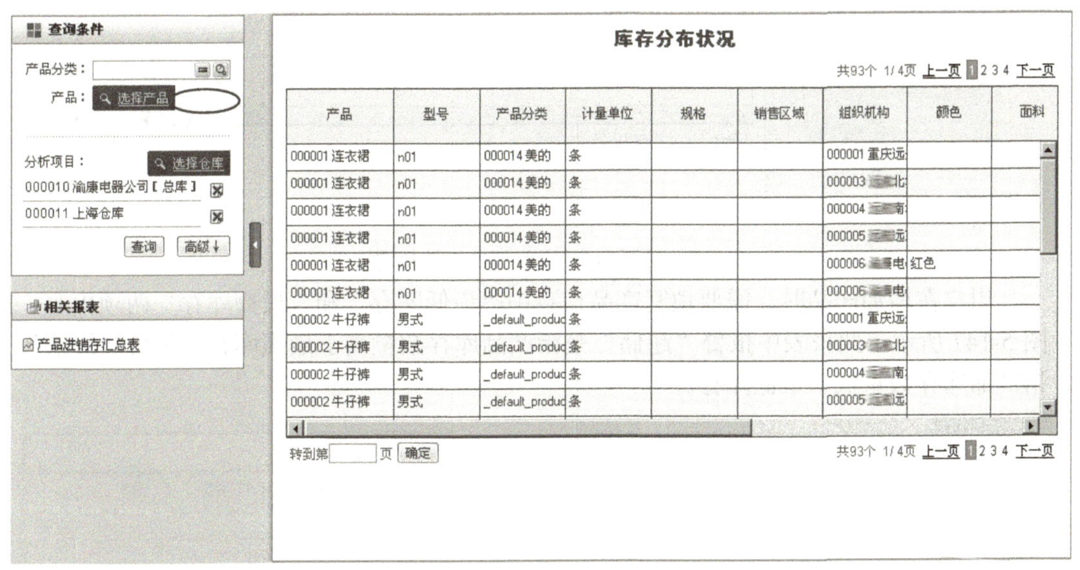

图 5-144　库存分布状况

库存分布状况表根据仓库来查询结果，该表包括“产品”、“型号”、“产品分类”、“计量单位”、“销售区域”和“组织机构”等内容。若要查询某仓库的产品库存情况，则在报表左侧“分析项目”中点击【选择仓库】按钮，从中选择需要查询的仓库，点击【查询】

即可，如图 5-145 所示。

图 5-145　分析项目

(10) 库存超储短缺报警：该表用于查询企业库存中滞销和短缺产品的记录。库存超储短缺报警默认包括“产品”、“计量单位”、“库存数量”、“型号”、“仓库”、“最低库存”以及“最高库存”等内容，如图 5-146 所示。

库存超储短缺报警

共6个 1/1页 上一页 1 下一页

产品	型号	计量单位	仓库	库存数量	最低库存	最高库存	…
000023 大汽车	S-123	台	000010 [illegible]电	86	10	25	[illegible]
0001-0001 空调	美的KFR-51LW	台	000010 [illegible]电	35	5	10	[illegible]
0001-0001 空调	美的KFR-51LW	台	000007 门面库	2	5	10	[illegible]
000023 大汽车	S-123	台	000008 [illegible]电	16	10	25	
0001-0001 空调	美的KFR-51LW	台	000005 总库	3	5	10	[illegible]
0001-0001 空调	美的KFR-51LW	台	000008 [illegible]电	15	5	10	[illegible]
本页合计				157			
累计				157			

图 5-146　库存超储短缺报警

用户在增加产品时，需要填写产品信息中“最低库存”和“最高库存”两项内容，如图 5-147 所示。此报表中报警“超储”是指产品库存数量高于最高库存，报警“短缺”是指产品库存数量低于最低库存。

图 5-147　最低库存和最高库存设置

5. 配送报表

配送报表的功能主要对产品配送业务的相关报表进行管理，主要包括“配货汇总表”、“调货汇总表”。

(1) 配货汇总表：该表用于查询总部发货的汇总记录。配货汇总表默认包括“商品”、“计量单位”、“型号”、“配货数量”、“要货数量”、“收货数量”以及“发货数量”等内容。用户可以点击【报表设置】选择其他栏目至已选栏目框以及进行其他相关操作，并根据需要进行导出或打印，如图 5-148 所示。

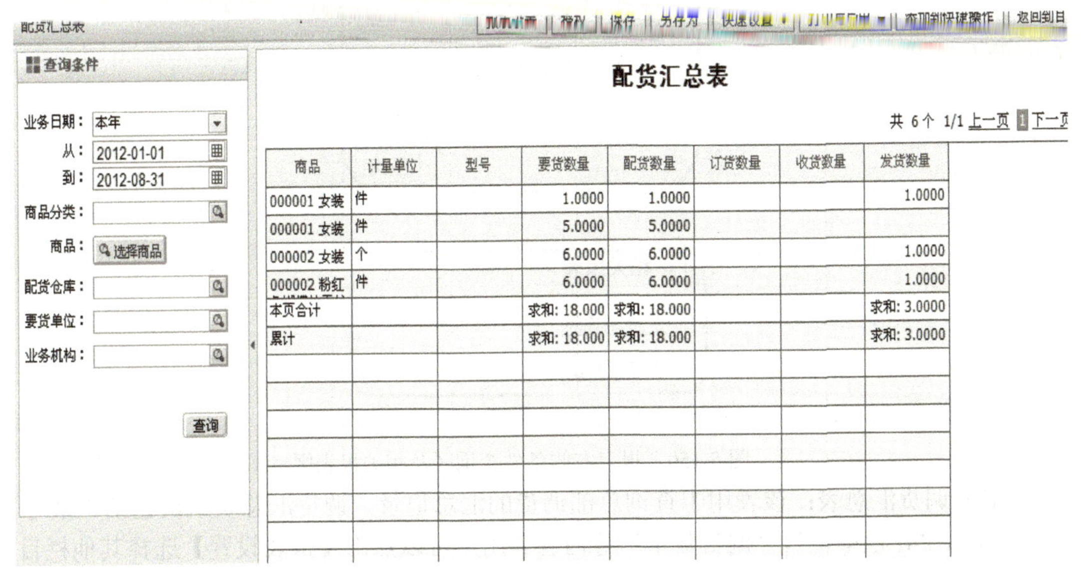

商品	计量单位	型号	要货数量	配货数量	订货数量	收货数量	发货数量
000001 女装	件		1.0000	1.0000			1.0000
000001 女装	件		5.0000	5.0000			
000002 女装	个		6.0000	6.0000			1.0000
000002 粉红	件		6.0000	6.0000			1.0000
本页合计			求和: 18.000	求和: 18.000			求和: 3.0000
累计			求和: 18.000	求和: 18.000			求和: 3.0000

图 5-148　配货汇总表

用户还可以在报表栏目中增添用户设置的商品尺码，如图 5-149 所示。

采购订货汇总表

尺码					产品名称	规格	计量单位	数量	金额
160	165	170	175	180					

图 5-149　显示尺码

在报表左侧提供条件查询区及相关报表区，如图 5-150 所示。用户可以通过“日期”、“产品”等查询条件来查找报表。此外，用户还可以查询和处理与该报表相关的其他报表。

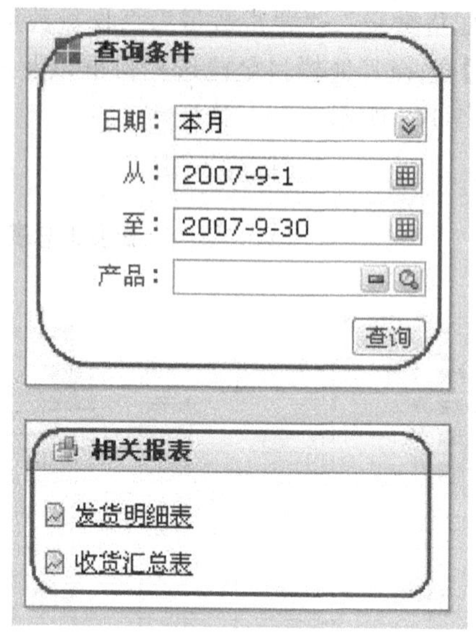

图 5-150　报表左侧条件查询区及相关报表区

(2) 调货汇总表：该表用于查询总部调货的汇总记录。调货汇总表默认包括“型号”、“产品”、“计量单位”、“调货数量”等内容。用户可以点击【报表设置】选择其他栏目至已选栏目框以及进行其他相关操作，并根据需要进行导出或打印，如图 5-151 所示。

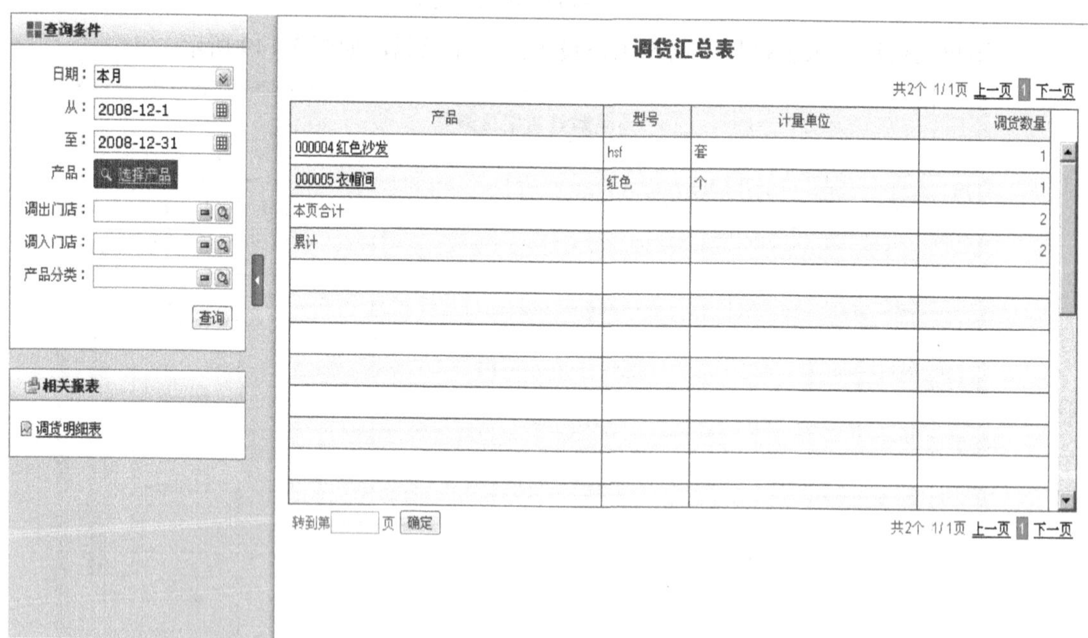

产品	型号	计量单位	调货数量
000004 红色沙发	hsf	套	1
000005 衣帽间	红色	个	1
本页合计			2
累计			2

图 5-151　调货汇总表

6. 总经理报表

总经理报表的功能主要对总经理需要查询的相关报表进行管理，主要包括“职员销售排名表”、“商品销售排名表”、“机构销售排名”、“客户贡献排名”、“机构销售收入统计表”、“销售利润分析”。

(1) 职员销售排名：该表用于查询企业中各职员销售商品的排名情况。职员销售排名包括“销售排名”、“职员”、“销售金额”、“销售区域”、“业务机构”等内容。用户可以点击【报表设置】选择其他栏目至已选栏目框以及进行其他相关操作，并根据需要进行导出或打印，如图 5-152 所示。

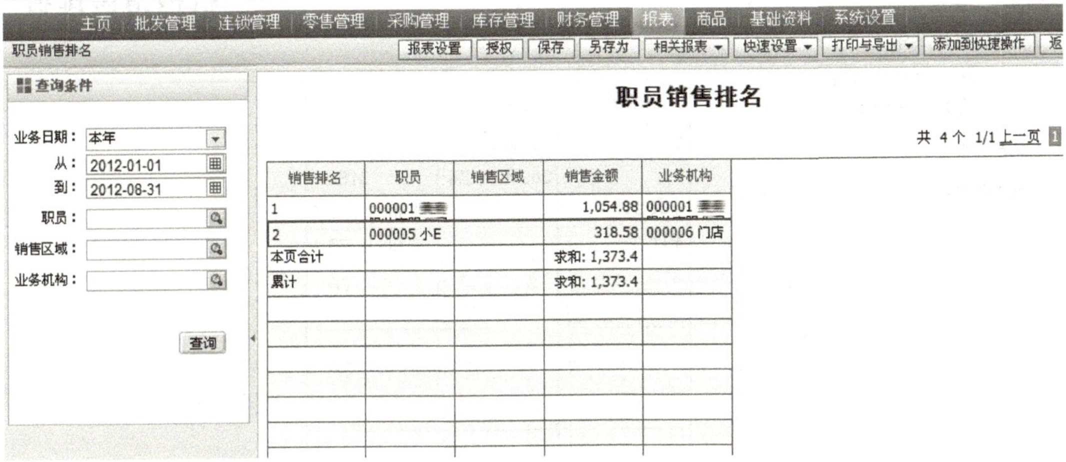

职员销售排名

销售排名	职员	销售区域	销售金额	业务机构
1	000001 [illegible]		1,054.88	000001 [illegible]
2	000005 小E		318.58	000006 门店
本页合计			求和: 1,373.4	
累计			求和: 1,373.4	

图 5-152　职员销售排名

(2) 商品销售排名表：该表用于查询各商品的销售排名情况。商品销售排名表包括“销售排名”、“商品”、“销售数量”、“计量单位”、“型号”等内容。用户可以点击【报表设置】选择其他栏目至已选栏目框以及进行其他相关操作，并根据需要进行导出或打印，如图 5-153 所示。

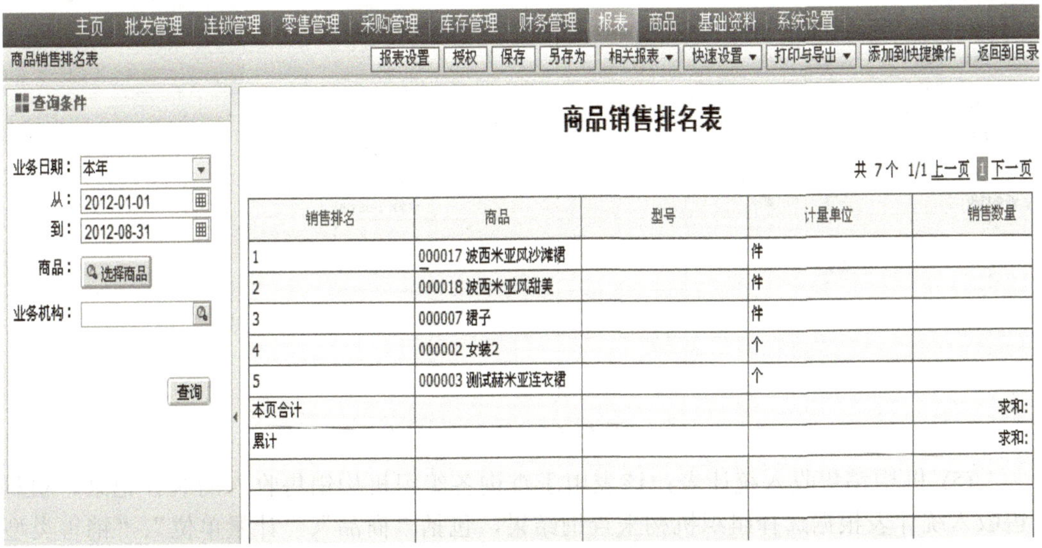

商品销售排名表

销售排名	商品	型号	计量单位	销售数量
1	000017 波西米亚风沙滩裙		件	
2	000018 波西米亚风甜美		件	
3	000007 裙子		件	
4	000002 女装2		个	
5	000003 测试赫米亚连衣裙		个	
本页合计				求和:
累计				求和:

图 5-153　商品销售排名表

(3) 机构销售排名：该表用于查询各机构的销售排名情况。机构销售排名包括“销售排名”、“业务机构”、“销售金额”等内容。用户可以点击【报表设置】选择其他栏目至已选栏目框以及进行其他相关操作，并根据需要进行导出或打印，如图 5-154 所示。

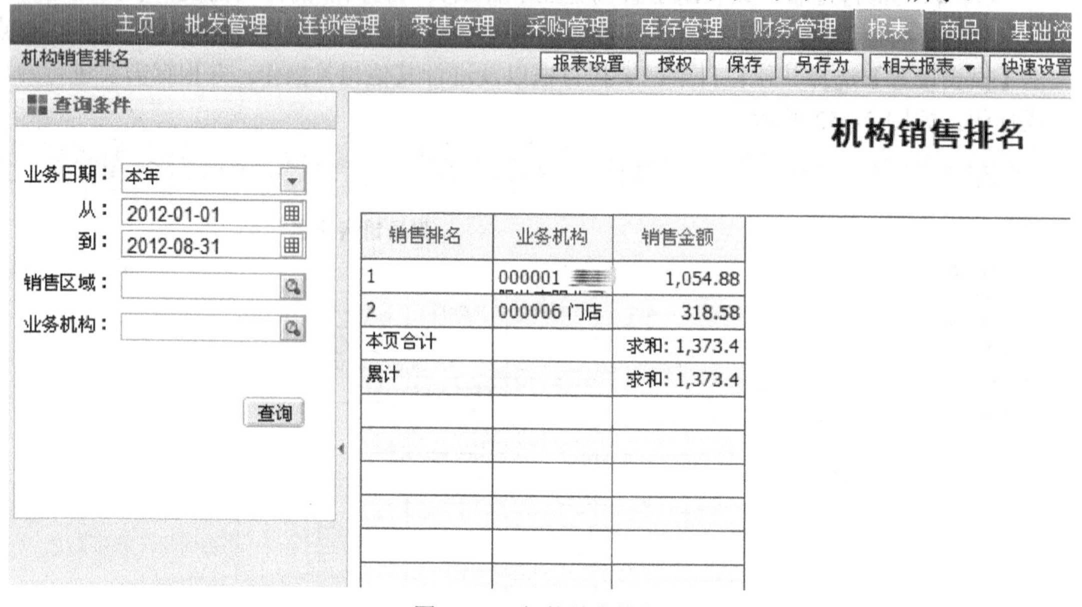

图 5-154　机构销售排名

(4) 客户贡献排名：该表用于统计客户对销售利润贡献情况。客户贡献排名包括“销售排名”、“客户”、“销售金额”以及“业务机构”等内容。用户可以点击【报表设置】选择其他栏目至已选栏目框以及进行其他相关操作，并根据需要进行导出或打印，如图 5-155 所示。

图 5-155　客户贡献排名

(5) 机构销售收入统计表：该表用于查询各组织机构销售收入的统计记录。机构销售收入统计表根据选择组织机构来查询结果，包括“商品”、“计量单位”、“销售类型”、“型号”等内容。若要查询某组织机构的产品销售统计情况，可在报表左侧“分析项目”后点击【选择业务机构】按钮，从中选择需要查询的机构，再点击【查询】即可，如图 5-156 所示。

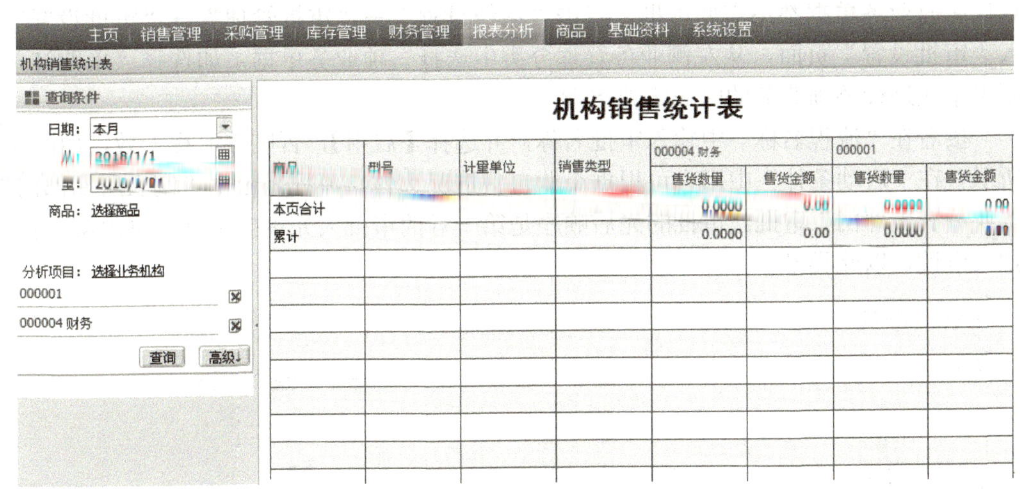

图 5-156　机构销售收入统计表

(6) 销售利润分析：该表用于分析产品的盈利情况。销售利润分析默认包括“产品名称”、“销售数量”、“销售收入”、“销售成本”、“销售利润”等内容。用户可以点击【报表设置】选择其他栏目至已选栏目框以及进行其他相关操作，并根据需要进行导出或打印，如图 5-157 所示。

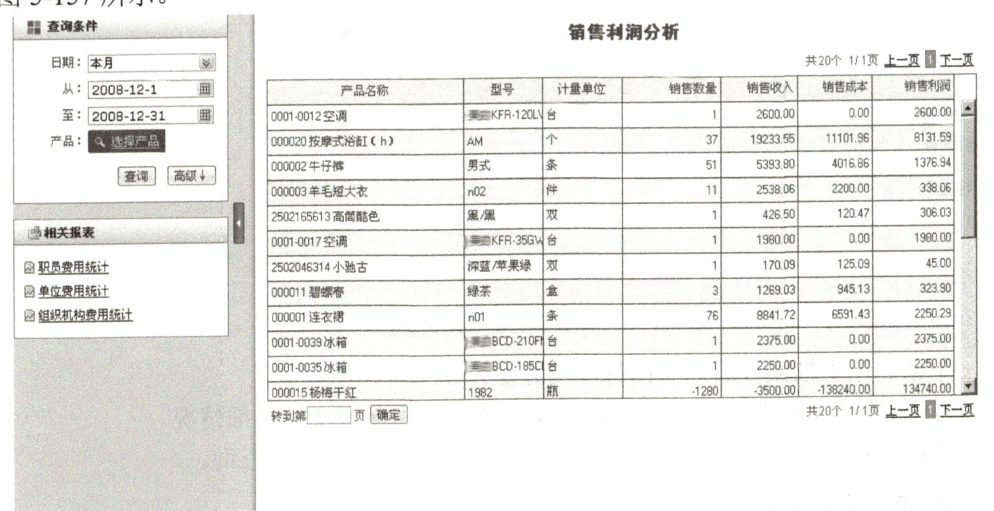

产品名称	型号	计量单位	销售数量	销售收入	销售成本	销售利润
0001-0012 空调	KFR-120LV	台	1	2600.00	0.00	2600.00
000020 按摩式浴缸（h）	AM	个	37	19233.55	11101.96	8131.59
000002 牛仔裤	男式	条	51	5393.80	4016.86	1376.94
000003 羊毛短大衣	n02	件	11	2538.06	2200.00	338.06
2502165613 高筒酷色	黑/黑	双	1	426.50	120.47	306.03
0001-0017 空调	KFR-35GW	台	1	1980.00	0.00	1980.00
2502046314 小驰古	深蓝/苹果绿	双	1	170.09	125.09	45.00
000011 碧螺春	绿茶	盒	3	1269.03	945.13	323.90
000001 连衣裙	n01	条	76	8841.72	6591.43	2250.29
0001-0039 冰箱	BCD-210FI	台	1	2375.00	0.00	2375.00
0001-0035 冰箱	BCD-185CI	台	1	2250.00	0.00	2250.00
000015 杨梅干红	1982	瓶	-1280	-3500.00	-138240.00	134740.00

图 5-157　销售利润分析

5.4　实训时应注意的问题

5.4.1　业务设置环节

1. 审批设置

用户可以根据企业的需要为全程电子商务平台中的所有业务单据定制审批流程，平台默认所有业务单据都不需要审批。点击“系统设置”→“审批管理”→“审批设置”，进入“审批设置”页面，从左侧业务管理分类中选择一项业务单据，如选择“采购订单”，则表示在进行该项业务的时候需要审批。

接着在“流程名称”中输入审批名称，并选择【启用】，否则该流程无效，如图 5-158 所示。在“启动条件”中用户可根据企业自身情况选择该流程是根据“制表所属部门”或“业务发生部门”审批。审批的先后顺序是第一行的审批人先审批单据，再由第二行的审批人审批，以此类推。

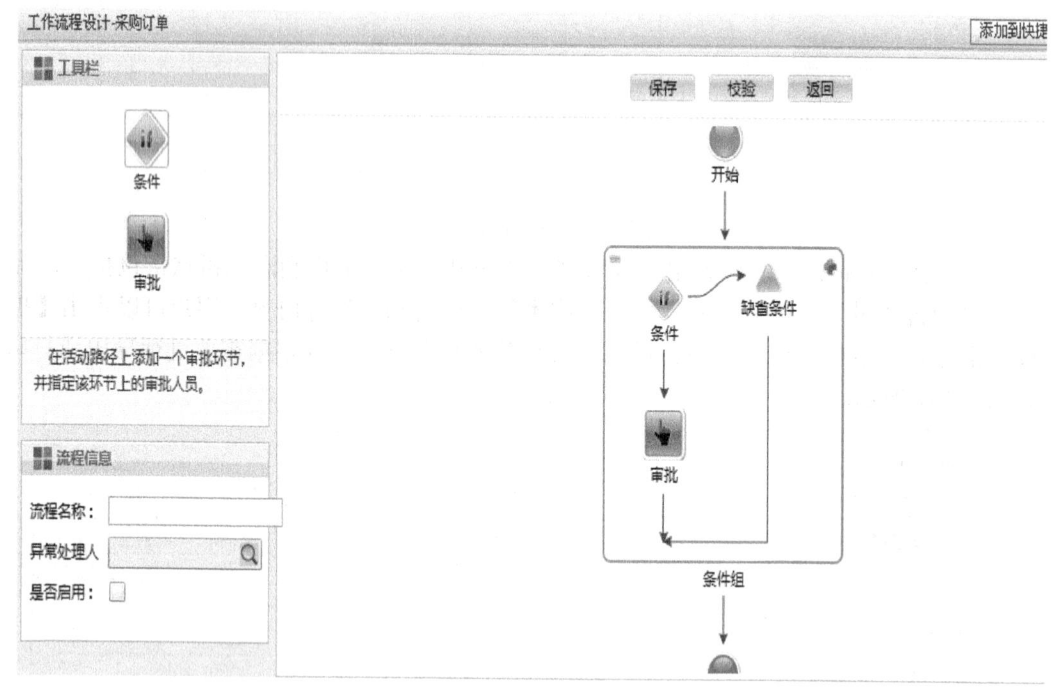

图 5-158　审批设置

单据启用审批流程后，有两种应用方法：

(1) 在单据中可查看审批状态，并跟踪该单据当前审批的详细情况。

(2) 点击“系统设置”→“审批管理”，在“审批列表”中查询。

2. 单据编码设置

用户可以根据企业的需要为全程电子商务平台中的所有业务单据设定编号生成的规则。

进入“单据编码设置”页面，从左侧业务管理分类中选择一项业务单据，在右侧进行编码设置。编码设置规则包括“前缀段”、“分隔符”、“日期段”、“分隔符”和“流水号段”。同时该平台还提供 5 种编码规则设置供用户选择。编码设置后，用户可直接在编码预览框中查看设置效果。

3. 业务参数设置

选择业务控制参数后，对业务将有重大的影响，因此，一定要慎重对待，参数选用后，若已处理过业务，最好不要再改变参数，若必须要改变，需将数据调整准确后再进行。

进入“业务参数设置”，根据企业数据的控制情况勾选需要的设置，点击【保存】即可完成。

此外，还应该设置数量保存小数点后的制定位数，如图 5-159 所示。

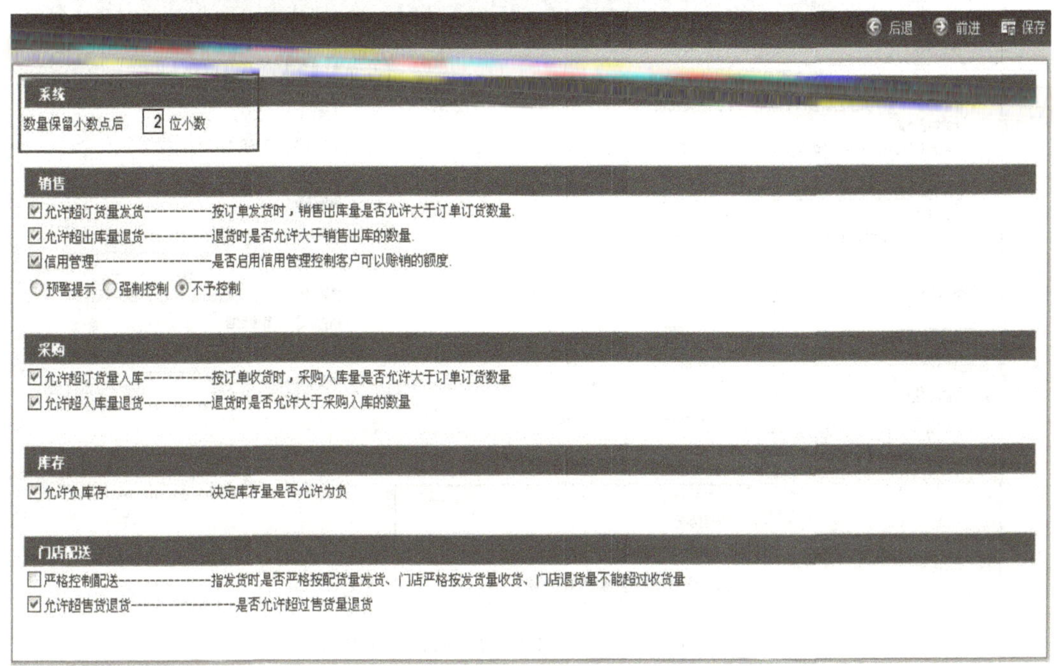

图 5-159　业务参数设置

4. 单据自定义设置

单据自定义设置是为了满足用户的个性化需求，可根据业务情况及个人喜好对单据的部分内容和模块进行修改，如图 5-160 所示。

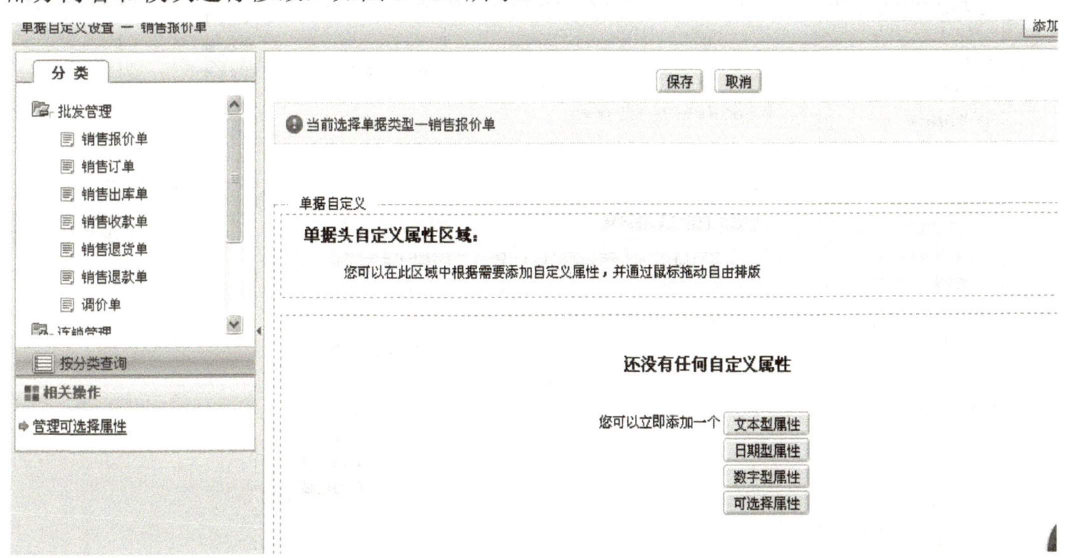

图 5-160　单据自定义设置

此外，还可以在单据列表中，增加对应的单据自定义按钮，如图 5-161 所示。

对单据进行单据自定义设置后，该单据的新增页面会自动带出自定义的属性，但不是必填项。

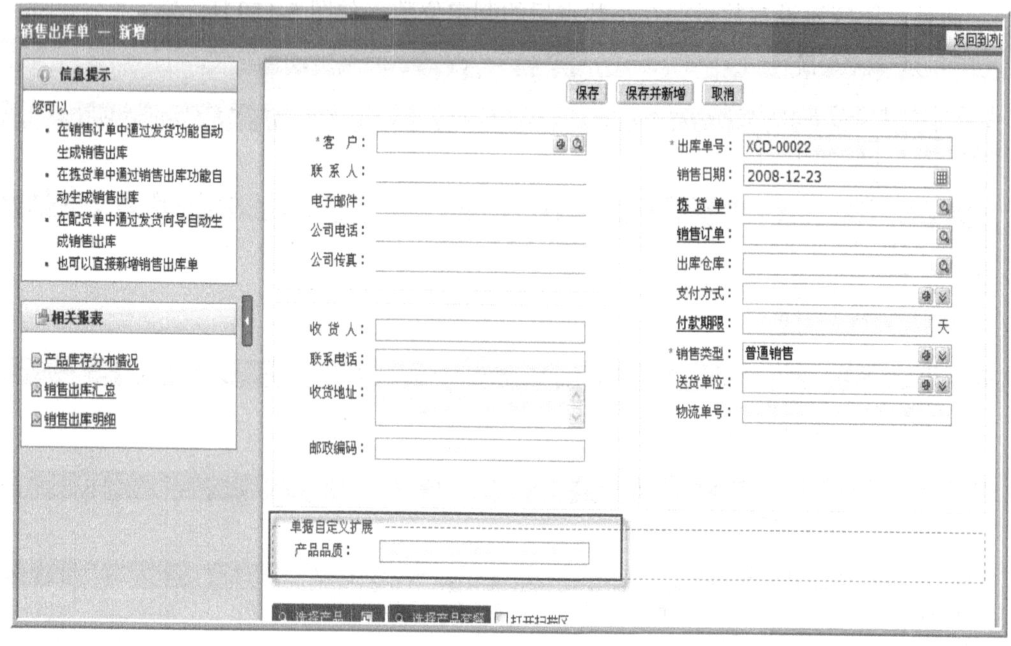

图 5-161　增加对应的单据自定义按钮

5. 单据模板设置

单据模板设置是为了满足用户的个性化需求，可根据业务情况对单据的名称进行修改，还可以对单据体中各模块进行编辑或隐藏，如图 5-162 所示。

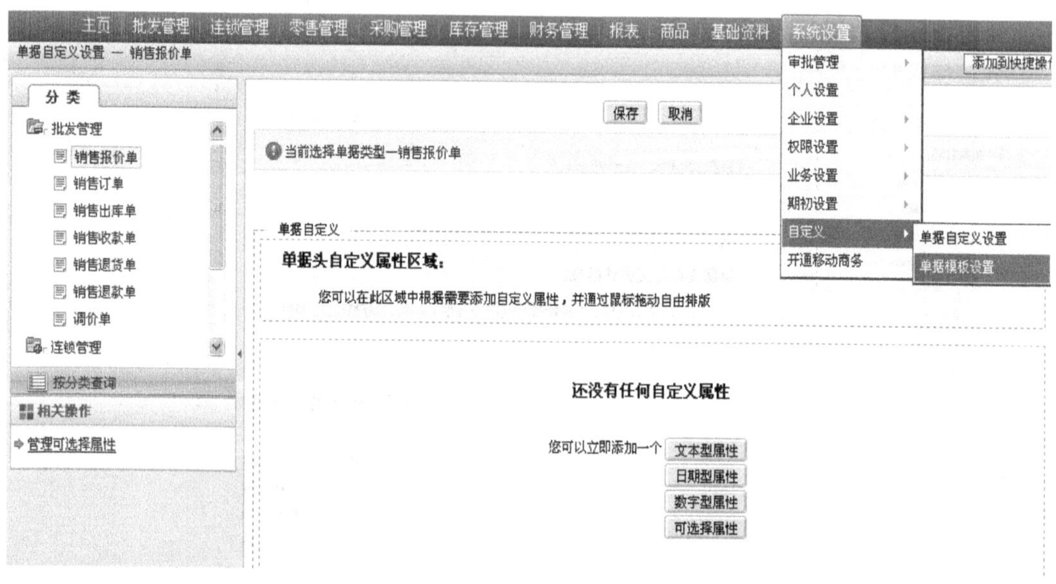

图 5-162　单据模板设置

注意：新增模板名称时名称不能重复。

单据头设置支持两种方式进行设置，一是点击浮动框处的【编辑】或【隐藏】按钮进行栏目设置；二是在单据头自定义属性区域根据要添加的自定义属性，通过鼠标拖动完成。

6. 条码规则设置

系统路径：点击“系统设置”→“业务设置”→“条码规则设置”，进入“条码规则设置”页面，如图 5-163 所示。

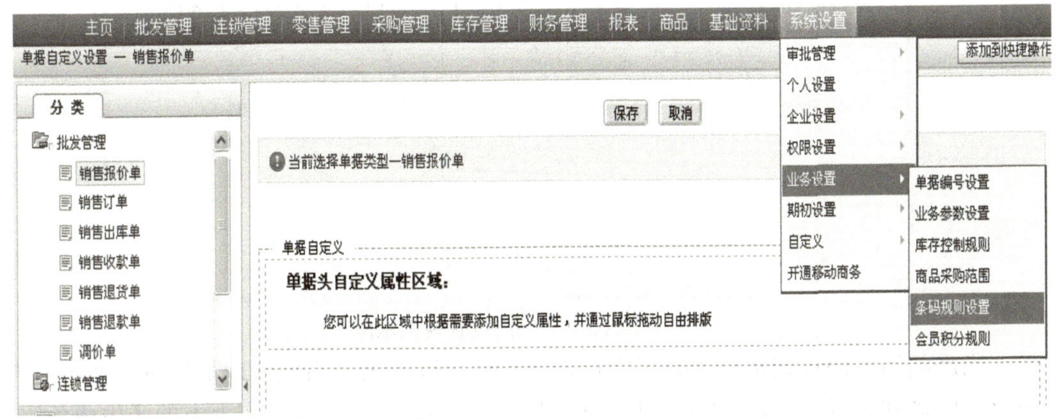

图 5-163　进入条码规则设置

如果产品本身并没有国家统一的条码，用户可以根据产品各种属性来制作“产品条码”，制作条码时可以将“产品编码”、“产品属性”(如尺码、颜色等)、“供应商”等信息都编制在该产品的条码中。如前几位表示产品、中间几位表示颜色、后几位表示尺码等，这个规则可根据具体的要求来设置。此操作可在“条码规则设置”页面进行设定，如图 5-164 所示。

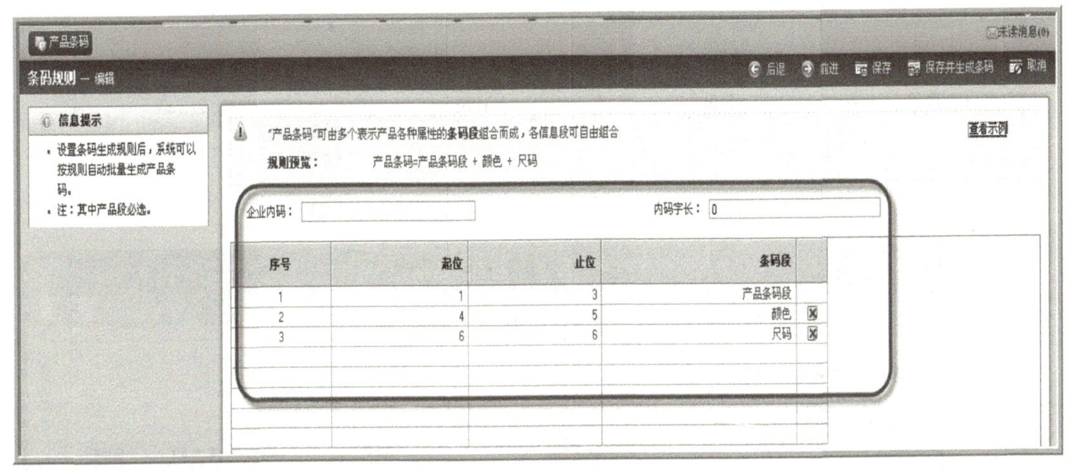

图 5-164　制作产品条码

下面，关于条码的设置规则，提供给读者一个可供参考的例子。如图 5-165 所示，将产品条码的组成部分分解到各个条码段上，当然这个条码规则不一定就按照下面的例子来做，条码规则中不是必须要由客户段和机构段等，但必须要有产品段。

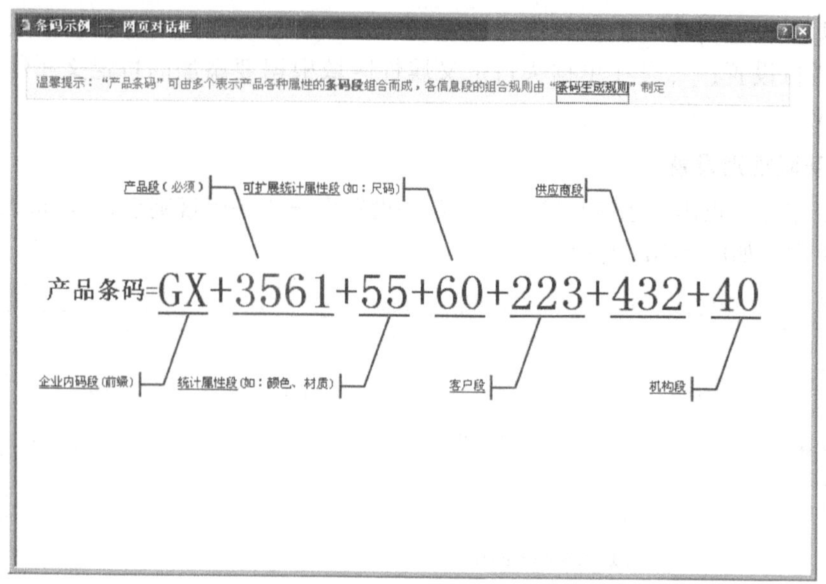

图 5-165 条码的设置规则示例

当产品的条码规则都设置好了之后，用户就可以点击"系统管理员"→"业务设置"→"条码规则设置"，进入"条码规则设置"页面，这里点击窗口右上方的【生成条码】，此时系统会跳出一个"条码生成向导"的窗口，在这个窗口中可选择需要设置条码的"产品"，如图 5-166 所示。

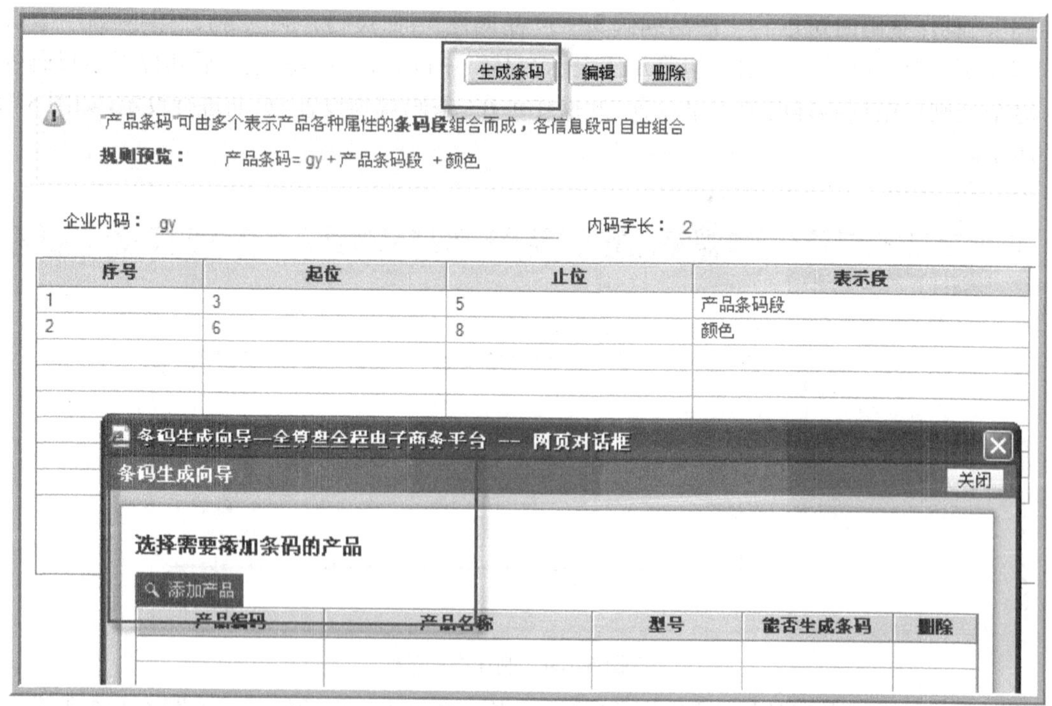

图 5-165 条码生成向导

当选择了产品，点击【完成】后系统即可根据用户设置的条码规则自动生成该产品的条码，如图 5-167 所示。

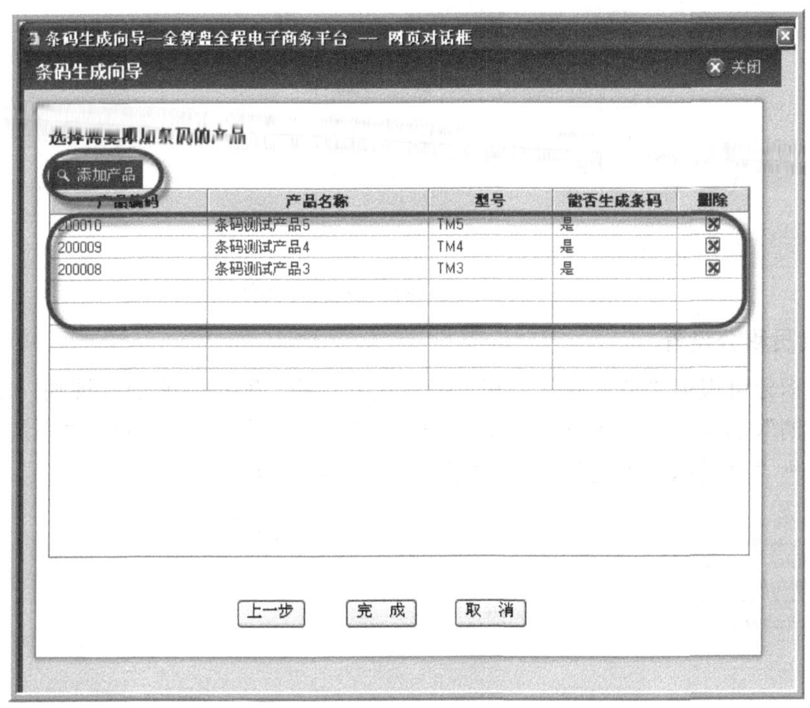

图 5-167　生成产品条码

用户可以点击“系统管理员”→“业务设置”→“条码规则设置”，进入“条码规则设置”页面，点击窗口左边的【查看商品条码】来对已经设置好条码的产品进行查询，如图 5-168 所示。

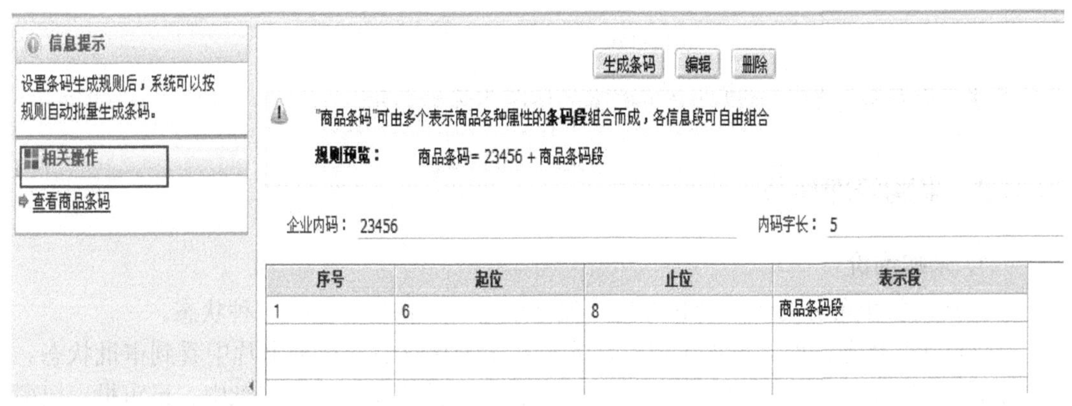

图 5-168　查看商品条码

在“产品条码”的查询窗口中，用户还可以将产品生成的条码生成打印文件，如图 5-169 所示。企业可将这个打印文件导入专门打印条码的机器里，由条码打印机打印出产品的条码，然后再贴到产品上。

图 5-169　条码生成打印文件

7. 会员积分设置

会员积分可根据“销售收款”和“销售退款”的金额自定义积分规则，设定会员积分“起始日期”，建立会员的积分管理，如图 5-170 所示。系统路径：点击“系统设置”→“业务设置”→“会员积分规则”，进入“会员积分规则”页面。

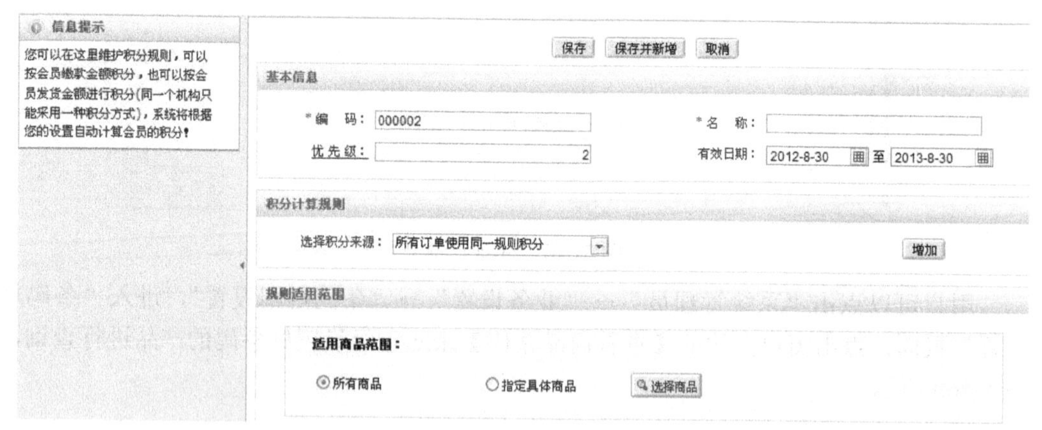

图 5-170　“会员积分设置”页面

注： 会员积分需在已建立会员档案的情况下才能显示。

5.4.2　采购管理环节

1. 采购询价

采购询价单可分为“审批状态”、“发送状态”、“询价状态”三种状态。

(1) 审批状态：如果设置了审批，才能在单据保存后在单据卡片中看到审批状态。如果未设置审批，单据直接进入发送状态。审批状态分为未审批、审批中、已审批、已驳回四种情况，以下对这四种情况作一简单介绍：

① 未审批：设置了审批后，单据自动默认为“未审批”状态。

② 已驳回：单据状态变为“已驳回”后，用户需要对单据重新进行“编辑”并保存，单据状态转为状态①，未审批。

③ 审批中：当所有的审批人都进行了审批后，进入状态④。

④ 已审批：表示所有的审批人都已经对单据进行了审批，审批完成。

(2) 发送状态：当用户在“业务协同”中未选择“用全程电子商务实训平台发送单据”时，单据一直处于未发送状态。发送状态分为未发送、已发送两种情况，以下对这两种情况作一简单介绍：

① 未发送：对于选择了“用全程电子商务实训平台发送单据”，需要审批的单据，当审批未完成时，单据状态为①，审批完成后，单据状态为状态②。

② 已发送：对于选择了“用全程电子商务实训平台发送单据”，不需要审批的单据，保存后进入状态②。

(3) 询价状态：当发送状态为“已发送”时，才会显示询价状态。询价状态分为对方未回复、对方已回复、已作废三种情况，以下对这三种情况作一简单介绍：

① 对方未回复：询价状态初始为“对方未回复”。“对方未回复”表明供应商尚未通过全程电子商务实训平台向企业发送报价单。

② 对方已回复：是指供应商对企业询价单进行了“报价”回复(即供应商通过全程电子商务实训平台向企业发送了报价单)。

③ 已作废：询价单被手工“作废”并填写作废原因。该询价单被手工作废后将不能进行其他操作。

2. 供应商报价

供应商报价可分为订单状态和回执状态两种状态。

(1) 订单状态：订单状态分为未执行、执行中、已完成、已作废四种情况，以下对这四种情况作一简单介绍。

① 未执行：当不需要审批的订单保存后，或者需要审批的订单通过审批后，订单处于此状态。“未执行”状态表明与采购订单相关的“付款”或“收货”后续操作还没有开始。

② 执行中：当与采购订单相关的“付款”或“收货”操作有一个执行后，订单状态变为“执行中”，表明当前订单的“付款”或“收货”后续操作已经开始。

③ 已完成：只要满足与当前订单相关的所有“付款”或“收货”操作全部执行这一条件，订单状态才会自动转换为“已完成”。用户也可以使用手动方式，将订单状态改为“已完成”。

④ 已作废：订单的“已作废”状态只能由用户手动更改。表明作废后用户不能对该作废订单进行任何操作。

(2) 回执状态：回执状态是指当接收到供应商通过全程电子商务实训平台发送的采购订单(由销售订单自动转换而来)时，此种订单特有一个需要对方确认的状态，如图 5-171 所示。

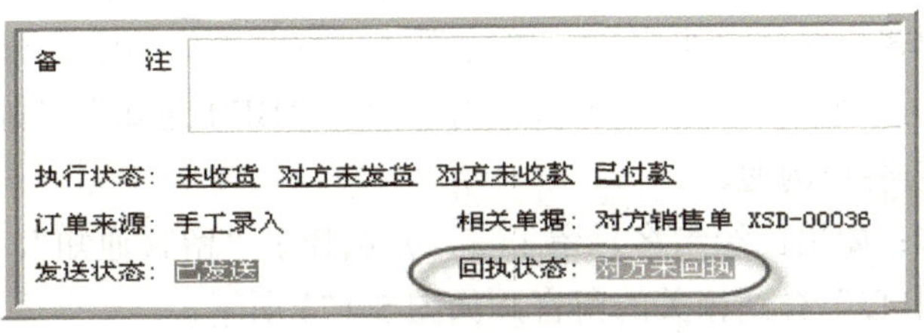

图 5-171　回执

回执状态分为未回执、不认可、已认可三种情况，以下对这三种情况作一简单介绍：

① 未回执：接收到的采购订单的初始回执状态都为“未回执”，表明企业对供应商发来的采购订单还未进行处理。

② 不认可：打开“回执”页面后，选择“不认可”选项，表明企业对供应商的采购订单不接受，填写拒绝原因后，可以通过多种方式将这一信息(回执)告知供应商。如图 5-172 所示。

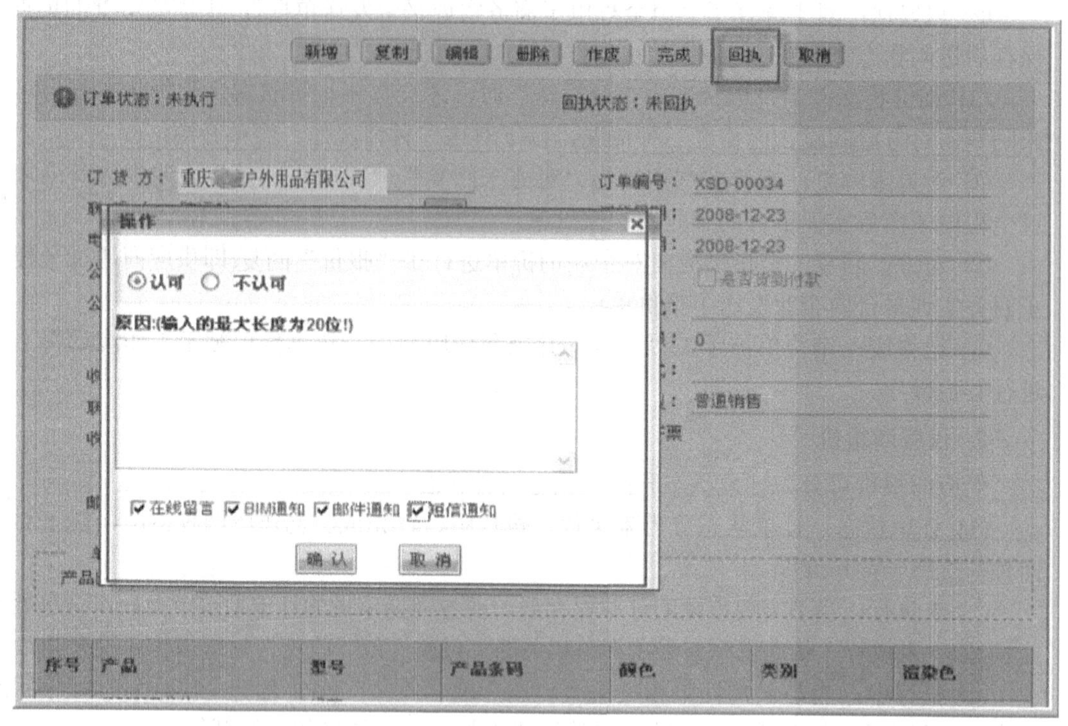

图 5-172　不认可的回执状态

③ 认可：用户选择“认可”，表明企业接受供应商发来的采购订单，并可通过多种方式将这一信息(回执)告知供应商。

5.4.3　销售管理环节

为了让客户可以更快捷地获得报价信息，在销售报价单填写完毕后，可在销售报价单底部选择以下 5 种“业务协同”方式来进行和客户的信息沟通。

(1) 用平台发送单据：如果客户也是采用的这套系统，报价单填写好后，选择“用平台发送单据”，则客户在登录平台后可以看到销售方发给他的销售报价单。如果客户与销售方不是使用的同一个系统，那么可以采用下面的“BIM 通知”、“邮件通知”及“短信通知”等三种方式与客户沟通。

(2) 留言通知：如果已经给客户留了言，并选择了“留言通知”，那么客户只要一登录就可以在“消息中心”看到相关的留言，如图 5-173 所示。

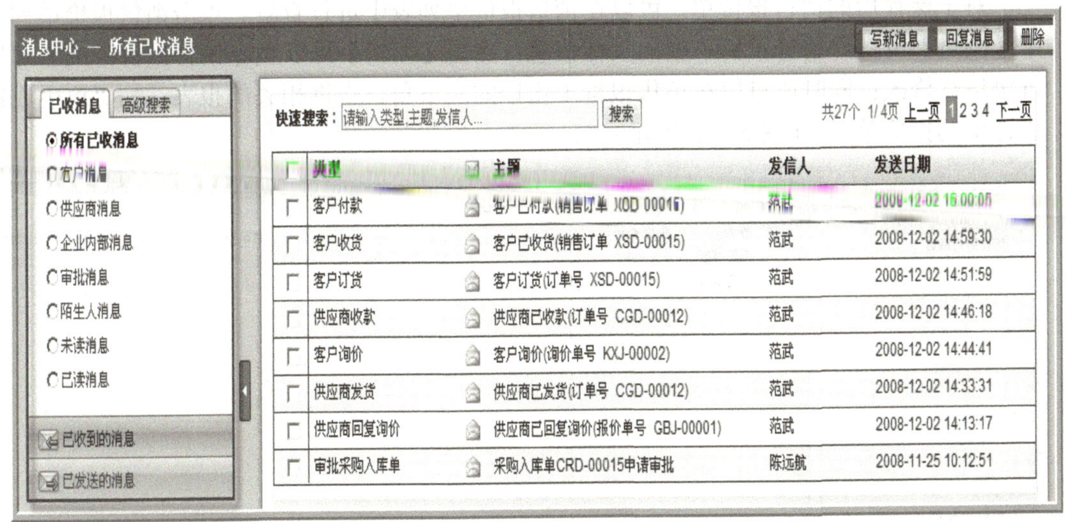

图 5-173　“消息中心—所有已收消息”页面

(3) BIM 通知：如果用户安装了 BIM 即时沟通工具，客户的 BIM 就会收到全程电子商务平台即时沟通工具发送的报价信息提示。

(4) 邮件通知：如果选择了“邮件通知”的协同方式，客户的邮件就会收到销售方发送的报价信息。

(5) 短信通知：如果选择了“短信通知”的协同方式，客户的手机就会收到销售方发送的报价短信消息。

如果销售报价单选择以上几种协同方式后，单据保存时系统会提示这几种协同方式是否成功，同时还会引导下一步的操作，如图 5-174 所示。

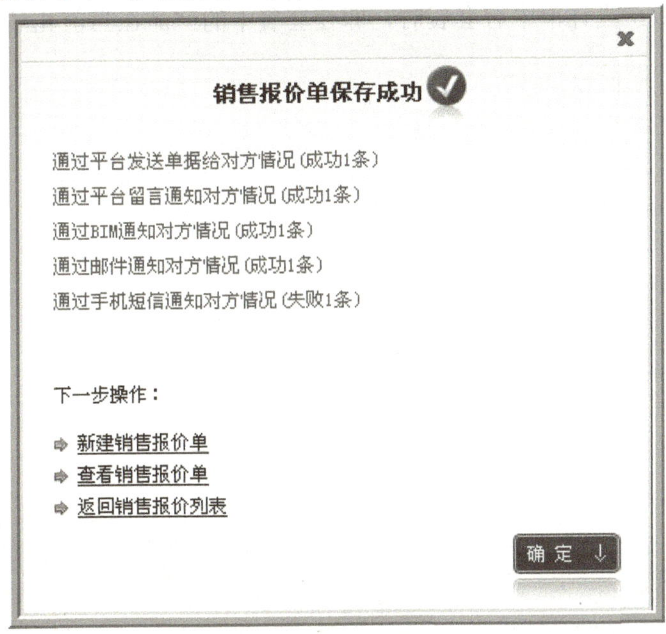

图 5-174　协同方式

对于保存后的销售报价单，可以在销售报价单列表中进行查看。点击销售报价单列表中【浏览】可查看销售报价单据的具体信息；点击【编辑】可以删除销售报价单或者对报价单进行修改；同时还可以在销售报价单窗口的左下角，查询相关的报表，如“已生成销售订单的报价单”，如图 5-175 所示。

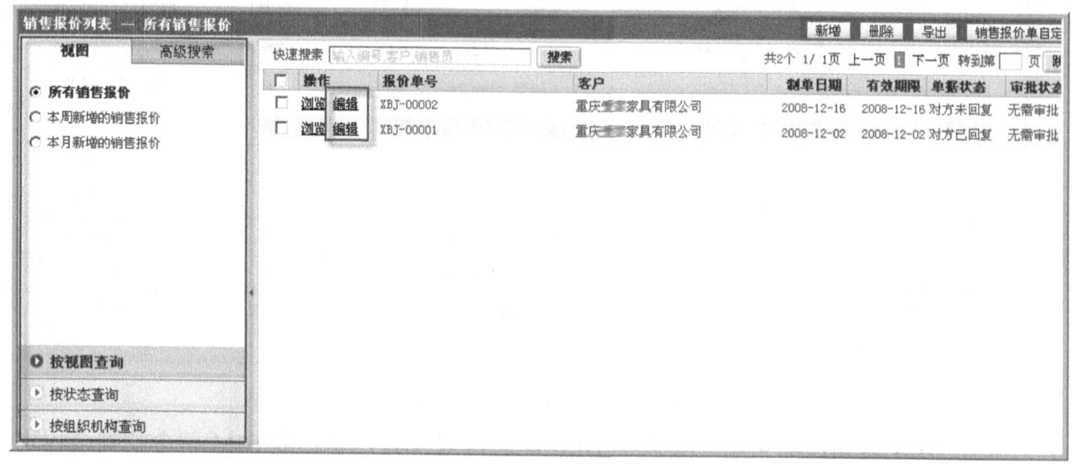

图 5-175　销售报价列表

5.4.4　促销管理环节

客户在获得礼品卡之后便可以在销售付款和网上购物时选择使用礼品卡进行支付。客户在进行支付的时候输入礼品卡号与密码后，即可对礼品卡是否可使用进行验证；订单中产品(符合礼品卡设定的产品范围的)的合计金额应大于礼品卡的“购物满金额”；礼品卡只能在指定的有限期内进行使用；一个订单只能支持同一个模板生成的礼品卡；礼品卡对套餐无效：当订单中有套餐时，即使套餐中的产品在当前礼品卡范围内也不能支持该礼品卡。

第 6 章　全程电子商务供应链协同和数据管理综合实训

供应链协同是指两个或两个以上的企业为了实现某种战略目的，通过公司协议或联合组织等方式而结成的一种网络式联合体。供应链协同的外在动因是为了应对竞争加剧和环境动态性强化的局面；其内在动因包括谋求中间组织效应、追求价值链优势、构造竞争优势群和保持核心文化的竞争力。供应链协同是供应链管理中的重要概念，目的在于有效地利用和管理供应链资源。

6.1 实训目的

现代企业的竞争不仅是产品和生产实力的竞争，更是资源与产业链的整体竞争，电商行业同样如此。该实训可以让学生了解和实践与其他企业合作建立产业链，寻找最优合作伙伴的方法，掌握如何在更快捷、更节省人力物力的情况下完成产品的协同经营的途径。同时，通过对进销存的操作和管理，将实训企业真正运转起来，严格按照企业日常管理和经营的步骤进行运营，使学生适应企业的环境。熟练地使用和操作可以帮助学生树立整体的企业管理概念，深入理解信息共享和企业资源的分配统计作用，了解企业电子商务实际运营和管理的内涵。

6.2 实训任务

完成本实训建议安排 6 课时，具体任务分配如表 6-1 所示。

表 6-1　全程电子商务供应链协同和数据管理综合实训课时分配

第 1、2 课时	任务一：使用平台协同功能，转化协同单据 教师：组织学生进行网上贸易客户添加 学生：与其他企业(同学)建立贸易合作关系，进行平台内部协同操作
第 3、4 课时	任务二：将 B2C、B2B 销售订单进行进销存操作 教师：指导学生进行实验 学生：查看 B2C、B2B 中所有的交易，并一一完成出入库、付款、收款等操作
第 5、6 课时	任务三：查看、分析企业报表 教师：讲解企业报表的作用 学生：统计和分析自己的企业报表，分析企业经营的不足之处

6.3　实训流程和步骤

本实训需要学生做好 B2C、B2B 交易的实训项目，为供应链协同和数据管理作准备。实训流程如图 6-1 所示。

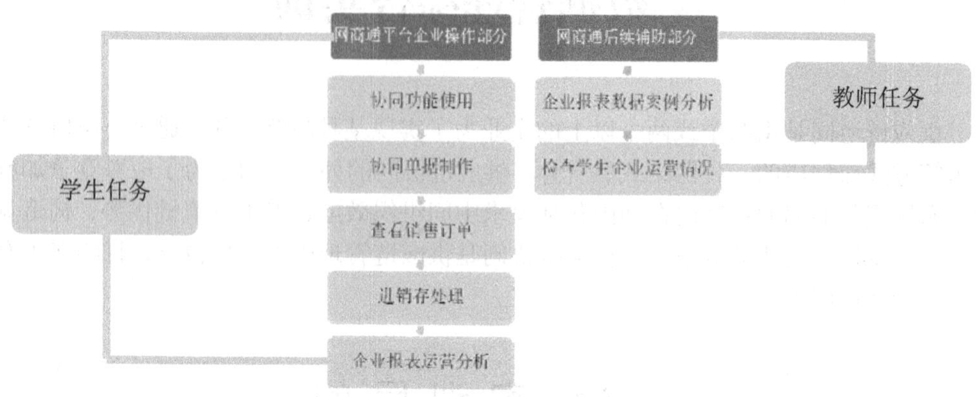

图 6-1　供应链协同和数据管理综合实训流程

登录平台，进入网站宝模块，如图 6-2 所示。

图 6-2　网站宝模块

6.3.1　了解供应链协同的基础功能

(1) 供应链协同的基础功能包括：

① 新建：包括“询价报价单”、“采购/销售协同订单”的新建，产品客户供应商的导入和新建。

② 采购协同：包括采购询价和“采购协同订单”的新建、管理和发送，供应商报价的

查看。

③ 销售协同：包括销售询价和“销售协同订单”的新建、管理和发送，供应商报价的查看。

④ 协同工具：进入“消息中心”。

⑤ 资料：包括“产品”、“产品分类”、“计量单位”、“产品自定义属性”的查看和管理，“产品条码”的查看，“客户供应商”的添加和管理。

⑥ 协同通讯工具：BIM 的使用。

(2) 企业进销存的管理又主要包括四大类活动：

① 销售管理。即新建、管理、查看销售订单，并对销售订单做后续的处理。

② 采购管理。即新建、查看、管理采购订单，并管理供应商资料。

③ 财务管理。即新建收付款单据、统计收入和支出，查看企业账户情况。

④ 库存管理。即新建出入库单据、盘点库存，管理仓库存量。

6.3.2　建立企业协同关系

协同的功能需要建立在共同使用平台的基础上，企业想要与另一个企业建立协同关系，就需要在平台当中将企业添加为自己的网上客户或网上供应商。

添加网上客户/网上供应商的方法如下：

(1) 当企业与企业在 B2B 模块当中进行了交易之后，交易的企业就会自动成为企业协同平台交易市场的网上客户/网上供应商，在供应商和客户的资料当中就可以查找到。

(2) 进入网站前台的交易市场，找到或搜索到自己喜欢的企业或者产品，点击进入详情页面，选择将拥有该产品的企业添加为自己的供应商。“交易市场”页面举例如图 6-3 所示。

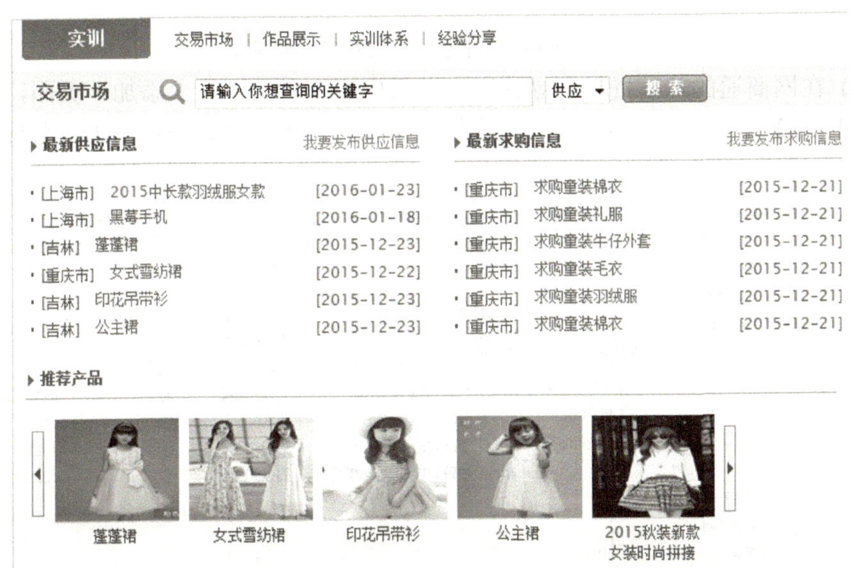

图 6-3　“交易市场”页面

例如，搜索“婴儿”，找到自己喜欢的产品，如图 6-4 所示。

图 6-4　搜索“婴儿”示例

选择一个产品，点击进入“详情”页面，点击商品页面右侧的企业名片中的【加为供应商】或【加为客户】按钮，就可以直接将企业转化为自己的客户或供应商，如图 6-5 所示。

图 6-5　将企业转化为客户/供应商

(3) 在网商通的基础资料中寻找客户、供应商资料，进入“添加”页面，点击【添加网上供应商】按钮，如图 6-6 所示，直接搜索想要合作企业的企业代码或名称。

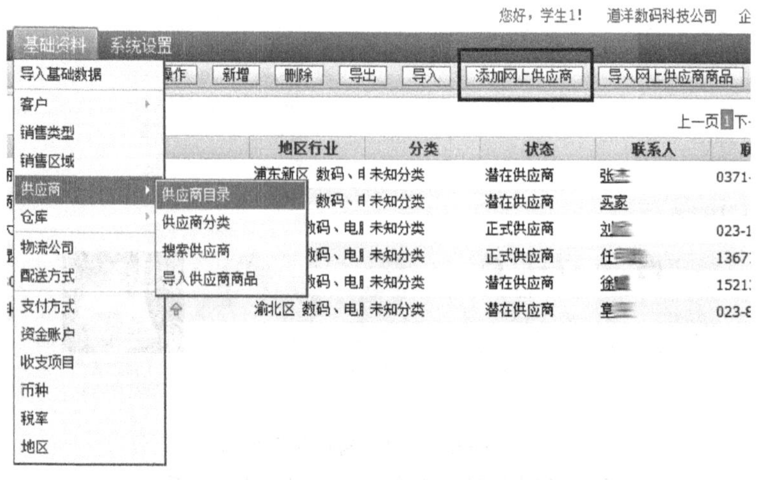

图 6-6　添加网上供应商

6.3.3　供应链协同的操作

在与平台当中的其他企业建立合作关系之后，就可以在平台内部通过协同功能直接进行采购和销售，节约交流和选择的时间。

例如：用两个账号作为企业的买卖双方，对供应链协同这一流程进行演示。

注意：只有两个企业已经建立了协同合作关系，互为供应商和客户，都是平台当中的企业，才可以进行此操作。

进入账号当中，找到供应商列表，选择需要进行协同的供应商，如图 6-7 所示。

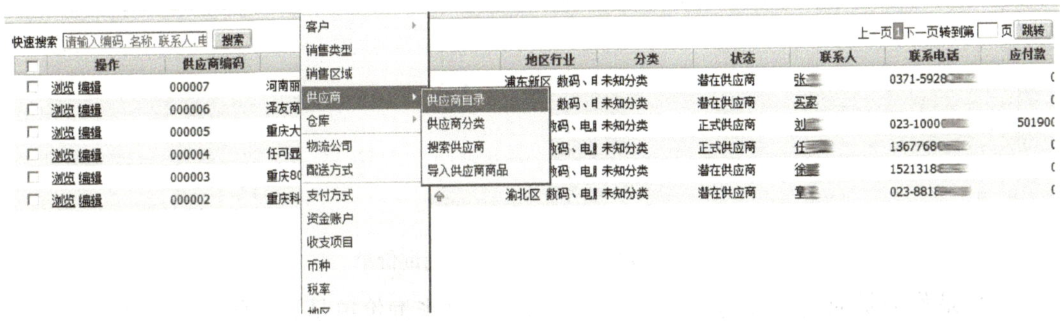

图 6-7　选择需要协同的供应商

在供应商信息的左边，设有相应的协同操作，如图 6-8 所示。可以一键导入供应商所上传在平台当中的商品作为自己的商品，再向该供应商进行询价。

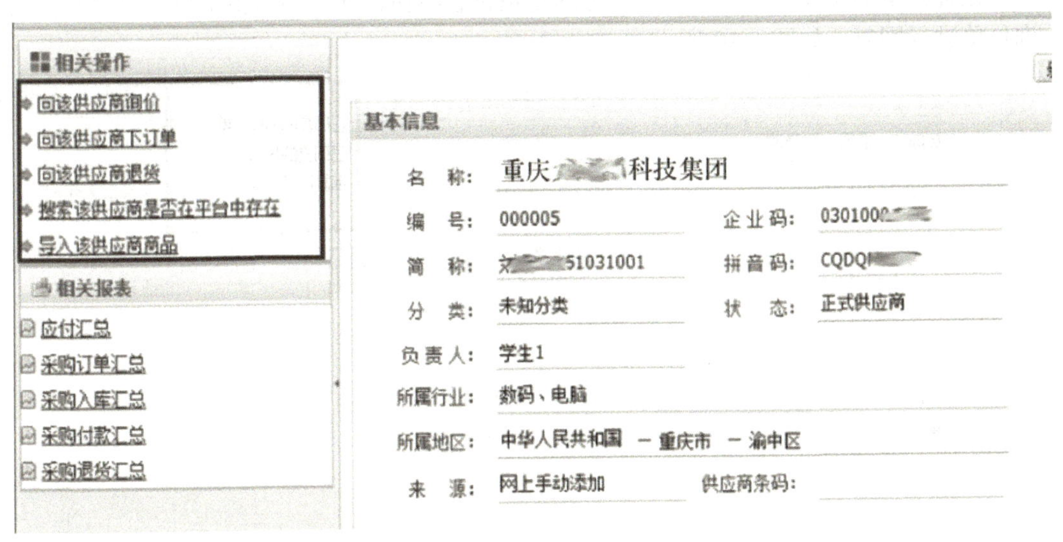

图 6-8　供应商协同操作

点击【向该供应商询价】，自动弹出“采购询价单”页面，按照需求填写好询价单，点击【保存】即可完成，合作的企业在自己的账号当中就能收到这张询价单，如图 6-9 所示。

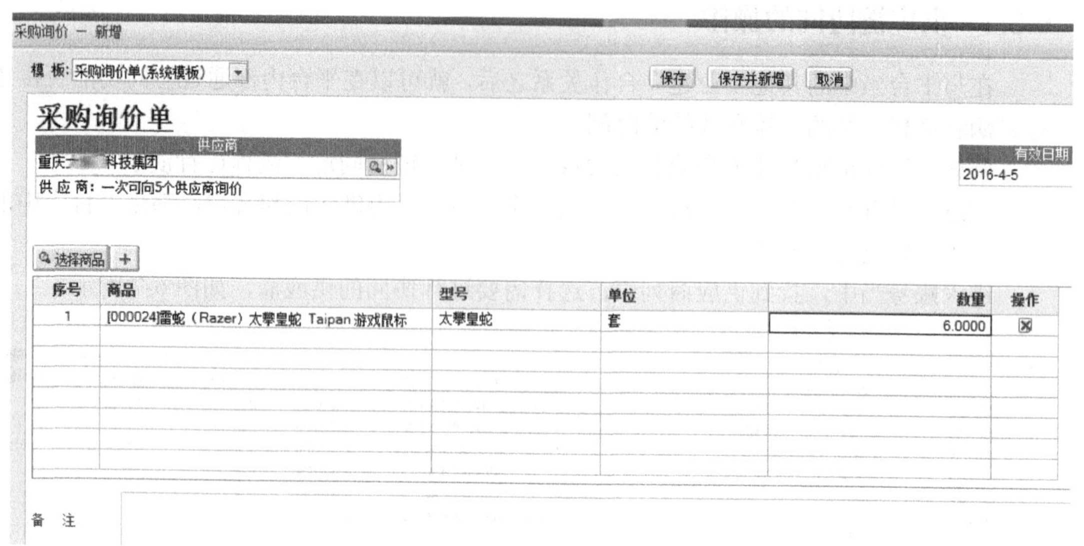

图 6-9　合作的企业收到询价单

登录作为供应商一方的企业账号，可以查看这张询价单是否已经到达了平台当中。

进入供应商企业账号后，在页面的右下角和左上角的消息中心当中，看到消息提示。提醒企业有一张客户的询价单已经到达，点击“未读消息”中的询价单网址，则自动弹出该询价单。

在询价单的相关操作当中，点击【回复报价】按钮，弹出销售报价单则可以直接对该询价单进行回复，如图 6-10 所示。

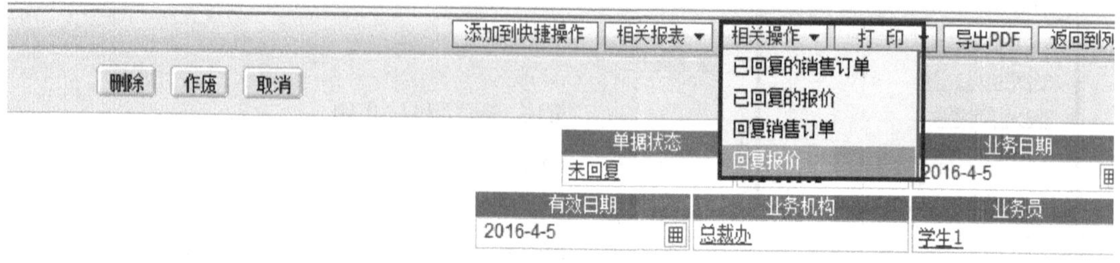

图 6-10　回复询价单

进入“销售报价单”页面，填写好完整的报价信息，进行保存。这个“销售报价单”则会顺利到达客户的平台当中，如图 6-11 所示。

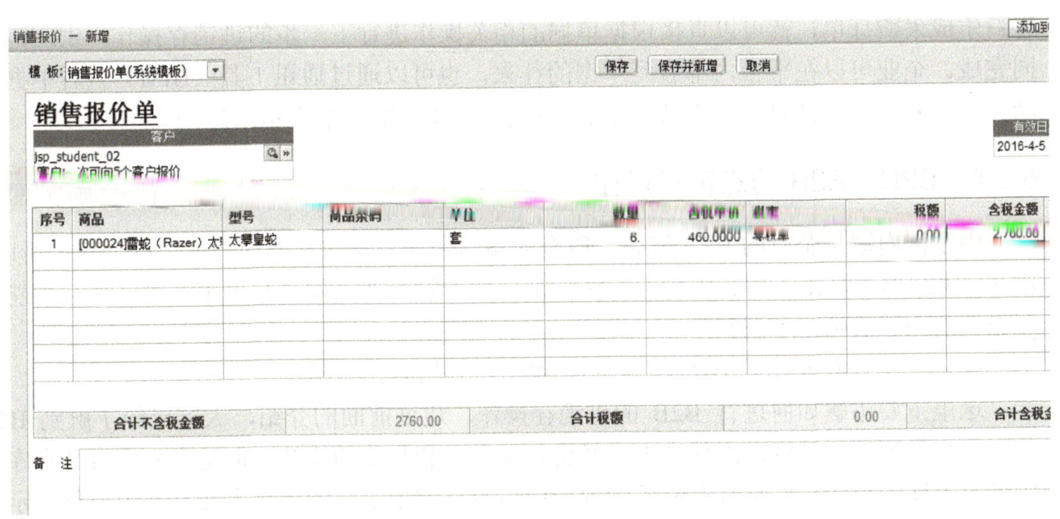

图 6-11　客户平台上的报价单

切换账号，进入客户的企业平台当中，显示报价单已经达到客户的账号当中，如图 6-12 所示。

图 6-12　报价单回复

点击上面的链接地址可进入报价单，如图 6-13 所示。

添加到快捷操作　相关报表　相关操作　打印　导出PDF　返回到列

删除　作废　取消

已生成的采购订单
生成采购订单

单据状态	单据编号	业务日期
未回复	GBJ-00001	2016-04-05

有效日期	业务机构	业务员
2016-04-05	jsp_student_024205	jsp_student_02

数量	含税单价	税率	税额	含税金额
6	460.0000	零税率	0.00	2,760.00

图 6-13　点击进入报价单

此时客户和供应商双方都已经认可了产品的数量、规格和价格，供应商生成销售订单，客户生成采购订单，就可以直接根据单据的相关操作进行下一步的进销存操作，供应链协同完成。企业可以在平台内部看到单据的往来，也可以通过通讯工具（BIM）查看单据的动向。输入账号、密码，点击【登录】，就能看到相关的订单提示信息。

6.3.4　B2C、B2B 的进销存操作

由于网商通是企业的 ERP 核心，所有的商品和账目都在网商通当中进行结算。所以，B2B、B2C 的产品出入库、收付款等操作都需要在网商通当中进行进销存的操作，才能保证企业的账目清晰，单据科学。

B2C 的进销存操作见 B2C 的发货步骤(B2C 使用教程当中)。

这里主要讲解如何进行 B2B 的进销存操作。通过前面的介绍，大家已经了解到 B2B 的在线交易流程，虽然在流程当中已经进行了发货和收款的确认。但是产品没有从仓库当中做出入库的记录，也没有在财务管理当中做收支的记录，所以线上交易当中虽然显示交易完成，但是企业报表当中是没有显示出 B2B 订单的交易状态的。

进入网商通的销售出库列表中，如图 6-14 所示。

单据编号	客户/会员	商品	出库仓库	优惠后金额(含税	业务日期	业务员	单据状态	
XSCD-00012	888@qq.com	雷蛇（Razer）太攀皇	销售仓库 等	9.80	2016-03-18	学生1	正常	无需审批
XSCD-00011	@qq.com	三星（SAMSUNG）75	销售仓库 等	479.22	2016-01-25	学生1	正常	无需审批
XSCD-00010	@qq.com	三星（SAMSUNG）75	销售仓库 等	489.00	2016-01-21	学生1	正常	无需审批
XSCD-00009	买家00002	三星（SAMSUNG）75	销售仓库 等	891.80	2016-01-18	学生1	正常	无需审批
XSCD-00008	重庆科技集团	Dell/戴尔 灵越15(55	销售仓库 等	8426.04	2016-01-18	学生1	正常	无需审批
XSCD-00007	3062048	神舟（HASEE） PCpi	采购仓库 等	5880.00	2016-01-18	学生1	正常	无需审批
XSCD-00006	3062048	神舟（HASEE） PCpi	采购仓库 等	5880.00	2016-01-18	学生1	已作废	无需审批
XSCD-00005	3062048	神舟（HASEE） PCpi	采购仓库 等	5880.00	2016-01-18	学生1	已作废	无需审批
XSCD-00004	重庆科技集团	雷蛇（Razer）太攀皇	销售仓库 等	2254.00	2016-01-18	学生1	正常	无需审批
XSCD-00003	@qq.com	ThinkPad T450 20BV	销售仓库 等	6479.00	2015-12-16	学生1	正常	无需审批
XSCD-00002	重庆科技集团	ThinkPad T450 20BV	销售仓库 等	29995.00	2015-12-14	学生1	正常	无需审批
XSCD-00001	重庆科技集团	ThinkPad T450 20BV	销售仓库 等	29250.00	2015-12-14	学生1	正常	无需审批

图 6-14　网上通的销售列表

选择新增一个销售出库单，如图 6-15 所示。

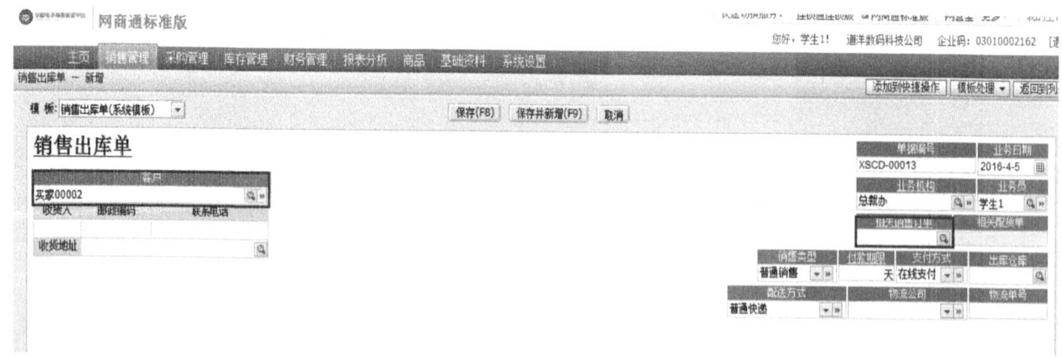

图 6-15　新增销售出库单

在销售出库单当中将已经进行交易的客户、相关订单号进行选择，就会自动弹出该 B2B 订单的交易信息，如图 6-16 所示。

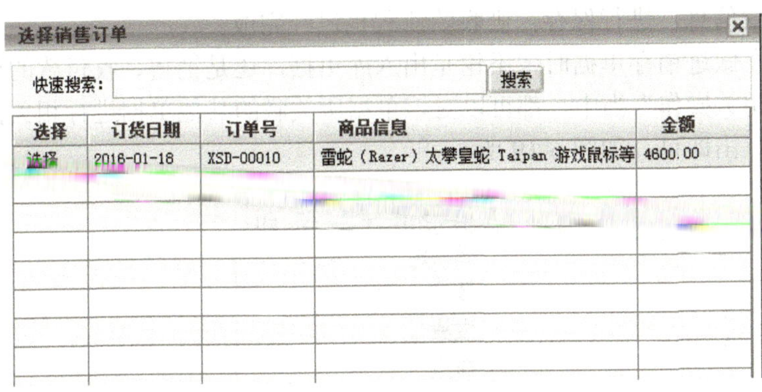

图 6-16　弹出交易信息

填写单据其他信息，进行保存，则这笔订单的产品顺利出库。

在保存成功的页面上，点击“下一步操作”中的【收款】按钮，进入财务的收款流程，如图 6-17 所示，销售收款单如图 6-18 所示。

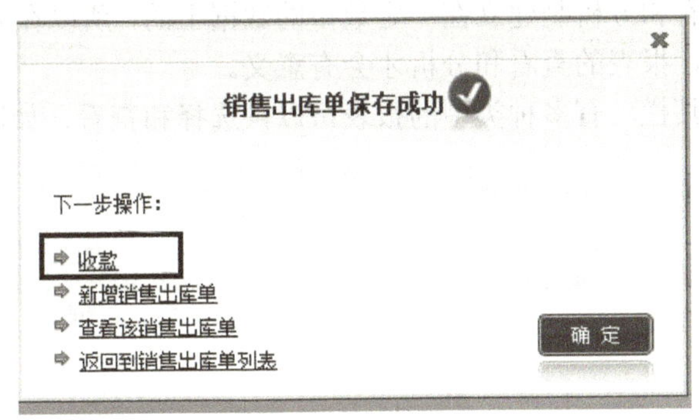

图 6-17　进入收款流程

销售收款单 — 新增

模 板：销售收款单(系统模板)　　保存　保存并新增　取消

销售收款单

客户：买家00002

累计未收金额：3910.00

选择更多出库单

序号	单据日期	单据类型	单据号	应收金额	已收金额	未收金额	本次收款	操作
1	2016-04-05	销售出库单	XSCD-00013	3,910.00	0.00	3,910.00	3,910.00	☑

合计金额：3910.00

图 6-18　销售收款单

确认收款信息，进行保存，则收款流程也已经完成。

注意：在做进销存单据时，不论是出入库单据，还是销售、收付款的单据，在单据的右上角的“相关操作”当中，都可以对该单据所关联的其他单据进行相关操作，根据自己的选择进行点击即可，如图 6-19 所示。

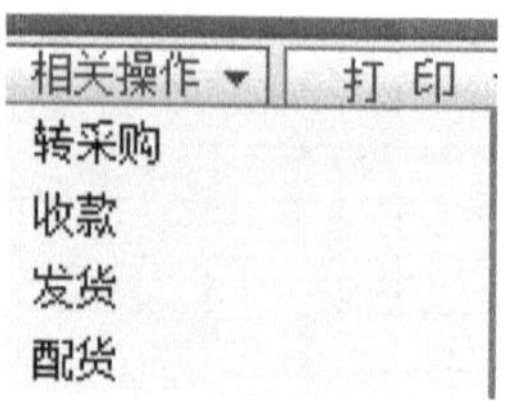

图 6-19　相关操作

6.3.5　报表的查看和分析

企业报表的查看和分析是建立在一定数量的数据上的，所以在完成了 B2B、B2C 等渠道的多笔单据之后，报表的查看和分析才会有意义。

在报表分析工具栏，有多种类型的报表可以供选择和查看，如图 6-20 所示。

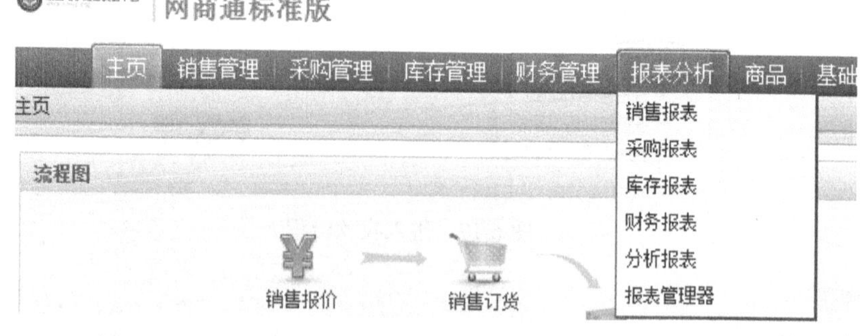

图 6-20　报表分析

6.4　实训时应注意的问题

在全程电子商务实训平台中众多企业汇集成庞大的企业资源库，企业间按照行业、区域、供应链关系等属性自由组合为各式各样的商圈，既能充分发挥企业的主观能动性对企业分类进行个性化、精细化的划分，又能帮助用户方便、快捷地对企业资源进行检索与查找。

企业商圈内的企业可以通过全程电子商务实训平台进行深层次的交流沟通、资源共享，以及紧密的业务协同，从而实现以整个商圈竞争力的提升带动企业自身竞争力的提升这一目的，将传统的企业间的竞争扩展到商圈/供应链间的竞争。企业商圈主要包括“供应商管理”、“客户管理”和“协同管理”三个子模块。其中，协同管理又分为“采购协同”、“销售协同”两部分。

6.4.1　供应商管理环节

供应商管理是指建立企业的供应商档案，便于对所有供应商信息进行查询和调用的有效管理方式。供应商管理支持网上、网下供应商的共同管理，能快速添加网上供应商及供应商产品，极大地提高用户的工作效率；同时还支持多联系人、多地址的供应商管理，促进企业与供应商之间的有效交流和沟通。

1. 供应商分类

供应商分类支持多级次的分类，用户可以根据自己的需要自定义分类。

在基础数据“供应商”中点击【新增供应商分类】，进入“新增供应商”页面，填写供应商基本信息，包括“供应商上级分类”、“分类名称”和“备注”三个部分。基本信息填写完毕后，点击【保存】；若选择【保存并新增】，则将继续增加下一条供应商分类信息；若想查看所有供应商分类，可点击右上方的【返回到列表】按钮。

2. 新增供应商

在基础数据“供应商”中点击【新增供应商】，进入“新增供应商”页面，填写供应商资料。供应商资料包括“供应商基本信息”、“供应商控制信息”、“供应商联系信息”以及“主要联系人信息”。全程电子商务实训平台对供应商的信息管理支持多地址和多联系人管理，如图 6-21 所示，方便用户及时快捷地与供应商进行沟通、联系。

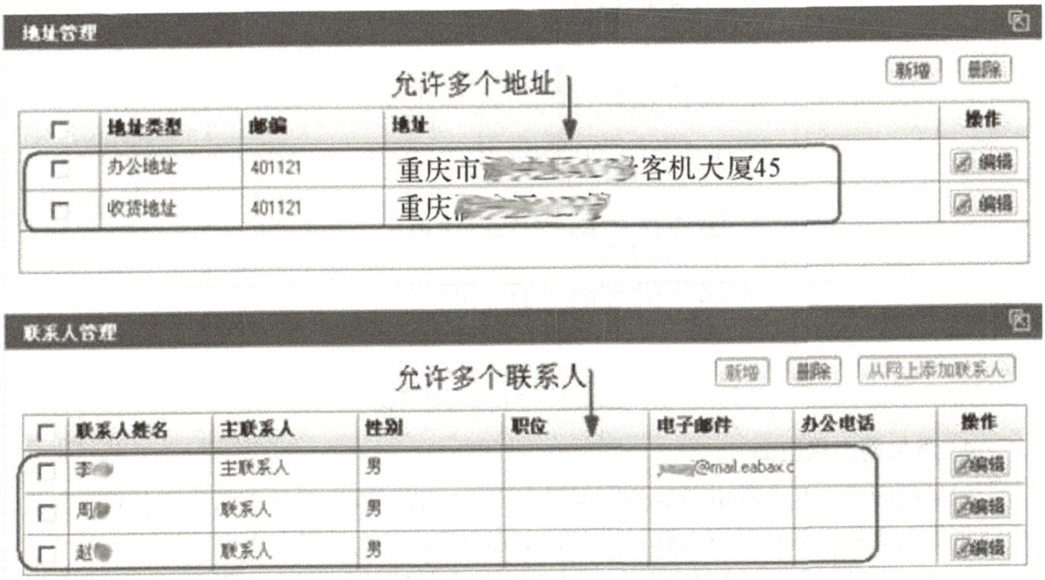

图 6-21　供应商管理支持多个地址和多个联系人

供应商所有信息填写完毕后，点击【保存】完成设置；若选择【保存并新增】则可以继续增加下一个供应商信息；若要查看所有供应商资料，选择【返回到列表】。

3. 查询供应商

全程电子商务实训平台提供按视图、来源、状态、分类及地区等多维度的查询功能。在“查看所有供应商”页面，点击左侧相关维度进行查询，在右侧供应商列表中将显示符合该维度的供应商资料，如图 6-22 所示。

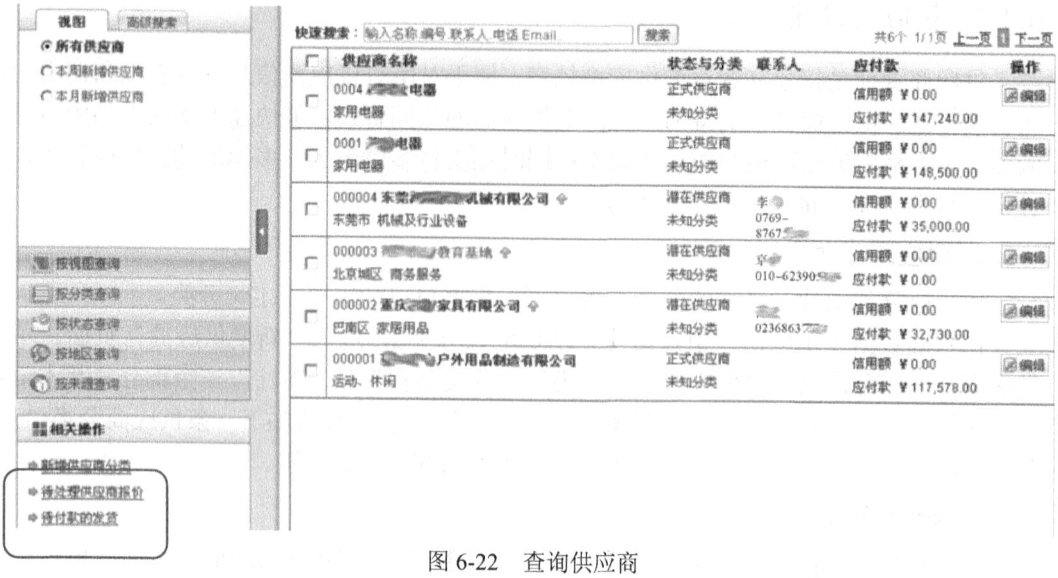

图 6-22　查询供应商

用户还可以通过“相关操作”区来查询和处理与供应商相关的其他操作，如图 6-23 所示。

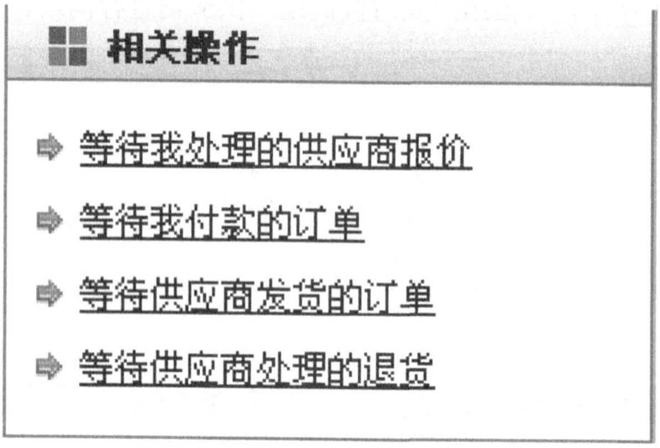

图 6-23　“相关操作”区

4. 添加网上供应商

如果供应商也是全程电子商务实训平台用户，就可以根据供应商公司名称或企业码，快速将供应商的资料及联系人资料导入到全程电子商务实训平台中。

选择“供应商”项，单击【添加网上供应商】按钮，如图 6-24 所示。弹出“添加网上供应商”页面，输入网上供应商的企业码或者该公司名称，点击【搜索】，全程电子商务实训平台自动把搜索结果显示到下方列表中。用户可以选择合适的导入方式，点击【确定】后全程电子商务实训平台自动按照导入条件添加供应商信息到供应商列表中。添加的网上供应商将显示在供应商列表上，如图 6-25 所示。

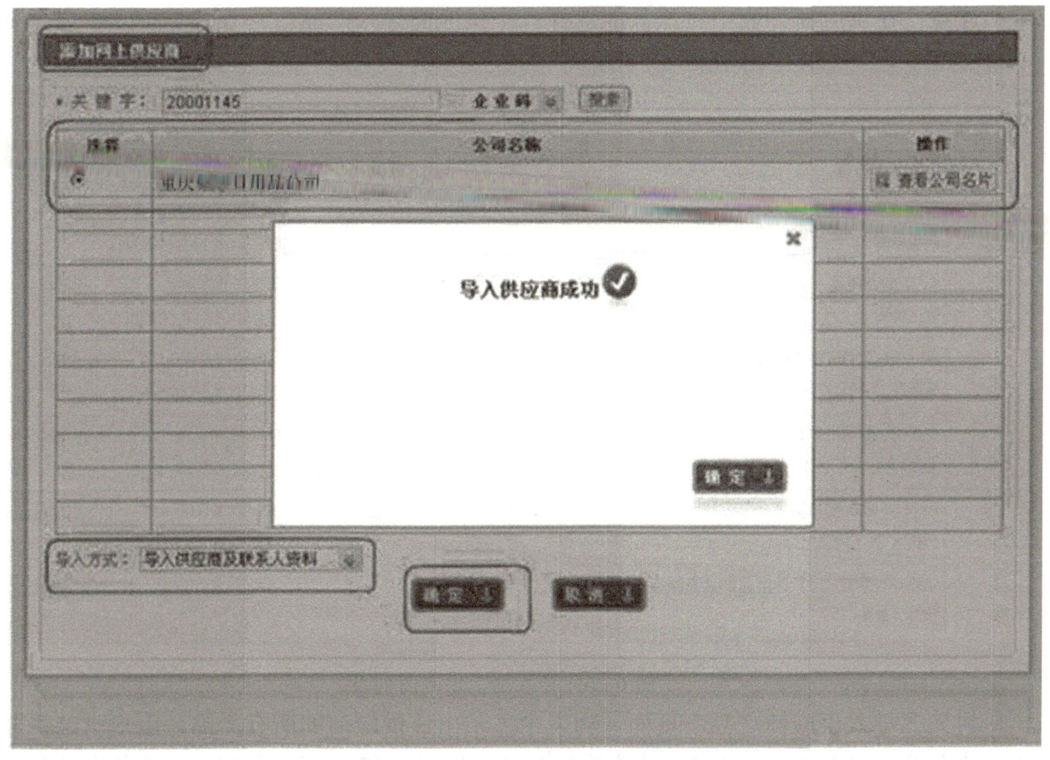

图 6-24　添加网上供应商

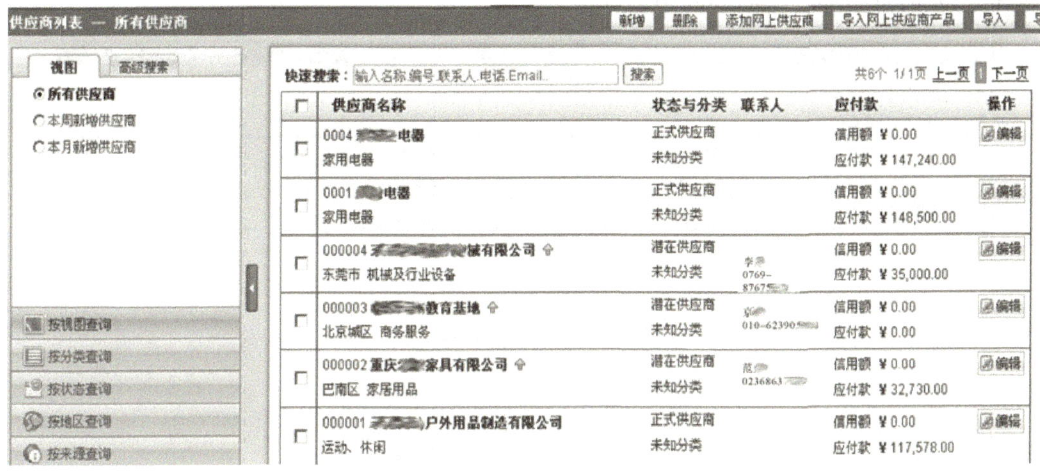

图 6-25　网上供应商列表

5. 导入网上供应商产品

用户如果要向添加的网上供应商进行询价或订货，必须先将该供应商发布到产品展厅中的产品导入到自己的产品库中，只有双方的产品信息同步更新了，才能进行询/报价、订货等业务协同。点击“供应商”，进入到“供应商列表”页面，从供应商列表中选中一位来源为网络的供应商(该供应商的企业码不能为空)，选择【导入网上供应商产品】，如图 6-26 所示。

注意：在供应商列表中一次只能选择一个供应商导入产品。

图 6-26　导入网上供应商列表

进入“导入供应商产品”页面，列表中显示出该供应商的所有产品，用户可选择要导入的产品和产品分类，点击【确定】完成设置，如图 6-27 所示，全程电子商务实训平台自动把产品信息添加到产品列表中。

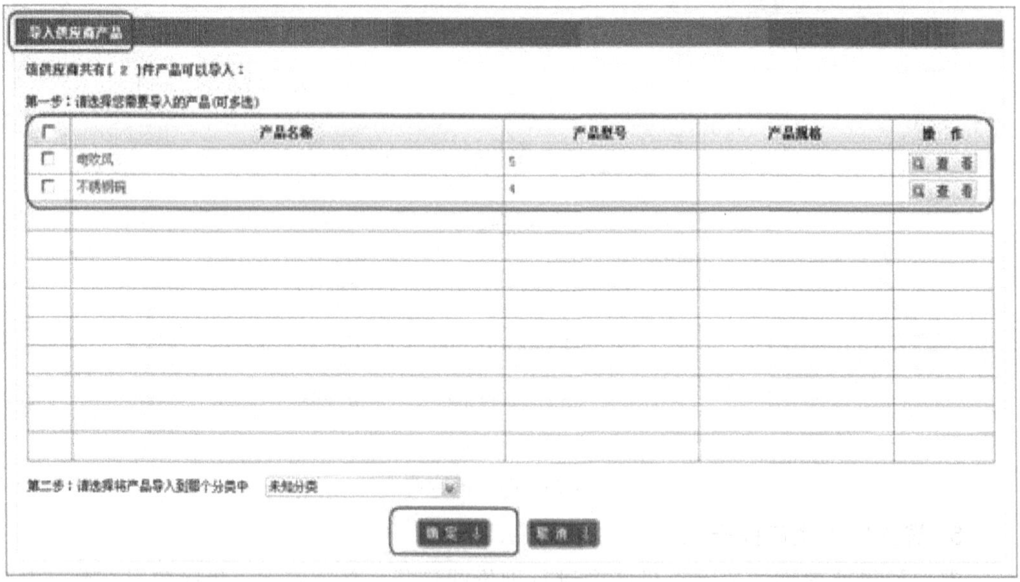

图 6-27　确定导入网上供应商

6.4.2　客户管理环节

客户管理是指建立企业的客户档案，便于对所有客户信息进行查询和调用的有效管理方式。客户管理支持网上、网下客户的共同管理，能快速添加网上客户，极大地提高用户的工作效率；同时还支持多联系人、多地址的客户管理，促进企业与客户之间的有效交流和沟通。

1. 新增客户

客户分类支持多级次的分类，用户可以根据自己的需要自定义分类。在基础数据“客户”中点击“新增客户分类”按钮，进入“客户分类—新增”页面，填写客户基本信息，包括“上级分类”、“分类名称”和“备注”三个部分。基本信息填写完毕后，点击【保存】，如图 6-28 所示；若选择【保存并新增】则将继续增加下一条客户分类信息；若想查看所有客户分类，可点击右上方【返回到列表】按钮。

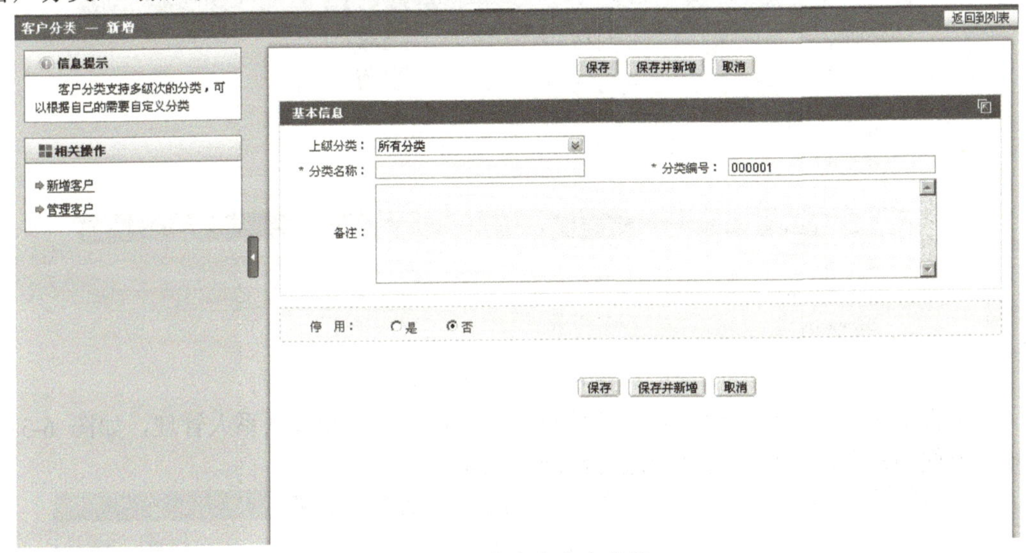

图 6-28 自定义客户分类

在基础数据“客户”中点击“新增客户”按钮，进入“新增客户”页面，填写客户相关信息，包括“基本信息”、“控制信息”、“联系信息”以及“联系人信息”。这些内容主要是帮助了解客户的基本情况，其中带*项为必填项，如图 6-29 和图 6-30 所示。

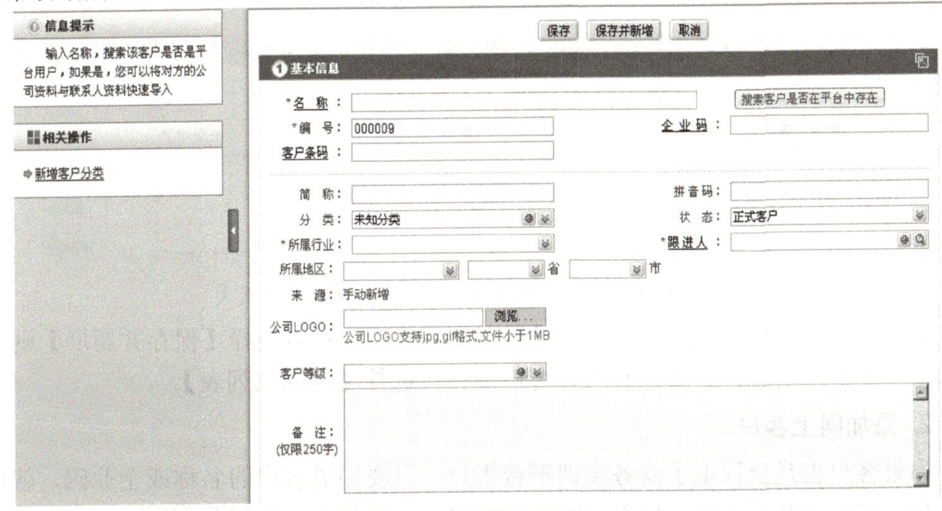

图 6-29 新增客户信息

也可以点击页面右上角的【搜索该客户是否在平台中存在】按钮，在填写客户名称后，搜索该客户是否为平台会员。如果“是”，全程电子商务实训平台会自动、快速导入该客户的公司资料与联系人资料。随后填写该客户相关信息，包括控制信息、联系信息及联系人信息，如图 6-30 所示。

❷ 控制信息

信用额度：0　　欠款期限：0

换货比例：0　　换货期限：0

价格优惠：所有商品销售价格在 零售价 的基础上 增加 0 (%)

❸ 联系信息

公司电话：　　公司传真：

公司邮箱：　　公司网站：

地址类型：主联系地址 (可以维护多个地址，可以在此填写主要地址)

地　址：

邮　编：

❹ 联系人信息

姓　名：　　职　务：

性　别：⊙男 ○女　　出生日期：

办公电话：　　电子邮件：

图 6-30　客户相关信息

全程电子商务实训平台对客户的信息管理支持多地址和多联系人管理，如图 6-31 所示，方便用户及时快捷的与客户进行沟通、联系。

图 6-31　客户的管理支持多个地址和多个联系人

客户所有信息填写完毕后，点击【保存】完成操作；若选择【保存并新增】则将继续增加下一个客户信息；若要查看所有客户资料，选择【返回到列表】。

2. 添加网上客户

如果客户也是全程电子商务实训平台用户，只要知道客户的名称或企业码，就可快速将客户的资料及联系人资料导入，如图 6-32 所示。选择“客户”项，单击“添加网上客户”

菜单。弹出“添加网上客户”的网页对话框，输入网上客户的企业码或者该公司名称，点击【搜索】，全程电子商务实训平台自动把搜索结果显示到下方列表中。用户可以选择合适的导入方式，点击【确定】后全程电子商务实训平台将自动按照导入条件添加客户信息到客户列表中。

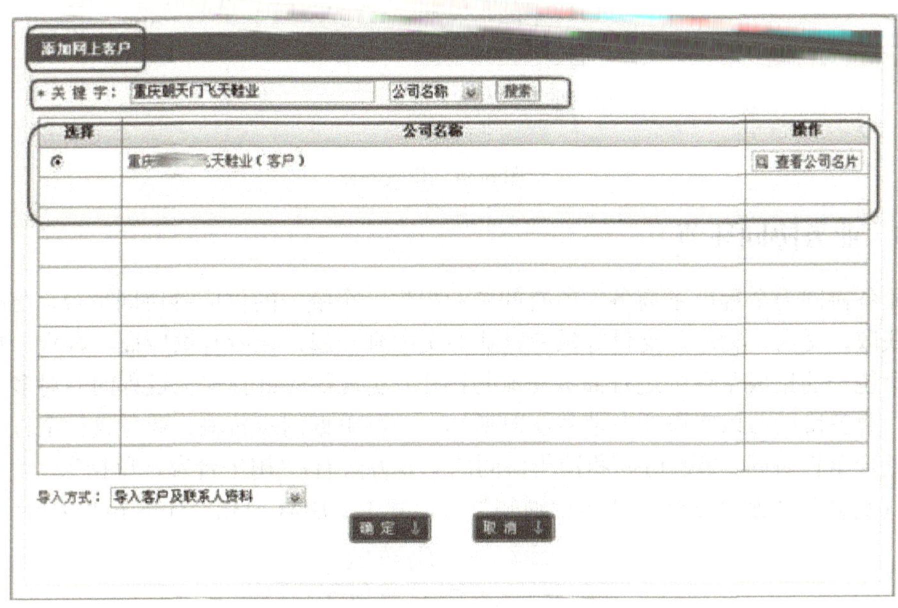

图 6-32 添加网上客户

3. 查询客户

用户可以对客户信息进行查询，全程电子商务实训平台提供按“视图”、“分类”、“状态”、“地区”、“来源”及“组织机构”等多维度的查询。在“所有客户列表”页面，点击左侧相关维度可以进行查询，在右侧客户列表中将显示符合该维度查询的客户资料，如图 6-33 所示。

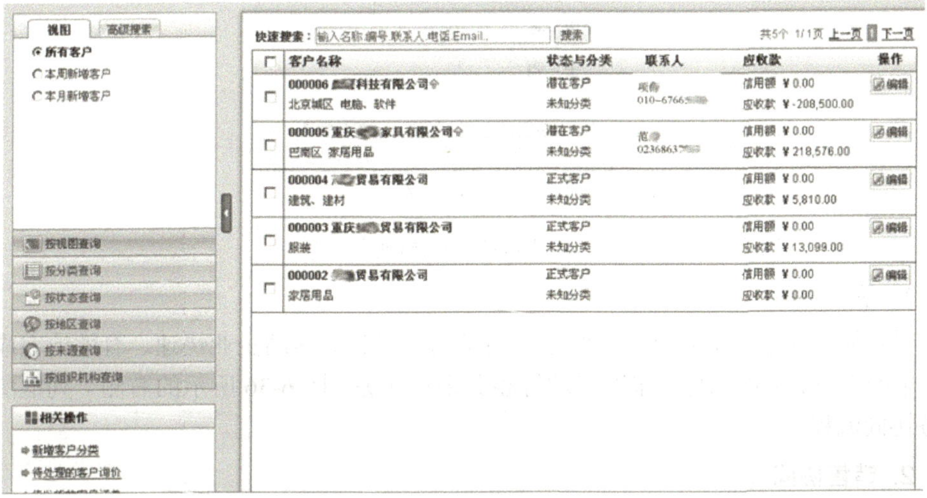

图 6-33 查询客户

用户还可以通过“相关操作”区来查询和处理与客户相关的其他操作，如图 6-34 所示。

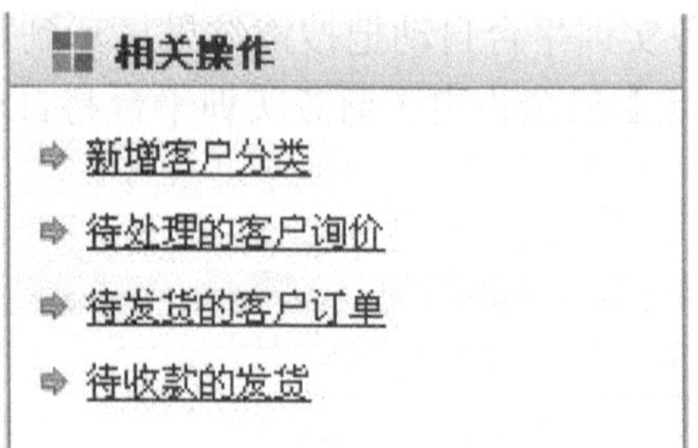

图 6-34　相关操作

6.4.3　业务协同环节

业务协同为全程电子商务中所有的企业提供一个统一的供应链协同平台，帮助企业把商机获取、交易、物流、支付等供应链业务集中到一起，让所有供应商、客户、物流公司在一个统一的集成平台中进行商务交流与协作，实现供应链管理全过程的多对多在线业务协同。业务协同可以实现业务消息实时通知、业务单据同步传输、业务执行全程跟踪以及业务处理全程协同。采购协同和销售协同的主要方式有：“用平台发送单据”、“留言通知”、“BIM 通知”、“邮件通知”、“短信通知” 等，其中 “BIM 通知” 如图 6-35 所示。

图 6-35　BIM 通知

1. 采购协同

采购协同是指企业在处理采购业务时的协同过程。帮助企业快速、有效地完成采购询价、采购下单、采购入库、采购付款等相关采购业务，图 6-36 所示的右侧一列框图为采购业务协同流程。

2. 销售协同

销售协同是指企业在处理销售业务时的协同过程，帮助企业快速、有效地完成销售报价、销售下单、销售出库、销售收款等相关销售业务，图 6-36 所示的左侧一列框图为销售业务协同流程。

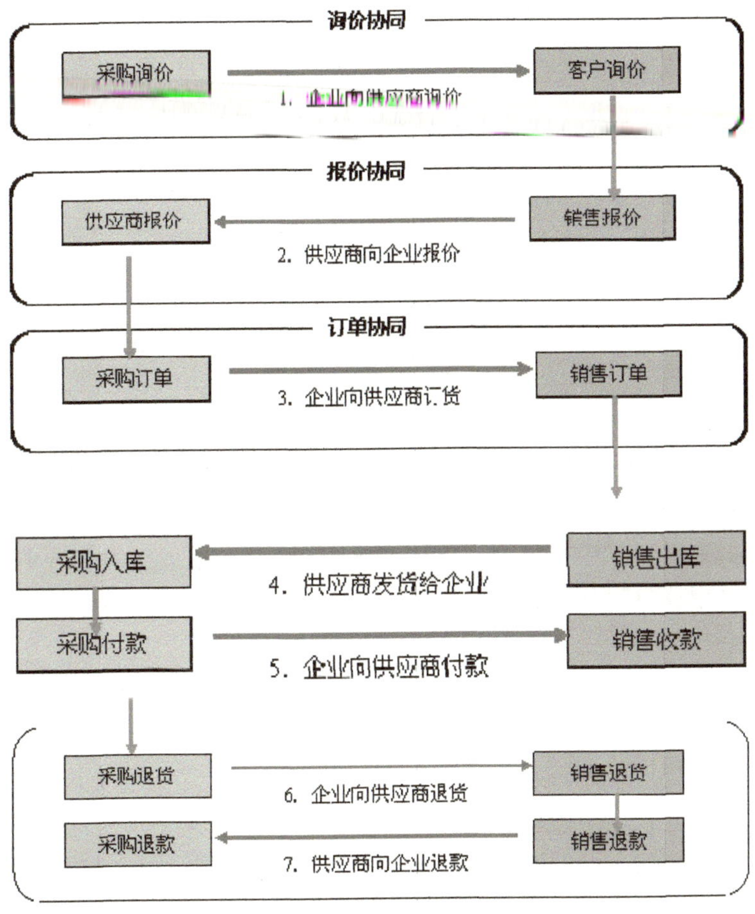

图 6-36　采购—销售业务流程协同